主　　编　刘士喜
副 主 编　李昌玉　苏宇明　罗　毅
　　　　　罗　部　杨　淘
执行主编　刘小萍　羊毛措　莫　笙


编委会成员（按姓氏笔画排序）

王　玮　卢　霜　杨华荣　吴培鑫
张　浪　张　静　唐　红　鄢万春
蔡尚媛　穆巴拉克·库尔帮　魏书君

# 追梦·逐梦

——2022年四川省国家奖学金
获奖学生风采录

四川省学生资助管理中心 ◎ 编

四川大学出版社
SICHUAN UNIVERSITY PRESS

## 图书在版编目（CIP）数据

追梦·逐梦：2022年四川省国家奖学金获奖学生风采录 / 四川省学生资助管理中心编． — 成都：四川大学出版社，2023.9

ISBN 978-7-5690-6280-9

Ⅰ．①追… Ⅱ．①四… Ⅲ．①大学生－模范学生－先进事迹－四川 Ⅳ．① K828.4

中国国家版本馆CIP数据核字（2023）第148864号

| 书　　　名： | 追梦·逐梦——2022年四川省国家奖学金获奖学生风采录 |
|---|---|
| | Zhuimeng·Zhumeng——2022 Nian Sichuan Sheng Guojia Jiangxuejin Huojiang Xuesheng Fengcailu |
| 编　　　者： | 四川省学生资助管理中心 |
| 选题策划： | 庄　溢 |
| 责任编辑： | 庄　溢 |
| 责任校对： | 刘一畅 |
| 装帧设计： | 墨创文化 |
| 责任印制： | 王　炜 |
| 出版发行： | 四川大学出版社有限责任公司 |
| | 地址：成都市一环路南一段24号（610065） |
| | 电话：（028）85408311（发行部）、85400276（总编室） |
| | 电子邮箱：scupress@vip.163.com |
| | 网址：https://press.scu.edu.cn |
| 印前制作： | 四川胜翔数码印务设计有限公司 |
| 印刷装订： | 四川省平轩印务有限公司 |
| 成品尺寸： | 170mm×240mm |
| 印　　张： | 25.5 |
| 字　　数： | 455千字 |
| 版　　次： | 2023年10月 第1版 |
| 印　　次： | 2023年10月 第1次印刷 |
| 定　　价： | 42.00元 |

本社图书如有印装质量问题，请联系发行部调换

**版权所有　◆　侵权必究**

扫码获取数字资源

四川大学出版社
微信公众号

# 序

青年是国家的未来、民族的希望。为了给新时代青年指明前进方向，激励广大青年成为堪当民族复兴重任的时代新人，习近平总书记在2023年新年贺词中指出："明天的中国，希望寄予青年。青年兴则国家兴，中国发展要靠广大青年挺膺担当。年轻充满朝气，青春孕育希望。广大青年要厚植家国情怀、涵养进取品格，以奋斗姿态激扬青春，不负时代，不负华年。"

国家为鼓励广大青年学生勤奋学习、努力进取、勇于实践、敢于创新，建立了奖学金制度，从全国中职学生、本专科生、研究生中，评选出德、智、体、美、劳全面发展且特别优秀的学生，向他们颁发国家奖学金。获得高等教育中级别最高、奖励额度最大的奖学金，对广大青年学生来说是一项莫大的荣誉。

榜样的力量是无穷的。为展示当代青年学子的青春风采和奋斗精神，充分发挥他们的榜样示范作用，从2015年起，四川省连续七年在本专科国家奖学金获奖学生中遴选出100名优秀代表，请他们以自己的视角和语言，讲述大学期间的学习、生活故事，追梦、逐梦风采，编辑出版《追梦·逐梦——四川省国家奖学金获奖学生风采录》。2022年起，我们从省属中职学校学生、本专科生、研究生中遴选100名获奖学生，让他们讲述自己的励志故事，为青年学子提供前进的动力。例如，达州渠县崇德艺体职业高中的余爽同学出生于一个普通农民家庭，受益于中等职业教育国家奖学金、学费免除等资助政策，凭借自身努力，在2021年全国第十一届残运会暨第八届特奥会越野滑雪、冬季两项项目中共荣获5个冠军、2个亚军，在2022年荣获北京冬残奥会冬季两项男子长距离（视力障碍组）季军，被评为"2022年北京冬残奥会中国残联先进个人"；南充文化旅游职业学院龚越同学，虽然来自川南一个普通农民家庭，来到大学后，便制订计划，刻苦学习，大二学年拿到了全年级专业综合成绩排名第一的成绩，获得了国家奖学金、国家励志奖学金、校级一等奖学金等荣誉；四川农业大学康玉同学，大学四年坚持每堂课坐在第一排，保证最高效率地听课，坚持每天去图书馆，保证每周自习时长至少60个小时，最终被推免至北京大学直博；西南科技大学熊婷同学，始终保持"勤奋，刻苦，用心，真诚"的生活习惯和学习原则，整个研究生学习期间从未请假缺席、迟到早退，专业成绩名列前茅，荣获研究生国家奖学金、四川省优秀毕业生、西南科技大学校长奖学金等荣誉；西南石油大学覃敏同学，刚步入大学时英语考试不及格，便每天坚持学习12个小时，奔走于食堂、教学楼、图书馆之间，早上六点在食堂早读，上课时坐在第一排，下课直奔图书馆，最终获得了西南石油大学的直博资格……这样的故事还有很多。设置奖学金的意义不在于"金"，而在于"奖学"二字，因为"奖学"旨在奖励学子、鼓励学子。我们希望通过宣传这些获奖学生的成长成才故事，引导广大青年学生以榜样为"镜"，学习他们志存高远、奋发图强的精神，以奋斗追梦逐梦，为人生添姿增彩。

"宝剑锋从磨砺出，梅花香自苦寒来。"这句话时时勉励我们要勤学苦练，一刻也不能懈怠。"古之立大事者，不惟有超世之才，亦必有坚忍不拔之志。"这句话时时激励我们要有敢于面对问题、解决问题的勇气和坚忍不拔的意志。青春逢盛世，拼搏正当时。中国特色社会主义进入新时代，实现中华民族伟大复兴，建设中国特色社会主义现代化强国，希望在青年，力量在青年。衷心期望青年朋友立大志、明大德、干大事，以德为先、以学为业、以勤为径，不负青春、不负韶华，争做时代的弄潮儿、强国的建设者、伟业的接班人。

中共四川省委教育工委副书记、教育厅党组成员　张澜涛<br>
2023年9月6日

# 目 录 CONTENTS

## 博士篇

| | | |
|---|---|---|
| 朝惕砺以泛学海 岁不渝以致青云 | 四川农业大学◆罗磊 | 3 |
| 心中兴农梦 投身科研路 | 四川农业大学◆申晓旭 | 7 |
| 有梦不负韶华 逐梦终得微笑 | 西南石油大学◆何腾蛟 | 9 |
| 不惧风雨 向阳生长 | 西南石油大学◆覃敏 | 12 |
| 积跬步以至万里 | 成都理工大学◆蒋柯 | 16 |
| 人生在勤 不索何获 | 成都中医药大学◆王依澜 | 19 |
| 青春逐梦中医药 勇攀科研高峰路 | 成都中医药大学◆赵兴桃 | 23 |
| 向阳而生 做自己的光 | 四川师范大学◆蒋洁芳 | 27 |
| 青春逢盛世 奋斗正当时 | 西南科技大学◆时浩添 | 31 |
| 人生不设限 相信自己的力量 | 成都体育学院◆赵琬莹 | 34 |

## 硕士篇

| | | |
|---|---|---|
| 千磨万击还坚劲 任尔东西南北风 | 四川农业大学◆吕昊哲 | 39 |
| "锦鲤女孩"斩获川农"双优标" | 四川农业大学◆王玥 | 42 |
| 圆梦军旅 逐梦科研 | 西南石油大学◆明兴莹 | 45 |
| 有志者 事竟成 苦难成就辉煌 | 西南石油大学◆倪申童 | 49 |
| 千淘万漉虽辛苦 吹尽狂沙始到金 | 西南石油大学◆赵鹏 | 53 |
| 钻研 探究 生活 | 成都理工大学◆李佳 | 56 |
| 一名非科班生的自述 | 成都理工大学◆王樵渚 | 59 |
| 守正创新 砥砺奋进 勇挑重担的岐黄学子 | 成都中医药大学◆熊坚 | 62 |
| 以青春之名 砥砺前行 | 四川师范大学◆陈思宇 | 65 |
| 奋斗青春 逐梦不止 | 四川师范大学◆朱辉 | 68 |

| | | |
|---|---|---|
| 踔厉奋发　善作善成 …… | 西南科技大学◆程杰 | 71 |
| 以梦为马　乘风破浪 …… | 西南科技大学◆熊婷 | 74 |
| 困苦磨砺人生　努力铸就成功 …… | 西华大学◆黄瑞珂 | 78 |
| 志存高远　梦始足下 …… | 成都信息工程大学◆陈亚玲 | 81 |
| 以拼搏奋斗、责任担当铺陈青春底色 …… | 成都信息工程大学◆卿智鹏 | 84 |
| 我的研"梦"之旅 …… | 西华师范大学◆查正桃 | 87 |
| 奋斗驱萧索　不负少年时 …… | 四川轻化工大学◆侯洪波 | 90 |
| 博观而约取　厚积而薄发 …… | 西南医科大学◆李源 | 93 |
| 不负热爱　心有期待 …… | 川北医学院◆谭颜汭 | 96 |
| 科研报国　矢志初心 …… | 成都大学◆申玥 | 99 |

## 本科篇

| | | |
|---|---|---|
| 逆流而上　直博北大 …… | 四川农业大学◆康玉 | 105 |
| 十年乒乓路　一生追梦人 …… | 四川农业大学◆张冉 | 109 |
| 但行好事　无问西东 …… | 西南石油大学◆巴金宇 | 112 |
| 手握命运　泥塑人生 …… | 成都理工大学◆刘桂莹 | 116 |
| 守正创新　砥砺前行 …… | 成都中医药大学◆张嘉鸿 | 119 |
| 逐梦之旅　始于心　践于行 …… | 成都中医药大学◆张勤勤 | 122 |
| 心有所定　步履不停 …… | 四川师范大学◆高雅 | 126 |
| 文海浩瀚　厚积薄发 …… | 四川师范大学◆朱翼帆 | 129 |
| 赓续涔涔汗水路　温暖莹莹向阳心 …… | 西南科技大学◆白盈瑞 | 133 |
| 志之所趋　无远弗届 …… | 西南科技大学◆苟兆霞 | 136 |
| 不甘止步的倔小孩 …… | 西华大学◆尤泽君 | 140 |
| 乘风于荆棘　破浪于沧海 …… | 成都信息工程大学◆孙玉馨 | 144 |
| 学无止境　厚积薄发 …… | 四川音乐学院◆刘正时 | 148 |
| 以梦为马　不负韶华 …… | 成都体育学院◆雷又君 | 151 |
| 红日初升　其道大光 …… | 西华师范大学◆周蜀妮 | 155 |
| 自强不息　奋斗力行 …… | 四川轻化工大学◆杨锐 | 159 |
| 以我之力　逐我所愿 …… | 西南医科大学◆李欣怡 | 163 |
| 志之所趋　无远弗届 …… | 川北医学院◆沈懿轩 | 167 |
| 艰难困苦　玉汝于成 …… | 内江师范学院◆钱秋梅 | 171 |

| | | |
|---|---|---|
| 活化自我　有效碰撞多样生活 …… | 四川文理学院◆阳明利 | 175 |
| 不畏征途　全力以赴 …… | 成都大学◆王鹏 | 178 |
| 用青春谱乐章　用勤劳换收获 …… | 宜宾学院◆王烁 | 182 |
| 怀揣梦想　扬帆起航 …… | 四川民族学院◆罗丹 | 185 |
| 挺膺担当　以创新绘就芳华底色 …… | 四川警察学院◆周本珂 | 188 |
| 以青春践行使命　以奋斗诠释担当 …… | 成都师范学院◆王宝珠 | 191 |
| 心之向往　行将必至 …… | 成都工业学院◆龚雨笙 | 194 |
| 从戎归来　砥砺奋进 …… | 成都东软学院◆蒋一帆 | 197 |
| 科研之路　求实创新 …… | 电子科技大学成都学院◆林炜 | 200 |
| 一分耕耘　一分收获 …… | 成都理工大学工程技术学院◆左佳丽 | 203 |
| 步履不息　砥砺前行 …… | 四川工商学院◆胡晓雯 | 206 |

## 专科（高职）篇

| | | |
|---|---|---|
| 以我之力　追我所愿 …… | 四川民族学院◆林雄伟 | 211 |
| 不负韶华　逐梦前行 …… | 阿坝师范学院◆代星 | 215 |
| 路漫漫其修远兮　吾将上下而求索 …… | 成都文理学院◆李华倩 | 218 |
| 永葆先进本色　争当时代先锋 …… | 四川工业科技学院◆雷斯雅 | 221 |
| 藏一粒种子让理想开花 …… | 四川电影电视学院◆孟乐 | 224 |
| 循梦而行　向阳而生 …… | 川南幼儿师范高等专科学校◆陈文丽 | 228 |
| 逐梦技能强国　绽放出彩人生 …… | 成都航空职业技术学院◆王毅 | 231 |
| 吾志所向　永不停歇 …… | 绵阳职业技术学院◆邓思旭 | 234 |
| 奋斗青春　无需等待 …… | 四川工商职业技术学院◆袁培妮 | 237 |
| 梦想从勤学开始　事业靠本领成就 …… | 成都农业科技职业学院◆江晓雅 | 240 |
| 追风赶月莫停留　平芜尽处是春山 …… | 宜宾职业技术学院◆叶恒 | 243 |
| 青衿之志　履践致远 …… | 四川铁道职业学院◆陈龙 | 246 |
| 当我追寻光　便与光同航 …… | 四川财经职业学院◆范中获 | 250 |
| 心怀梦想　踔厉奋发 …… | 四川城市职业学院◆沈军 | 254 |
| 奋斗驱萧索　不惧少年时 …… | 阿坝职业学院◆徐智垚 | 257 |
| 越努力越幸运 …… | 四川体育职业学院◆金婷婷 | 260 |
| 仰望星空　也要脚踏实地 …… | 天府新区通用航空职业学院◆帅亚琼 | 263 |
| 穷且益坚　不坠青云之志 …… | 达州中医药职业学院◆周冰林 | 266 |

| | | |
|---|---|---|
| 竹子定律 | 南充文化旅游职业学院◆龚越 | 269 |
| 步履不停　追梦不止 | 绵阳飞行职业学院◆李玉琴 | 273 |

## 中职篇

| | | |
|---|---|---|
| 航天学子　立青年誓言 | 四川航天职业技术学院◆唐虎 | 279 |
| 遇见光　追随光　成为光 | 四川省旅游学校◆杨惠淋 | 282 |
| 点燃信仰的明灯 | 川北医学院附属医院护士学校◆许美娟 | 285 |
| 脚踏实地追逐针灸梦、健康梦、中国梦 | 成都中医药大学附属医院针灸学校◆黄琦 | 288 |
| 何惧荆棘载满途　唯奔梦想赴远方 | 成都铁路卫生学校◆张芯宇 | 291 |
| 青春向阳　不负芳华 | 四川省蚕丝学校◆苟菲 | 295 |
| 游向远方 | 成都市礼仪职业中学◆黄沿博 | 298 |
| 不负青春　以梦为马 | 成都石化工业学校◆文一帆 | 301 |
| 展青春风采　做励志青年 | 成都市工程职业技术学校◆黄馨瑶 | 304 |
| 路虽远　行则将至 | 成都职业技术学校◆巫佳豪 | 307 |
| 珍惜机遇　砥砺前行 | 自贡职业技术学校◆张明鑫 | 310 |
| 宝剑锋从磨砺出　梅花香自苦寒来 | 攀枝花市经贸旅游学校◆余晟铭 | 313 |
| 做无畏而有为的新青年 | 泸州市职业技术学校◆徐琴 | 317 |
| 设计成才之路　绘制多彩人生 | 德阳通用电子科技学校◆胡金涛 | 320 |
| 不用自奋　青年逐梦正当时 | 四川省绵阳职业技术学校◆杜佳豪 | 323 |
| 踔厉奋发勇担当　青春奋进正当时 | 四川省遂宁市安居职业高级中学校◆邓锐 | 326 |
| 奋斗的青春最美丽 | 四川省青神中等职业学校◆张雨鑫 | 329 |
| 振翼腾飞　为理想奋斗 | 四川省宜宾市职业技术学校◆车国炀 | 332 |
| 冬残奥季军——视障少年的冰雪奇缘 | 达州渠县崇德艺体职业高中◆余爽 | 335 |
| 逐梦不止　青春无悔 | 四川省甘孜卫生学校◆四郎翁珍 | 338 |

| | |
|---|---|
| 附录一　2022年博士研究生国家奖学金获奖学生名单 | 341 |
| 附录二　2022年硕士研究生国家奖学金获奖学生名单 | 343 |
| 附录三　教育部关于2021—2022学年度本专科生国家奖学金获奖学生名单的公告 | 348 |
| 附录四　关于2021—2022学年度中等职业教育国家奖学金获奖学生名单的公告 | 367 |

# 博士篇

# 朝惕砺以泛学海　岁不渝以致青云

四川农业大学◆罗磊

　　罗磊，男，汉族，中共党员，四川农业大学管理学院农业经济管理专业2021级博士研究生。曾任省委宣讲团青年分团成员、全国学联二十七大代表、省学联执行主席、校研究生支教团团长，曾获研究生国家奖学金、国家公派留学奖学金、校级研究生优秀标兵等奖励和荣誉。以第一作者身份发表中科院一区TOP、CSSCI论文10篇，累计影响因子47.032，单篇最高影响因子11.072；曾担任SCI期刊审稿人；曾主持或主研20余项三农课题，调研足迹遍布四川省48个县区，首次验证了新冠肺炎疫情认知与农户绿色生产意愿之间的影响机制。

## 缘起川农，在雅风细雨里镌刻青春印记

　　2014年，桂花飘香的时节，一个懵懂的小镇少年踏上川农大的求学之路。图书馆、育新楼、老板山、梧桐大道、第四办公楼，都留下了我忙碌的身影。我在这片沃土上扎根。本科四年时光里，我在这里得到蜕变和成长。专业老师的博学多识、校园活动的丰富多彩、科学实验的新奇有趣，每一个瞬间都在我心里留下了难以磨灭的印记。伴随着花开花落四世轮回，我的专业素养、思想觉悟与实践能力不断提升。

　　本科四载的雅风细雨里，我先后担任院团委学生副书记、校学生会主席、雅安市学联主席，当选为共青团四川省十四大代表，入选省第一届"青马工程"培养

班。研究生期间，我担任省委宣讲团青年分团成员、省学联执行主席与全国学联二十七大代表。

## 远涉新疆，在黄沙戈壁间贡献青年力量

本科毕业后，"到西部去、到基层去、到祖国最需要的地方去"的口号感召着我，我毅然选择加入了川农大第七届研究生支教团，去往塔克拉玛干沙漠腹地、艰苦条件达到五类地区标准的新疆和田支教一年。

在和田县第三小学，我革新教学方法，在学校公开课大赛上斩获一等奖，被学校推荐参加全县"说课下乡"示范实验课堂，还被推选参加和田县教育系统说课大赛并取得第二名，受到全体老师一致好评。同时，我发挥农业学科背景优势，打造出学校第一间科学实验室，执教第一堂"观察洋葱细胞表皮"实验课；带领川农大第七届研究生支教团在南疆地区建立了第一个"川农大福利院公益课堂"，在和田市儿童福利院开课三十余次，在当地留下了良好的口碑，受到中青网等媒体专题报道；设立起第一笔面向和田小学生的"川农大奖学金"，把川农大的名字传播在黄沙戈壁之间，把川农大之梦种在维吾尔族孩子们的心里。

## 行而不辍，在漫漫研途上披荆斩棘破浪

2019 年，作为一名研途之上的探索者，我在日复一日的两点一线中品味充实与收获。农业经济理论学习、农民合作社实地调研、一周一汇报、两周一研讨，我在农村合作组织与资源环境等农经领域中潜心科研、执着探索。1200 多个日日夜夜，我付出了汗水，也收获了硕果：从一个科研小白到在农经四大刊物之一的《农业技术经济》发表论文，从一个专业知识基础薄弱的跨专业学生到发表 SCI、SSCI 论文累计影响因子近 50，从参加农经学术会议到担任 SCI 期刊审稿人，再从国家奖学金获得者到成为研究生优秀标兵，从曾经那个不知科研为何物的本科少年蜕变成可以在追求科学真理的道路上留下属于自己一丝印记的博士生。

一路走来，我所收获的一切是汗水凝结更是师恩赐予。可以说，老师就是我求学阶段的指路明灯。在刚开始撰写论文和投稿时，我屡战屡败，曾一度怀疑自己的研究方向和学术能力。我的导师傅新红教授手把手地教会了我理论知识、模型构建与工具使用，也教会了我坐冷板凳、天道酬勤的道理，既为我仔细地架构研究方

向，也充满信任地放手，严厉又慈爱。经历了十几次的碰壁后，终于收到文章的录用通知，那一刻，我知道，我所经历的多次失败都是黎明前的黑暗。

第一篇文章的发表给予了我莫大的信心。随后，我基于新冠肺炎疫情风险感知视角将合作社组织行为与资源经济学相结合的创新性研究，受到国内外同行的肯定。也是基于这个研究，我在 Journal of Cleaner Production 等中科院一区 TOP 期刊发表多篇论文，并担任该领域的 SCI 期刊审稿人，受邀在中国农业经济管理年会等学术会议做学术报告，还在乡村振兴高峰论坛中获评优秀论文一等奖。2022 年，我作为研究生优秀标兵代表，获得在学生表彰大会上发言的机会，便把在川农的经历与成长做了分享。

## 扎根大地，在社会服务中助农兴农强农

在专业学习的同时，我从未停止服务社会、实践兴农的步伐。在推进乡村振兴与三农发展的实践服务中，我发挥专业优势助农兴农强农。我致力于研究和解决农业绿色发展问题，主持过四川省农村发展研究中心课题，参与了中央农村工作领导小组办公室、四川省哲学社会科学规划办公室的重点项目以及多地农业农村"十四五"发展规划项目等二十余项。从脱贫攻坚三方评估到乡村振兴经验探索，从农业农村部到区县农业农村局，从海拔 4500 米的甘孜石渠到深处彝区腹地的凉山布拖，我去山野寻问题，为农村谋思路，向农业要数据，找农民讨方法，调研足迹遍布四川省的 48 个县区，为多地三农发展决策撰写报告、提出建议，真正做到将论文"写"在神州大地之上，为助农兴农强农贡献川农大力量。

最令我难忘的事是发生在脱贫攻坚贫困县退出第三方抽查评估中。石渠县是四川省最偏远、交通最不方便的县之一，平均海拔 4520 米，号称太阳部落。贫困户调查中我抽中了一户位于山顶上的藏族家庭，上山途中越野车的轮胎几近贴着悬崖边前行。即便在这样恶劣的自然环境下，这里仍然实现了路通、电通、水通，农户们一个劲地竖着拇指，不断地重复着"共产党好"，这让我由衷震撼和感动，也让我对脱贫攻坚与乡村振兴有机衔接有了更深刻的认识，很感激那次见证脱贫攻坚战伟大胜利的经历。

目前，我受国家资助前往芬兰进行博士联合培养，在赫尔辛基大学农林学院农业经济学系进行为期一年的访学，力争为推进国家乡村振兴战略做出新的贡献。回

首在川农大八年来的求学之路，在学校这片沃土的滋养下，我在不同的角色之间切换，实现了蜕变：田间地头的调查员、学生活动的组织者、校庆晚会幕后的道具组长、和田县三小的支教老师、代表全校同学的学联主席、宣传二十大精神的讲解员、公派留学的农经博士生、社会服务的科技工作者……变的是职责与担当，不变的是对川农大精神的传承与信仰。

八年求学路，殷殷川农情。我始终相信：积土成山，风雨兴焉；积水成渊，蛟龙生焉。

# 心中兴农梦　投身科研路

四川农业大学◆申晓旭

> 申晓旭，汉族，共青团员，四川农业大学动物科技学院动物遗传育种与繁殖专业 2020 级博士研究生。曾获研究生国家奖学金、研究生一等学业奖学金、校级研究生优秀标兵提名、校级优秀研究生等多项荣誉和奖励。主要进行家禽遗传与育种研究，以第一作者身份累计发表 SCI 论文 11 篇。

## 不忘初心逐梦人

著名科学家施一公教授曾言："21 世纪是生命科学的世纪。"从中学开始，我对生物这门学科便有着非常浓厚的兴趣，梦想成为一名生命科学领域的科学家。高中时期，我与同学一同在生物老师的指导下参加了贵州省青少年科技创新大赛，并在动物学门类获得省级一等奖。在报考大学时，我发现四川农业大学的动物学研究处于世界先进水平，于是报考了四川农业大学动物科技学院的动物科学（本硕连读）专业。后来在本科期间，我认真进行理论课与实验课的学习，所学的知识与经验更加坚定了我走在这条道路上的信心，于是很早便进入实验室进行科研训练，以便为进入研究生阶段打好基础。

## 风雨无阻科研路

研究生阶段，我师从朱庆教授与尹华东教授，在动物科技学院家禽课题组进行肉鸡肌肉发育分子调控机制方面的研究。鸡肉是人们重要的蛋白质食物来源之一，而我国的肉鸡市场被引进的高产白羽肉鸡严重侵蚀，本土肉鸡在市场中处于弱势地位，急需通过现代化分子育种手段培育我国本土的高产肉鸡。因此，我与同学们便在导师的指导下，利用肌肉生长速度显著不同的蛋鸡与肉鸡组成对比模型，通过高通量测序技术筛选可能影响鸡骨骼肌发育的关键分子，包括 DNA 甲基化、长非编码 RNA、环状 RNA、小 RNA 以及编码基因。随后，我带领研究小组探索环状 RNA 在鸡骨骼肌发育中发挥的作用。

科学研究的路不会一帆风顺，项目刚启动时，我与小组成员在零基础的情况下艰难前行。高通量测序结果怎么理解？目标环状 RNA 难以选定？环状 RNA 要怎么鉴定？怎么去进行功能验证？……我们遭遇了一系列的问题，甚至包括测序公司分析结果出错。这些问题困扰了我们很久。我们经过日复一日地努力，用一年多的时间攻克了大部分难题。在随后的时间里，我与组员一同在实验室埋头苦干，到现在为止，已发现多个关键环状 RNA 具有成为分子育种靶标的潜力，并在知名国际学术期刊发表 SCI 论文 9 篇，而我也以第一作者身份在一区 top 杂志 *International Journal of Biological Macromolecules* 发表了一篇研究论文。

分子标记辅助育种技术是一种加快种质资源利用的高效手段，如何将我们已经发现的潜在的分子靶标运用于家鸡的育种工作中是我和课题小组成员面临的下一个问题。我们将一起针对这个方向继续进行研究，争取攻克这一技术难题，将我们的基础研究成果应用于生产实践中，为提高我国本土肉鸡的产能提供一个有效的方法。

## 直挂云帆济沧海

所有过往皆为序章，在追梦路上，所有付出都是值得的。在四川农业大学学习的岁月里，我不断学习家鸡的遗传育种相关知识，随着研究工作的开展，对这个行业的理解也越深。

习近平总书记强调："中国人的饭碗任何时候都要牢牢端在自己手中，我们的饭碗应该主要装中国粮。"鸡肉作为我国重要的肉类食物来源之一，打好肉鸡产业的种质资源攻坚战是我们从业者的责任。我希望利用我所学的知识，在这个方向努力进行研究工作。学成之后为我国本土肉鸡产业的发展"添一块砖"，为我国的现代农业发展"加一片瓦"，为国家贡献一份我的力量。

# 有梦不负韶华　逐梦终得微笑

西南石油大学◆何腾蛟

> 何腾蛟，汉族，中共党员，西南石油大学石油与天然气工程学院油气储运工程专业2020级博士研究生。曾获研究生国家奖学金2次、二等及以上研究生学业奖学金4次、师爱奖学金2次；获四川省优秀毕业生、校级优秀研究生等荣誉称号；获第六届四川省"互联网+"大学生创新创业大赛金奖、第十七届"挑战杯"全国大学生课外学术科技作品竞赛"黑科技"专项赛特等奖、"杰瑞杯"第七届中国研究生能源装备创新设计大赛三等奖。专注学科前沿，围绕管道无损检测技术开展研究，主研国家自然科学基金项目2项、四川省自然科学基金项目1项，发表学术论文19篇，其中SCI、EI论文8篇，授权发明专利17件，包括国际发明专利1件。

## 迷途知返，披荆斩棘

2017年，我以394分的成绩顺利考入西南石油大学攻读油气储运工程硕士研究生。我怀揣对崭新学习生活的豪情壮志，摩拳擦掌，期待能够在自己的研究领域大展宏图。但事与愿违，作为一名本科基础不太扎实的普通学生，我很快就发现，在面对一窍不通的深奥理论与错综复杂的方程公式时，自己好像陷入了泥潭之中，举步维艰。

理想与现实的天壤之别让我开始怀疑自己是否具备从事科学研究的能力，矛盾重重的内心让我举措不定，激情昂扬的斗志被慢慢磨灭，我逐渐沉迷网游，逃避学习。幸而，我的导师廖柯熹教授及时发现了我的问题，在我迷茫于未来人生规划之际，耐心辅导、循循善诱，将我从歧途拉回正轨。

理论知识太抽象，老师就亲自带领我深入现场，言传身教；实验结果不理想，就鼓励我多尝试不放弃；文字写作能力差，就一字一句教我修改。无数个白昼黑夜，老师呕心沥血的谆谆教诲，让我重拾科研自信。

## 卧薪尝胆，磨杵成针

迷途知返，我开始埋头苦干，勤奋学习。为了弥补自己欠缺的基础知识，除了课程学习与体育锻炼，其余时间我都泡在实验室里。我认真研读文献资料，专啃大家不愿意触碰的复杂理论。在阅读文献后，我会把个人见解都记录在笔记本上，反复翻看，举一反三。学习软件、实验测试逐渐成为我的日常工作内容，我也实现了从手足无措到渐入佳境再到熟练使用的蜕变，这一切源于我日夜兼程的孤军奋战，更是因为一个坚实而崇高的理想在有力推动。尽管硕士研究生期间的综合测评成绩一直不太理想，但我坚信滴水穿石非一日之功、天道酬勤，因此始终坚韧向前。

精诚所至，金石为开。研究生三年的不懈努力与辛勤付出，让我终于在博士学习阶段厚积薄发，有所收获。在廖柯熹教授的悉心指导下，博士在读期间，我共计发表学术论文19篇，其中JCR一区SCI论文有4篇，累计影响因子达到41.5；授权发明专利17件，包括美国发明专利1件，专利技术"一种山地管道环焊缝非接触识别定位方法"（ZL201811385365.5）和"一种埋地管道非接触式应力实时监测方法"（ZL201910541665.6）与相关企业签订了专利实施许可合同，实现了科技成果的成功转化，合同金额为30万元。其间，我被聘请担任 *ISA Transactions* 等国际SCI期刊的审稿人。

2021年，我取得了年级综合测评第一的好成绩，并先后获得一等学业奖学金、国家奖学金、师爱奖学金，以及四川省优秀毕业生、校级优秀研究生等荣誉称号。有了科研成果的"撑腰打气"，我通过层层严格选拔，于2021年12月获得了由国家留学基金委资助的"促进与俄乌白国际合作培养项目"公派留学资格。

我的导师廖柯熹教授时刻提醒我们：家国天下先，要不忘"把安全写在祖国管道上"的初心使命。这些年的历练已使我深深明白，科学研究不仅需要扎实的理论基础，更需要敢想敢干的勇者精神，二者缺一不可。为帮助推进我国油气管道安全保障技术持续发展，在国家自然科学基金与四川省自然科学基金的资助下，我潜心研究"埋地钢质管道非接触式磁应力检测方法"课题。为不断提高工程技术水平，六年来，我带领课题组扎根一线，在各大油气田和管道公司开展工程试验。从新疆油田到长宁页岩气田，从山东管道到西南管道，我和课题组同学的足迹逐渐遍布全国各地，现场检测油气管道总里程超200公里。为了解决磁检测设备在管道领域的"水土不服"问题，在廖柯熹教授的带领下，我决心自主研制油气管道磁检测设备。至今记得在夏季闷热嘈杂的测试基地里，我和课题组同学光着膀子日复一日测试样机的那些情景，为了管道人的梦想闻鸡起舞、披星戴月。功夫不负有心人，我和课题组目前已研制出，核心技术指标通过专家鉴定达到国际领先水平，并且具备完全的独立自主知识产权。

## 引领双创，力争上游

为了推广技术成果，我和课题组同学积极参加各项创新创业竞赛。作为项目负责人，我带领创新团队，凝练技术成果核心竞争力，优化PPT展示内容，锻炼逻辑表达能力。经过长期打磨和反复修改，我们的"PMSI——新型管道应力安全检测技术领航者"项目，先后获得第六届四川省"互联网＋"大学生创新创业大赛金奖，第十七届"挑战杯"全国大学生课外学术科技作品竞赛"黑科技"专项赛特等奖，"杰瑞杯"第七届中国研究生能源装备创新设计大赛三等奖，第十届、十一届全国大学生电子商务"创新、创意及创业"挑战赛四川赛区二等奖，2020年全国大学生微创业行动西北赛区铜奖等。我还被评选为西南石油大学"青春有梦，不负韶华"2020年十大创业典型人物以及石油与天然气工程学院"十大油气精英"。

投我以桃，报之以李。感恩学校和导师为我提供的优质学习平台，在努力提升自我能力的同时，我也积极帮助课题组的师弟师妹，自发组织学术研讨会，定期分享科研成果，探讨技术难题。我希望以我们的努力为国家能源安全保驾护航！

# 不惧风雨　向阳生长

西南石油大学◆覃敏

> 覃敏，汉族，中共党员，西南石油大学石油与天然气工程学院油气储运工程专业2019级博士研究生。获研究生国家奖学金3次，研究生一等学业奖学金4次；获第十七届"大学生年度人物"、"中国大学生自强之星"、四川省优秀毕业生、校级"十佳杰出研究生"等荣誉称号；获第十七届"挑战杯"全国大学生课外学术科技作品竞赛"星系"级作品奖（国家特等奖）、全国大学生油气储运工程设计大赛一等奖、四川省"互联网+"大学生创新创业大赛金奖。致力于油气管道腐蚀与安全研究，以第一、第二作者身份发表论文12篇，授权发明专利4项、软件著作权5项；主持校级创新基金重点项目1项。曾受邀赴日本参加国际学术会议并进行学术报告。

二十载求学，一路风雨泥泞，但总是向阳出发，我最后走上了读博的征程。有些故事虽如梦一场，却教会了我珍惜生命时光，珍惜求学机会，也教会我如何成长，如何成为回报社会的有用之人。

## 家贫苦寒，励志坚韧

我出生在一个贫困的小山村，考上大学走出大山是我从小的梦想。天还没亮，便要沿着崎岖的小路上学，是我的日常。我原以为这已经算是最困难的人生模式了，却没想到10岁那年，一场大病让我的人生梦想戛然而止。长期的治疗需要花费高昂的费用，父母失业只能四处筹钱。那时，医生说治疗后的理想结果，也是成为植物人。有人劝爸妈放弃医治，爸爸却说："就算是植物人，我也要养我女儿一辈子。"就这样，爸妈陪我求医的足迹遍布成都、重庆、北京等地。幸运的是，我的病情逐渐好转，我得以回到校园继续学业。

尽管学业落后、头发被剃光，但我知道重生来之不易，家庭背负巨额债务，父母为此起早贪黑，作为父母唯一的希望，我唯有发奋学习。

## 磨砺心智，潜心钻研

回想起那段艰难的日子，是父母的坚持成就了今天的我。2015年，我如愿考上了西南石油大学石油与天然气工程学院油气储运工程专业。但我不曾想到，从踏入大学校门的第一天起，一种深深的自卑就开始埋藏在我的心底。我英语底子不好，大学入学的英语考试成绩甚至不及格！这可给了我沉重一击。身边的同学们不仅成绩优异，而且才艺丰富。无一技之长的我只能躲在角落里远远欣赏、羡慕。我意识到了差距，起点已经落后于人，只有付出更多的努力，才能在日后的人生道路上有支撑整个家的能力。

从自卑到自信，这条路有多长，我想答案就是四年如一日的寒窗苦读，是牺牲课余时间进行的勤工俭学。

我坚持每天学习12个小时，在食堂、教学楼、图书馆之间奔走，早上六点到食堂，迅速吃完早饭后进行早读，上课坐在第一排，下课直奔图书馆。与我齐高的学习资料、在图书馆度过的日日夜夜让我感到充实。付出的努力，都升华成我丰硕的成果。本科期间，我不仅顺利通过了英语四六级考试，还通过了大学生计算机四级考试，综合成绩位列专业第一，最高学分绩点为4.42。一张张证书像是星辰，逐渐照亮了我原本暗淡的大学时光。四年的积累奠定了扎实的基础，我终于获得了西南石油大学的"直博"资格。

## 科研之路，甘甜相宜

四年里，我一直奋力拼搏，为我的家争取更美好的生活。我的科研之路并不是大神级的"打怪"过程，而是默默耕耘，是在一次又一次的失败后再收获科研的

回报。

我积极参与科研竞赛,与全国各高校硕博士同台竞技。尽管受到过质疑、历经过失败,但对科研的坚守让我咬紧牙关,继续啃面包、睡地板的生活常态。功夫不负有心人,我先后斩获了第十七届"挑战杯"全国大学生课外学术科技作品竞赛"星系"级作品奖(国家特等奖)、全国大学生油气储运工程设计大赛一等奖、四川省"互联网+"大学生创新创业大赛金奖、全国大学生油气储运设计大赛一等奖。

为了攻克页岩气田管道腐蚀穿孔的难题,我前往作业区深度调研,开展实验,把家安在实验室,度过了无数个苦战的夜晚。有一次眼看实验即将成功,却出现了一点异常,我急得直哭,但为了保证数据精确,又快速调整心态。我始终坚持不行就从头再来,绝不"差不多"。经过长期的坚持,我发现了页岩气田管道腐蚀机理,优化缓蚀药剂,助力解决了页岩气田管道腐蚀穿孔的问题,获得了油田单位一致好评,为页岩气的安全经济生产保驾护航。

目前,我已经以第一、第二(通讯)作者的身份发表科研论文 12 篇(已见刊中科院 2 区 SCI 论文 5 篇,3 区 SCI 论文 2 篇,4 区 SCI 论文 2 篇,CSCD 论文 2 篇,中文核心论文 1 篇),授权发明专利 4 项,软件著作权 5 项,同时主持研究生创新基金 1 项。2019 年,我受邀赴日本参加了 2019 年第 7 届亚洲计算传热与流体国际会议并做学术报告。2022 年 6 月,我已获得加拿大卡尔加里大学公派博士联合培养资格。

"直博"四年来,我的绩点始终保持 4.0 以上,被评为第十七届"大学生年度人物""中国大学生自强之星",收获了 100 张荣誉证书,获得 3 次国家奖学金,连续 4 年获得一等学业奖学金,累计奖学金金额近 30 万元。

## 饮水思源,自强不息

大学的生活一直在加速,学习和工作的压力接踵而至,但我一直保持着乐观积极的生活态度。

作为中共党员,我发挥榜样带头作用,在学习上积极为同学们答疑解惑;饮水思源,利用寒暑假先后四次回到家乡支教,服务乡村留守儿童 150 余名。在校期间,我先后 15 次上台分享自己的成长故事。四川日报等媒体也对我进行了专访,激励着更多学子。

回首我的成长历程，虽满含艰辛，但也充盈着人间亲情、社会温暖；回望大学时的我，虽曾自卑，但终究走出了阴影，笑对阳光。未来，我希望能继续为石油事业贡献自己的青春力量，愿我们对学习和生活永远充满热情。

# 积跬步以至万里

成都理工大学 ◆ 蒋柯

> 蒋柯，汉族，中共党员，成都理工大学能源学院地质资源与地质工程专业2020级博士研究生。获研究生国家奖学金、国家励志奖学金、研究生学业奖学金、四川省大学生综合素质A级证书；获四川省"互联网+"大学生创新创业大赛金奖、铜奖，中国石油工程设计大赛全国三等奖。围绕页岩储层评价开展科学研究，参与"十三五"国家科技重大专项、国家自然科学基金项目等省部级及以上科研课题11项，发表SCI论文7篇、中文核心论文3篇，授权发明专利2项、软件著作权3项，参加美国石油地质学家年会等国内外学术会议3次。获国家留学基金委资助，在加拿大里贾纳大学进行为期一年的访学。

## 求学十五载，积跬步

### 学之始

1998年，天真烂漫的我踏上了坎坷的求学之路。记得学堂换过3次，家离学校三公里的距离已算是离学校比较近的了。虽已过二十余年，但每每想起，总有些印象深刻的画面在脑海中浮现：斑驳的泥墙、黑瓦下漏雨的教室、随身携带的一把米、静谧漆黑的密林中泥泞的小路、因泥丸翻飞跃上裤脚而引来的一顿唠叨……

作为留守儿童，我一直和爷爷奶奶住在一起，父母极少在家，仅在春节期间我们能够相处少许时光。"有钱没钱，回家过年"，这大概就是家的诱惑吧！"常回家看看",不仅是空巢老人的期许,也是留守儿童的期盼。父母的每一次远行总能换来我撕心裂肺的哀号。

母亲因家庭无法承担她高中复读的费用而只有高中文化,父亲连小学都未毕业。由于文化水平不高,父母都没有正式工作,唯有靠体力养家糊口。"你要好好读书,将来才能出人头地,你看我们现在多辛苦啊……"类似的话常在我的耳边回响。读书的种子大概就是在那时埋下,并慢慢发芽。每天放学回家后,我除了干农活就是做作业。手掌宽的长凳和小凳,就是我的战场。不聪慧的我经常受到长辈"恨铁不成钢"的责备,但我的坚韧让我小升初时,以垫底的成绩进入了县里最好的初中。

**化成蝶**

初中三年,我按部就班、两点一线,深夜躲被窝里用一盏台灯偷偷学。床尾漏出的灯光总能引来宿管的责骂。慢慢地,我开始有了优秀学生奖状、几百块钱的助学金,开始给父母减轻一些压力,哪怕减轻的部分微不足道。功夫不负有心人,我考入县里最好的高中。

高中时,我的班主任常说:"瞄准天上的太阳,最终射中老鹰,比瞄准天上的老鹰,最终射中地上的石头要强。"我开始萌生成为一名科学家的念头,便更加地努力。最终,我顺利考入成都理工大学,圆了母亲多年的大学梦,也有了父母第一次一起送我上学的经历。

## 十年磨一剑,至万里

**积跬步**

步入大学,我开始与石油为伴。晃眼间,这相伴的日子已近十年,也将延续一生。

本科时,专业课的学习让我对石油工程专业有了初步了解。入选首届卓越工程师培养计划、进入石油工程创新班,"以学为用、以赛促学"的培养模式让我有机会不断地在各种学科竞赛中磨炼自己的专业技能。

硕士期间,课程学习之余,项目研究工作使我的科研经验大量积累。我与课题组成员一起参加美国康菲石油公司组织的"未来之路"能源创新研究项目,经过4

个多月的紧张准备与激烈角逐，最终获得总决赛亚军，同时也坚定了我继续进行科学研究的信念。

博士阶段，我坚持科研与竞赛并举，向更高级别、影响更广的赛事发起挑战。作为项目负责人，我率领课题组成员参加四川省"互联网+"大学生创新创业大赛，从项目计划书的撰写、PPT的制作与打磨，到学院选拔、学校选拔、路演展示、决赛答辩，一步步稳扎稳打，将金奖收入囊中。至此，我离成为科学家的梦想更近了。

**至万里**

我终于长成了奶奶期盼的那个"别人家的孩子"，曾经想都不敢想的"留学"也变得触手可及。

为申请国家留学基金委的资助，我提前一年就开始准备。通过查资料、问老师同学等方式，了解留学基金申请流程、申请书与研修计划撰写要求、注意事项等。虽然准备比较充分，但百密一疏，因许多导师名额已满，后经师兄介绍才联系到远在万里之外的里贾纳大学的贾老师并受邀访学一年。提交资助申请后经过两个月的漫长等待，收到留学基金委发来的贺信时，激动、震惊之情无以言表。

临渊羡鱼，不如退而结网。有梦想便用实际行动去追，机会是留给有准备的人。以一颗平凡的心看待世界，抓住点滴，时刻准备着，战胜挑战，做有益社会的自己！

# 人生在勤　不索何获

成都中医药大学 ◆ 王依澜

　　王依澜，汉族，共青团员，成都中医药大学临床医学院中医内科学2020级博士研究生。获研究生国家奖学金、研究生学业奖学金、四川省优秀毕业生等荣誉。专注于中医药防治呼吸系统疾病的研究，主研国家中医药管理局、国家自然科学基金、四川省科技厅、成都市科技局等资助课题7项，主持院级课题1项。以第一作者身份发表SCI论文5篇、北大核心期刊论文2篇、教育类期刊论文1篇，其中2篇SCI论文发表于中科院1区TOP期刊。受邀参加2022年四川省中医药博士后交流会议并主讲学术报告。担任成都中医药大学本科诊断学实验教学老师、本科科研导师，指导学生申报校级课题3项且均获得立项。

　　一纸经方传承千载，一缕药香穿越古今。中学时代的我，曾因于胃痛反复发作，而后求诊于中医，予以口服中药治疗后，疾病得以痊愈。那时候的我切身体验了中医药的博大精深，对中医药专业产生了浓厚的兴趣，立志投身于中医药的传承中。

## 一、勤为径，苦作舟，扎实开展学术研究

　　怀揣着对中医药的向往，高考后我毅然选择了中医药专业，开始了自己的求学生涯。在本科阶段，我努力夯实理论基础，认真学习各科专业课程。随着学习的深

入,我对我国的中医药愈加自信,同时也发现中医药的发展伴随着质疑与抨击。网络上"中药不敢做双盲""中药马兜铃酸引起肾损伤"的声音此起彼伏,而我的知识储备远不及回应质疑的能力,对双盲临床试验、中药有效成分安全性评估等科研概念问题一无所知。

带着对中医药临床科研的探索精神,我开始了硕士求学生涯。基于毕业课题研究方向,我开展了中医药防治气虚感冒的随机、双盲、多中心、安慰剂对照临床试验。试验贯穿了整个硕士阶段。在忙碌的规培工作之余,我完成了120例临床病例的收集。从成都中医药大学附属医院到华西医院,再到社区卫生服务中心,我穿梭在成都市各个医疗机构之间招募受试者。在两年多的时间里,伴随着一例又一例的受试者纳入,临床试验的阳性结果给予了我极大的鼓舞与信心。但伴随着我的还有机制探索不足、知行未能合一的科研困境,我意识到自己缺乏全面阐述证明中医药作用机制的能力。实验可以推翻理论,而理论永远无法推翻实验。带着这些迷茫与困惑,我开启了博士求学生涯。

好奇心、质疑、科学批判精神,是科研的发动机,也是引领人类科学进步的关键力量。在最初的科研工作中,对文献的纵向阅读、对前人实验创新的学习,使作为中医药博士的我对揭开科研的神秘面纱翘首以待。但是中药复方配伍深奥,机制复杂,进入实验室后,败兴而归是常事,实验失败已是屡见不鲜。参考前人文献,结合数据库资源,我反复地从分子层面对中医药作用机制进行验证,然而由于实验细节处理、数据分析误差、复方机制复现需多次重复等问题,50%的时间都变成科研试错的成本。我在一次次的实验失败与试错中不断探索验证中药有效成分对疾病的调控与作用机制。与其他类型文章不同,一篇中医药科研论文的发表耗费很多时间和精力。对中医药科研积极探索的精神,在文献学习、实验假设、机制探索、药效复现的漫长科研工作中一直引领着我前进。

## 二、破四唯,立新标,全面培养综合素质

成长为合格的中医药青年,需要全方位发展。为响应党中央国务院《统筹推进世界一流大学和一流学科建设总体方案》的号召,我承担了本科生教学任务。教学相长,我也温故而知新,与本科学生共同成长。此外,我还担任了临床医学院科研朋辈导师,指导学生参与"互联网+"创新创业大赛、成功申报校院级科研实践创

新项目，以医教研全面发展的标准要求自己。

随着科研的深入，不仅找到中医药基础研究值得学习的创新点，批判思维也得以"崭露头角"。这种独立与批判性思考的习惯，加深了我对中医药现存问题的理解。一方面，我可以作为审稿人更加严谨、全面地审视文章质量并提出质疑；另一方面，也可以更加自信地面对同行评审的一些批判性意见，面对现代医学对中医药科研方法的质疑进行从容有力的回复。

"凡事预则立，不预则废"，前期细致的布局和规划给我的科研、学习带来殷实的收获和成果。在2022年，我参与发表了18篇论文，其中以第一作者身份发表SCI论文5篇、北大核心期刊论文2篇、教育类期刊论文1篇。我深知中医药基础实验只是中医药科研事业中的一小步，从机制验证到临床应用需要付出更多的时间与精力，每一步都需脚踏实地、细致规划。

## 三、乐分享，勇担当，用心奉献团队工作

中医药科研有阻力、有困难、有质疑，是一个创造性过程。而在孤独的科研工作中，建设一支目标一致、结构合理、分工明确的队伍对于科研工作的顺利开展具有非常重要的意义。

初入实验室时，导师与师兄师姐们的不吝赐教对我意义非凡，我称之为"级联指导模式"。正是这种同门的"传帮带"，培养了我的中医药古籍整合能力、实验设计能力、数据分析能力及基于结果的讨论能力。从中医理论切入点、中药研究成分、中药生物信息学数据提取，到课题构思、实验完成、文章投稿等，这种"传帮带"的培养模式为我的科研工作指点迷津。

独乐乐不如众乐乐，我也将科研思路与实验技术向师弟师妹们倾囊相授，以己之学授之于人而己亦得也。科研需要与他人交流，复杂难行的中医药科研亦是如此，科研成果不能靠一个人"闭门造车"。通过这种"级联指导模式"，科研团队的联系更加紧密，研究工作的开展速度也全面提升。

在2022年，我代表研究团队受邀参加首届四川省中医药博士后学术交流并主讲学术报告，这是我第一次作为中医药学者在学术会议上展示中医药科研力量。我围绕中医药理论与现代生物技术最新成果汇报了团队研究的最新进展，在与其他生物医药前辈的交流中，体会到了传统中医药与现代科学技术的交叉、碰撞与融合，

也坚定了自己要继续在中医药科研事业里深耕细作的决心。

"路漫漫其修远兮，吾将上下而求索"。身为成中医人的我没有忘记自己的求学初心——为中医药的传承与创新添砖加瓦。我将继续肩负起时代赋予中医药青年的历史使命，在中医药领域勇于探索，为中医药的蓬勃发展贡献自己的青春力量。

# 青春逐梦中医药　勇攀科研高峰路

成都中医药大学◆赵兴桃

　　赵兴桃，女，汉族，中共党员，成都中医药大学药学院现代中药产业学院中药学2019级博士研究生。获研究生国家奖学金、研究生一等学业奖学金、研究生二等学业奖学金奖、四川省大学生综合素质A级证书、2022新版药物临床试验质量管理规范（GCP）结业证书；获校级共产党员先锋岗、优秀研究生干部、首届"荣誉学士学位"、犀浦街道"优秀志愿者"等荣誉称号。主要围绕川产道地中药赶黄草及其药效物质基础对肝脏疾病展开研究，先后以第一作者身份发表SCI论文12篇，累计影响因子76.033。

## 不忘初心，青春逐梦中医药

　　1997年，我出生在四川省凉山彝族自治州西昌市的一个小山村。自有记忆开始，我对生活最刻骨铭心的印象就是贫穷，可不管家里怎么困难，爸妈始终坚信知识改变命运，总是倾尽所有供我上学。奶奶没读过书，却是我家的"老中医"，感冒发烧了鸡汤里炖点皮伤寒，上火了熬点蒲公英，吃多了不消化烧点屎壳郎，哪里刮伤了敷点马齿苋，烦躁不想吃饭拌点鱼腥草，身上长疙瘩了熬点艾草……那些田间平平无奇的草药，每次都能药到病除。我想要探索草药治病的种子也因此悄悄萌芽了。

　　星光不负赶路人，江河眷顾奋楫者。十二年磨剑，我终于以优异的成绩被成都中医药大学中药学（国家级特色专业、国家级一流本科专业）提前批次录取。满怀欣喜和无限期待，我第一次乘上 T8869 次火车，穿过无数山洞来到 435 公里以外的成都，第一次踏入家人常说可以改变命运的大学。那里简直就是知识的天堂，教授专家为我们讲授系统中药学、中医学基础、药理学、药用植物学、有机化学……还有专家带队前往药材市场、绵阳中坝附子基地、都江堰鹿养殖基地、川大博物馆、峨眉山野外等进行实习。我对中药学基本理论知识掌握得愈发牢固，对专业实践能力愈发渴望。本科阶段的努力，使我成功免试获得了中药学直博的资格。

## 踔厉奋进，勇攀科研高峰路

中国的酒文化历史源远流长，我的家乡凉山啤酒销量人均排名全国第一，家乡人一年能"喝掉一个泸沽湖"。而酒精的危害不言而喻，我的身边有太多人因过量饮酒患酒精性肝病甚至死亡。然而，被称为"中国酒城"的泸州肝病发病率极低，据说当地有一种"神仙草"，即赶黄草，具有清热解毒、退黄化湿、活血化瘀、利水消肿之功效，当地人祖祖辈辈都有泡赶黄草喝的习惯，这极大地激起了我的研究兴趣。我开始探索赶黄草治疗酒精性肝病的内在机制。

既然选择了远方，便只顾风雨兼程。无论严寒酷暑，我每天都坚持早起，见过六点的日出、五点的星星、四点的月亮，当然还有不计其数的深夜。令我印象最深刻的还是被拒稿的经历，它几乎打乱了我的生活规律，让我吃饭不香、健身不爽、社交不尽兴、睡觉不安稳。我撰写并发表每一篇文章平均历时 3 个月，其中最长的一篇实验文章投了超 10 个期刊，历时超 14 个月，最快的在投出后 10 分钟内收到拒稿邮件，甚至还曾在 1 天内收到 2 封拒稿邮件。当时那种感觉就像是被困在万丈深渊，难过、伤心、绝望，至今仍刻骨铭心……

拨开云雾见天日，守得云开见月明。无论实验遇到多大的困难，出现多少次阴性结果，文章遭遇多少次拒稿，我都始终保持埋头苦干、勤勤恳恳的务实作风。无数次悄无声息的崩溃都会在实验数据显著（$P<0.05$）、收到录用邮件（accept）后悄无声息地被治愈。目前，我累计以第一作者身份在 Phytotherapy research （IF：6.388，二区）、Biomedicine&Pharmacotherapy （IF：7.419，二区），Wiley interdisciplinary Reviews‐RNA（IF：9.349，二区），Journal of nanobiotechnology（IF：9.429，一区）等国际学术期刊发表论文 12 篇，层层深入地揭示了赶黄草及其主要有效成分

槲皮素对肝的保护作用及对酒精性肝损伤等肝病的内在调控机制。同时，我还是 Phytotherapy research、International Immunopharmacology、Pharmaceutical Biology 等国际学术期刊的审稿人，累计审读同行相关领域文章 10 余篇，并坚持每年协助指导一位本科生完成毕业专题。

## 守正创新，争做一流中医人

我个人成就的获得，还得益于成中医"奋进、幸福、美丽、仁爱"的氛围。曾经被光照亮的人也开始尝试着照亮别人。

2022 年的暑假，作为支部委员，我积极组织大家深入基层、服务地方。翻越高山，穿越河流，我们来到书记黄立华曾扶贫的盐源县田湾乡续断种植示范基地，关心和指导续断的种植情况。看到田间一个个辛勤劳作却满心欢喜的村民，我真正明白了科研的意义，并暗暗下定决心要把科研做在祖国大地上、把专业技术带到村里田间去，正如种植的续断一样，持"续"用力，不"断"巩固提升，为乡村振兴添砖加瓦。

作为宣传组组长，通过"青聚锦官城""文明兴蓉"等平台以及现场报名的方式，我参与组织小站开展的志愿服务活动 1700 余场，累计接纳志愿者 4000 余名，参与服务超 25692 小时。2023 年 4 月我所在的小站荣获了成都市"五四红旗团委"（共青团郫都区犀浦街道工作委员会）、郫都区"五四红旗团支部"（犀浦街道志愿服务小站团支部）。在未来，我们将继续秉承"奉献、友善、互助、进步"的志愿服务精神，使其在新时代绽放更加璀璨的光芒。

我还积极参与了学校、学院以及党支部组织的活动，作品《青春之歌》在中国共产党建党一百周年主题活动中荣获三等奖，在"学思践行"党的二十大精神主题知识竞赛中荣获二等奖。我还以"我的研途之旅——真正限制一个人的，从来不是经济上的贫穷，而是认知上的困顿"为题，在 2022 级中药学基地班学术沙龙活动中做心得分享，鼓励大家尽情尝试、大胆探索、无畏向前，"放肆"地去揭示中药的奥秘……

不啻微芒，造炬成阳。在未来攀登知识高峰的过程中，我将继续把学习、历练本领作为首要任务，把个人梦想汇入时代洪流，更加坚定理想、勇毅前行、埋头苦干、锤炼本领、追求卓越。仰望星空，坚守着那份对科研的信仰；脚踏实地，埋头在自己的领域里潜研仁术。争做一个怀抱梦想又脚踏实地、敢想敢为又善作善成的新时代中医人，为中医药高质量发展赋能，为人民生命健康贡献自己的一份青春力量。

道阻且长，行则将至；行而不辍，未来可期。我将继续以自强坚韧、奋进昂扬的姿态诠释中医药的内涵，彰显成中医人的力量。

# 向阳而生　做自己的光

四川师范大学◆蒋洁芳

> 蒋洁芳，女，汉族，中共党员，四川师范大学数学科学学院数学专业2020级博士研究生。获国家奖学金，四川省普通高校优秀毕业生，校级优秀毕业生、三好学生等荣誉。围绕人工智能开展研究，参与国家自然科学基金面上项目2项，发表SCI一区TOP论文3篇，二区论文1篇。积极投身社会公益，参与社区新冠肺炎疫情防控志愿服务累计一百小时。

博览群书也好，博大精深也罢，"博士"讲的只是对于读书和做学问的方式和态度。

## 扬鞭追梦，不负韶华

有人曾说，生活不止眼前的苟且，还有诗和远方的田野。正因为这一句话，我对自己的人生有了不一样的认识，不再安于现状，毅然辞职返回校园读博，继续永攀科学的高峰。初来学校时的我虽然还没有拨开心中的云雾，但依旧向着太阳前行。作为一名研究生，我深知学习是学生的天职；作为一名博士研究生，我更深知读博是需要不断努力钻研和不懈探索的求学之旅。在"重德、博学、务实、尚美"八字校训的鞭策下，我带着对学习的浓厚兴趣，刻苦勤奋，一丝不苟，积极参加学院举办的各类讲座和本专业的多场线上线下会议。在专业课的学习上，我不敢有丝毫的懈怠，尽自己的所能做到最好。经历过彻夜阅读文献，看见过太阳东升西落，

我很享受学习的乐趣。

本着"一步一个脚印"的学习态度，我稳扎稳打地掌握了本专业理论知识和应用技能，两年来我的学业成绩及综合测评成绩均为同年级本专业第一。

## 星辰大海，上下求索

当第一颗流星划过天空，我想一定有人想要去看看宇宙长什么样子；当中国第一次登月成功，我想那一定是日日夜夜奋斗的结果。

入学时因为专业方向的改变，对于专业课、讨论课和阅读文献中遇到的很多专业词汇，我都是一头雾水。请教导师和师兄师姐之余，我争分夺秒地啃下了比砖头还厚的英文原版教材，仔细研读了与自己研究方向相关的所有学术"大牛"团队近十年的数百篇文献，夜以继日地编程实现基础理论的创新验证。其中，最烧脑、最磨人的当属程序实验的编程调试。当一个又一个的 BUG 出现的时候，崩溃没用，抱怨无意义，我只能自己调节好心态，以平常心对待，再从头开始理问题，辨对错，找答案。无数个周末，我在电脑前码字敲代码，而窗外却有着明媚的阳光、灿烂的银杏叶、别人玩闹时的欢声笑语。当时的我很难不去思考读博忙碌付出的意义是什么。而现在回过头来看，我已经找到了答案。

冰心曾说，成功的花，人们只惊羡她现时的明艳，然而当初它的芽儿，浸透了奋斗的泪泉，洒遍了牺牲的血雨。一切成绩离不开导师的辛勤付出和谆谆教诲，离不开师兄师姐的真诚指导和无私帮助。任何一篇 SCI 论文都像是一件精雕细琢的艺术品，需要经历构思、创作、实践，再到完美呈现的过程。我所有论文的发表都非一帆风顺。令我印象最深刻的一件事情是，我曾在春节返乡途中的地铁上、机场休息室、飞机上、高速公路上见缝插针地写出一篇文章并在腊月二十九投稿，大年三十就收到稿件被拒的邮件。大年三十晚上，我读着编辑部发来的拒稿邮件，感到无比沮丧和失落。转投找不到合适期刊的焦虑和彷徨、努力和付出得不到认可的自我怀疑都是在经历过后才深有体会。但我知道，读博本身就是一件非常具有挑战性的事业，只有通过艰苦的奋斗和巨大的牺牲才能开出理想之花，结出胜利之果。

## 不忘初心，牢记使命

翻过群山，遇见大海。赠人玫瑰，手有余香。

作为当代青年，我积极进取，热爱祖国，坚决拥护中国共产党的领导，关心国事，也关注身边的小事。作为一名学生党员，我时刻不忘共产党人的初心和理想，牢记自己的社会责任和使命，积极响应学校和社区的号召，发挥了共产党员的模范带头作用。

2022 年 9 月，成都因新冠肺炎疫情全城静默，我第一时间主动申请加入社区的志愿者行列，帮助社区和物业对接小区业主，穿上防护服挨家挨户地登记孕产妇信息，为需要就医的重点人群保驾护航。2022 年 11 月，我再次申请加入社区的志愿者行列，为其他志愿者熬姜汤驱寒，将封闭在家的业主们线上购买的蔬菜包和其他生活用品等逐一送上门，安排不同楼栋分时段错峰下楼采集核酸的事宜，维持核酸采集现场的秩序，给核酸采集的医护人员提供力所能及的帮助等，为保障小区居民的正常生活贡献了一分自己的力量。

## 实践创新，勇于开拓

满腹的书香，也抵不过脚下的千里。

母校给予我的养分和知识让我逐渐成长为一名合格的人民教师。我时刻谨记着教师教书育人、为社会主义事业培养建设者和接班人、提高国民素质的使命。在平时紧张的学习科研之余，我还义务辅导邻居家小朋友，也曾去绵阳杨家镇开展支教活动，真正做到了将自己所学应用到实际教学实践中去，学以致用，教学相长。

站上讲台之后，我逐渐学会了与学生相处，也明白了教育不是把知识从一个脑袋装进另外一个脑袋，而是培养真正的人的事业。教师工作的创造性体现在，教师面对的每一名学生，都是一个特殊的个体，既要了解学生的共性，掌握学生学习认知的规律，又要掌握其形形色色的个性，使每一名学生都得到充分发展。所以，一名好教师，需要像一名农民，埋首于三尺讲台苦苦耕耘；需要像一名哲学家，对人生的价值意义有着高屋建瓴的通盘思考；需要像一名艺术家，敏锐地发现美好并热情地鼓舞和讴歌。总而言之，教育是一个千变万化的过程，教育的内容和方法必须随着科学技术的发展和学生身心特点不断改变。

## 坚定信念，展望未来

读书不觉已春深，一寸光阴一寸金。

三年读博生活即将画上句号，我体验了刚入校时面对陌生专业知识的失落和迷茫，也体验了完成学业即将走上工作岗位的从容和坦然。至今我还记得，刚接到录取通知书的时候，一位已经工作多年的博士师兄给我讲的：好好享受读博的过程，这是所剩无几的青春年华里为数不多的能心无旁骛地为一项事业拼尽全力的阶段，虽然痛苦，但是登顶后一览众山小的豪情和不畏艰险、敢攀顶峰的心态将是伴随我们一生的财富。日后的路途仍将充满未知和挑战，但是我依旧会沐浴阳光与风雨，砥砺前行！

# 青春逢盛世　奋斗正当时

西南科技大学◆时浩添

时浩添，汉族，中共党员，西南科技大学信息工程学院控制科学与工程专业2021级博士研究生。获研究生国家奖学金、研究生一等学业奖学金、校长奖学金；获"高教社杯"全国大学生数学建模竞赛二等奖，"科教联合·融通创新"电子信息技术研究生学术论坛二等奖，在第二十四届电子测量与仪器发展高端论坛做优秀论文学术报告。围绕新能源测控开展研究，主研国家自然科学基金项目、四川省科技厅项目等5个项目，申请国家发明专利、软件著作权等7项，参与编撰学术专著3部，在 Journal of Energy Chemistry、Applied Energy、Journal of Power Sources、Journal of Energy Storage 等期刊发表论文10余篇；曾在"The Fifth International Conference on Energy Engineering and Environmental Protection"国际会议做学术报告；获评校级硕士优秀学位论文。

青春是用来奋斗的，既要立鸿鹄之志也要脚踏实地敢想敢为。习近平总书记在党的二十大报告中强调，完善科技创新体系，坚持创新在我国现代化建设全局中的核心地位，健全新型举国体制，强化国家战略科技力量，提升国家创新体系整体效能，形成具有全球竞争力的开放创新生态。作为科研工作者，我更要立志做能吃苦、肯奋斗的新时代好青年，让青春在全面建设社会主义现代化国家的火热实践中绽放绚丽之花。

## 汲取精神力量，坚定奋斗目标

习近平总书记在党的二十大开幕会上的报告，凝聚人心、催人奋进，也成为我们青年前行路上的不竭动力和精神源泉。回想 2014 年 9 月，我怀揣着梦想与期待进入大学校园，缺少了高中"老师牵着走"的学习模式，倦怠感像雾霾一样压抑在心头眉间。在迷茫与挫败的双重打击之下，我选择了创业。天不遂人愿，事常逆己心，创业失败的经历让我反复思索并认识到学习仍是学生阶段最重要的底色。在此之后，我便明确了学习目标，夯实学术根基，以期学有所成、志有所长。会逢校内数学建模预备队选拔，我毅然将全部精力投入其中，并如愿参加了 2016 年"高教社杯"全国大学生数学建模竞赛，与来自中国和新加坡的 1326 所院校或校区，共计 28574 支参赛队伍同台竞技，在与小组成员四天三夜的团结协作下，最终取得了本科组全国二等奖的成绩。这次数学建模比赛的参赛经历已然永久烙在大二那个酷热而又短暂的暑假，不仅提高了我的专业能力、创新能力，也让我懂得协作能力的重要性，为我后续的考研及科学研究之路奠定了坚实的基础。

## 保持拼搏劲头，锤炼科研本领

路虽远行则将至，事虽难做则必成。2018 年 9 月，我如愿进入西南科技大学攻读硕士学位。硕士研究生阶段，我秉持着"执着于理想，纯粹于当下"的理念，怀揣着科学研究之梦，步履不停地奔跑在追逐梦想的道路上。进入西南科技大学以来，新能源测控研究中心成了我的主要"战斗"阵地。无论是酷热难耐的夏天，还是寒风刺骨的冬天，我始终坚持第一个到实验室，最后一个离开实验室。在第一篇科研论文的撰写过程中，我从发现问题到解决问题，历时一年左右的时间，其间一遍又一遍地验证数据和算法，一点又一点地复盘总结经验，一次又一次地优化文章。凭着这股坚定不移及永不言弃的拼搏精神，论文最终成功发表。

自此之后，我更加笃定且满怀激情地投入科研。在自身的努力、恩师的耐心指导和同学的热心帮助下，我的思想素质和科研能力获得了全面提升。在思想素质方面，我积极向党组织靠拢并成为一名光荣的中国共产党党员。在科学研究方面，我严谨自律，研深悟真，着重培养自己独立解决科学难题的能力。在高强度的科研生活中，我仍会主动参与实验室国家自然科学基金项目等。我以积极乐观的心态、勇于创新的态度,在科研道路上不断探索。

路漫漫其修远兮,吾将上下而求索。我始终坚定以实现中华民族伟大复兴为己任,只争朝夕,不负韶华,毅然决定攻读博士学位。博士一年级期间,我更加刻苦钻研、追求卓越,扬自己之所长,把重要的事情做到极致,坚定不移走好新能源科技创新的研究之路。经过博一期间的孜孜不倦,我以排名第一的成绩同时获得了研究生校长奖学金、研究生国家奖学金、研究生一等学业奖学金。科研之余,我还积极参加学院、学校及相关领域组织举办的学术会议。尽管夜以继日,但我乐此不疲。

## 肩负时代使命,不负青春韶华

回顾过去,辛苦与收获同在;展望未来,机遇与挑战并存。我会一直坚持自我,无畏挑战,不惧未来道路中的艰难险阻。我坚信,在自己人生的舞台上,每个人都是唯一的主角,只要够努力,都能把这出舞台剧表演得精彩绝伦,获得台下如潮水般的喝彩声!没有什么事情办不到,只要敢踏出第一步,你就成功了一半。

作为新时代的青年,我时刻提醒自己志存高远、追求卓越,秉承"厚德、博学、笃行、创新"的西南科大精神以及"身体力行,言行一致,修养践履,求真务实"的民族精神,努力成为具有崇高理想信念、深厚人文底蕴、扎实专业基础、强烈创新意识和宽广国际视野的西南科大学子。作为研究生的我,在未来的学习生涯中会更加尊重专业,做好新能源测控创新研究,为中华民族的伟大复兴、为国家科技创新事业贡献青春力量。

# 人生不设限 相信自己的力量

成都体育学院◆赵琬莹

> 赵琬莹，汉族，中共党员，成都体育学院新闻与传播学院体育人文社会学专业2020级博士生。曾获研究生国家奖学金、研究生学业奖学金等荣誉。发表南大核心论文2篇，其中第一作者1篇。参加国内学术会议1次，完成2022年第十四届浙江大学"国际前沿传播理论与研究方法"高级研修班各环节学习。积极参加学术实践，先后担任2021年"中国共产党建党百年体育宣传理论与实践研讨会"志愿者、2021—2022年度成都体育学院体育舆情组成员。

奥斯特洛夫斯基在《钢铁是怎样炼成的》中这样写道："生活赋予我们一种巨大的和无限高贵的礼品，这就是青春：充满着力量，充满着期待、志愿，充满着求知和斗争的志向，充满着希望和信心的青春。"青春是人生最美好的季节，青春的我们斗志昂扬，敢为人先，永不言弃，意气风发。

## 在理论学习中扬起学术研究之帆

习近平总书记指出："只有对马克思主义信仰坚定了，对中国特色社会主义信念坚定了，对党忠诚才能有牢靠的基础，才能做到'千磨万击还坚劲，任尔东西南北风'。如果理想信念不坚定，遇到一点风雨就动摇，那尽管平时表面上看着忠诚，但最终也是靠不住的。"作为一名中共党员，我始终坚信只有坚定马克思主义信仰，坚定共产主义远大理想和中国特色社会主义共同理想，才能不断筑牢信仰之基、补足精神之钙、把稳思想之舵。

作为一名关注中国当代史的博士研究生，我学习"新四史"的过程就是自己不断加深对当代中国认识、对当代中国体育发展认识的过程，对党史、新中国史、改革开放史、社会主义发展史的学习，不仅让我能更深入地了解为什么中国选择马克思主义，还能有助于我理顺中华民族"站起来、富起来、强起来"的伟大历程。而这些学习让我对中国共产党有了更深的认识，并最终推动我将中国共产党体育宣传作为我论文的研究对象，写作了论文《概念、历程与经验：中国共产党新民主主义革命时期的体育宣传研究》并发表在南大核心期刊上。

## 在科研征途中坚定学术理想

古语云："是非明于学习。"在日常的学习中，我一方面严格要求自己，勤奋刻苦，学风端正，圆满完成博士阶段的课程学习任务，学位课平均分在 90 分以上；另一方面还抱有一名青年学者的学术热情，积极参加会议与专家教授沟通学习，参与国家社科基金项目，在思想的碰撞中增进学识，参加传播学领域的高级研究班，将学习成果凝结为公开发表的学术论文。

然而我的学术之路也并非一帆风顺。在刚入学时，我因为研究方向的转变也曾迷茫。虽然我心里知道，对于一名博士生而言，迷茫是常态，但仍然很焦虑。幸运的是，入学之初我的导师通过每周开组会的方式，不断推动我探寻学习的新方向。通过阅读导师推荐的书籍，我逐渐找到了新方向里的基础知识。在组会上与师兄师姐们的交流，打开了我对新方向研究的大门。我不断汲取营养，学习新的研究方法，了解学术前沿，渐渐找到了感觉。第一学年的课堂学习，更是让我对体育人文社会学专业体育新闻与传播这个研究方向的认识愈加深入。因为我们这届只招收了我 1 位学生，老师们都对我倾囊相授。我们时而共同探讨，时而针锋相对。而在这个不断磨砺学习交流的过程中，我投身学术研究的理想也愈发坚定。我突然意识到从事体育新闻与传播研究的意义，也逐渐明白，成为一名体育新闻与传播研究者的使命。

## 在前进道路上感恩师者指引

还记得在担任学校体育舆情组成员期间，我每天都会固定将大量时间放在阅读美联社新闻上。可能每天看看新闻是非常微不足道的事情，但是团队对我的要求是在阅读新闻的基础上提出合理化的建议。犹记得才开始做这项工作时，我所遇到的困难：英语阅读吃力、内容枯燥重复、对新闻敏感度不够……但在老师的鼓励下，我渐渐地也对这项工作产生了兴趣，不断充实自己的国际视野。这项工作一方面提升了我的新闻敏锐度，另一方面又培养了我的实操能力。

师者和同伴的鼓励就是我前行的动力。我觉得自己很幸运，有好的老师、团队。我与他们互相学习、交流，虽然有点辛苦但是一直保持着向上的势头，踏踏实实地把自己的事情做好，关关难过关关过。

老话常说："金无足赤、人无完人。"我依然存在一些缺点和不足有待克服：首先，我与新时代优秀党员的标准之间还存在着差距，需要进一步加强思想政治学习、深入领会，并坚持做到身体力行，握紧榜样的"接力棒"，将"讲奉献、有作为"作为自己人生的底色，落实到工作与行动中，凝心聚力谱华章，意气风发向未来。同时，我还将以更加饱满的学习热情，以更加积极的精神面貌，开展工作与学习，多参加各种学习活动以提升自身的学术敏感度。

收获已属于过去，对于未来，遇顺境，当处之淡然，遇逆境，当处之泰然。发生的已发生，无法再重启；失去的已失去，无法再重来。对于过去的成绩和遗憾，我认为不如转换心态，放下该放下的，看淡该看淡的，将往事清零，珍惜当下所拥有的，去相信无论未来面对怎样的困难与考验，只要保有一颗乐观的心，总会有迎来转机的可能。而我也会带着这样一份信念，在未来的学习、工作和生活中继续努力、不断前行。

# 硕士篇

# 千磨万击还坚劲　任尔东西南北风

四川农业大学◆吕昊哲

> 吕昊哲，汉族，中共党员，四川农业大学玉米研究所作物遗传育种专业2020级硕士研究生。获国家奖学金、研究生学业奖学金、全国大学生生命科学创新创业大赛特等奖、全国农科学子创新创业大赛一等奖、四川省大学生综合素质A级证书；获"党员先锋示范岗"，校研究生会"先进工作者"，校级优秀共产党员、优秀毕业研究生等荣誉称号。专注科研，发表SCI论文1篇（一区TOP，IF = 5.923）；积极投身学生工作，曾任玉米研究所年级工作部负责人、学院学生党建工作办公室负责人以及党支部委员。

## 从头再来，永不言弃

2019年的秋冬对我来说可能格外萧瑟。很遗憾，我在本科期间最终没能获得推免资格，"创新创业典型免试推荐攻读硕士研究生面试入围人员名单公示"上备注的"替补"字眼十分刺眼；考研初试也并非名列前茅……对我来说，本科并没有画上一个圆满的句号。带着些许遗憾，我在入学以后第一次填写学业奖学金申请表时，看着"学术业绩""学术活动""社会实践和公益活动"空荡荡的三栏，就想好了未来三年自己要如何度过。于是，我下定决心要从头再来。

"纸上得来终觉浅，觉知此事要躬行。"我深知硕士与本科最大的不同就是硕士阶段更需要实践尝试和发挥主观能动性，只有熟练地掌握实验技能才能节省更多的时间留给文献阅读和对整体实验的思考。研一刚刚进入实验室时，许多分子实验对我来说都是不小的挑战。通过向师兄师姐学习实验技术、不断重复和思考改进，我逐渐从一个科研小白成长为一名科研"熟练工"。在这个过程中，我慢慢体会到科研之旅从来不是坦途，需要在反复的失败中寻找问题、解决问题，而这个解决问题的能力和不屈不挠的精神才是我获得的最宝贵的财富。

我成了一名"勇敢的探路者"。除了一些重复性的分子实验，学习实践新的实验技术也成为我在硕士期间浓墨重彩的一笔。因为实验项目的需要，我急需拓展研究领域，需要从头摸索许多此前课题组并未涉及或完善的实验流程和注意事项。DRIP–seq、彗星实验、点杂交实验、细胞凋亡实验……每一个实验都在我不断的实践操作中得以更改和完善，最终得到比较稳定有效的实验效果。实验在我眼中也变得不那么枯燥，反而像是一个"闯关游戏"，既有探索过程中的乐趣，也有"闯关"成功的喜悦。

功不唐捐，玉汝于成。经过无数次失败和重来，我在硕士期间于 TOP 期刊发表了 SCI 论文，并且获得国家奖学金、研究生一等学业奖学金、校级优秀毕业研究生等荣誉。

"俗话说'笨鸟先飞'，科研之路，更是需要勤奋。我深知自身资质之平凡，唯有勤能补拙。我也曾羡慕别人的周末和假期，但鱼和熊掌不可兼得。如果自己尽力做了但没有做好，可能不会后悔；但如果自己没做的话，就一定会后悔。所以，不管什么事情，我都竭尽全力。"在国家奖学金答辩会上我如是说。

## 勇于尝试，岂惮险艰

马拉松为我的生命带来了另一段开心的旅程。"如果你想跑步，跑个一英里就好。如果你想体验不同的人生，那就跑一个马拉松。"现代长跑之父艾米尔·扎托贝克的这句名言是当时学校跑步协会的宣传语。"体验不同的人生"对初入大学的我来说正是一种召唤，激励我打破常规、挑战自己。于是，我成了跑步协会的一员。我接触马拉松的时间并不长，由于学习工作的原因，平时并没有将太多时间投入跑步训练中。站在马拉松的起点，我拥有的只是骨子里那股不愿放弃的劲。就是这股劲儿，让我在科研、工作、生活中跨过一道道坎，在激流中前进，再前进。

我的第一场马拉松比赛是在 2017 年的 3 月。当时的我只是"初生牛犊"，在跑步协会师兄的带领下开启了一场"前途未卜"的比赛。第一次踏上马拉松的赛道，站在起点的我虽忐忑不安，脚步却异常坚定。第一次参赛，我就挑战全马，全长42.195 公里。这 42.195 公里满是感恩与激动。参赛的成员间相互打招呼，相互鼓励，哪怕是陌生人，也能互相扶持到最后。伴着两边加油的人们的欢呼声，最后我以净成绩 4 小时 23 分 25 秒完成了这个人生的新挑战。

三年多的时间里，我共参加马拉松赛事 11 场，其中包含全程马拉松 9 场，半程马拉松 2 场。我把每一次获得的奖牌都小心翼翼地收着，希望哪怕有一天跑不动了，看着这些奖牌也能够想起自己是如何一步一步跑来的。

## 心怀感恩，勇担使命

导师卢艳丽教授和徐洁副教授是影响我学习和生活最深远的老师，同时也是我心中的学习榜样。在科研工作上，她们总是保持着让同学们自叹不如的工作热情。我深受她们的感染，无论有多疲惫，一想到她们的工作精神，又会充满斗志。她们"把论文写在祖国大地上"的责任感和使命感更是我一路走来的引路明灯。不论是在实验室投身分子实验，硬啃基础研究，抑或"面朝黄土背朝天"钻进田间地头，还是参加社会实践深入农技推广一线，都是我作为新农人为乡村振兴、农业科技贡献自己青春力量的责任和使命。

习近平总书记反复强调："中国人的饭碗任何时候都要牢牢端在自己手中，我们的饭碗应该主要装中国粮。"中国种业、粮食发展的道路上还有更多的科学问题等着去探索、去解决。我也将守住初心，不忘师恩，牢记使命，为玉米抗逆育种挖掘基因资源，为助力农业"芯片"研发，守住中国饭碗而继续努力钻研。我深知七年来的成长和获得的二十余项荣誉，只是漫漫求知路中的一个个小小里程碑，兴中华之农事，吾辈仍任重道远。

梦想总还是要有的，万一实现了呢？有梦还不够，成功的道路还需要一步一个脚印地去开拓。求学之路抑或是人生都是一场马拉松，是一场与自己的较量。"千磨万击还坚劲，任尔东西南北风"，无论路途中是风和日丽，还是充满艰难险阻，你都将会看到最美的 42.195 公里和站在终点那个全新的自己。

# "锦鲤女孩"斩获川农"双优标"

四川农业大学◆王玥

王玥，汉族，中共党员，四川农业大学食品学院食品与科学专业2020级硕士研究生。获国家奖学金、四川省大学生综合素质A级证书，获第十七届"挑战杯"全国大学生课外学术科技作品竞赛"黑科技"专项赛特等奖、中国包装创新奖学金一等奖、第十六届"挑战杯"全国大学生课外学术科技作品竞赛三等奖、第七届四川省"互联网+"大学生创新创业大赛铜奖，获中国大学生自强之星、"全国向上向善好青年"提名、校级优秀共产党员等荣誉，为2022年绿色与智能包装技术创新论坛受邀报告人、中国青少年科技创新奖候选人。累计发表SCI论文10篇（影响因子88.81）、CSCD论文9篇，授权国家发明专利7项。

## 勤学苦练，自强不息

"坚持就会有转机，努力就会变幸运"，是我一直以来的座右铭，我也因此被称为"锦鲤女孩"。我曾加入校学生会外联部、院双创部，积极参加各类比赛活动，幸运地认识了一大群做着不同创新创业项目的小伙伴。我也习惯性地与时间赛跑，经常去听优秀学生的交流讲座，珍惜每一个与他人进行思维碰撞的机会。每开始学习一门新的课，我都会认真记下任课老师的联系方式，定期积累问题向老师请教。因此，给我上过课的老师几乎都记得我。老师们耐心的态度和年轻化的沟通方式，让我敢于质疑教材，甚至为编写《大学物理》的老师仔细梳理过教材中出现的一系列问题。"只要是为了学习和进步,我就一定会厚着脸皮勇敢冲。"当做项目、参加比赛与课程学习存在时间上的冲突,我便会在课前认真预习,翻遍教务网找到授课老师的排课安排去"蹭课"。最终,我于2019年荣获本科生最高荣誉——优秀学生标兵的称号。同年,怀着对所研究课题的坚持与热情,我放弃了浙江大学、武汉大学等名校的保研资格,选择继续留在母校食品科学与工程专业深造。"爱提问、勤思考、肯钻研"是我保持好成绩的"三板斧"。从不懂到懂,我选择主动去学习,认真科研,攻坚克难。课余时间,我还积极地与志同道合的同学一起组建团队,参与各类创新创业竞赛。

除了完成每天的课业学习,往返于宿舍和实验室成了我的家常便饭。有时我会接连几个通宵进行实验,实验室甚至成了我的第二个寝室。在攻克复合膜负载纳米粒子的缓释效果的难题时,为了更准确地验证实验结果,我在凌晨3点测实验性能,凌晨5点做3D打印,早上9点在自习室查阅文献,中午12点一边吃饭一边在电脑前画图,下午4点和老师、同学交流数据和结论,下午6点准备第二天的实验,晚上9点对一天的实验进行总结并深入分析数据。时间飞速流逝,最终,我也用时间和汗水换来了综合性能优良的复合膜。从学习跨学科知识到独立撰写创业计划书,再到成功申报创新创业项目,我凭借着"勤学苦练、自强不息"的精神,一路收获,一路成长,不仅斩获国家级、省级多种创新创业奖项,最终也获得川农研究生最高荣誉——研究生优秀学生标兵,成为川农首位"双优标"获得者。

在参加"挑战杯"大学生课外学术科技作品竞赛期间,我带领的团队凭借着过硬的专业知识和认真的态度,经过激烈的角逐,最终从300万青年学生中脱颖而出,斩获川农首个"挑战杯"全国大学生课外学术科技作品竞赛"黑科技"专项赛特等奖。同时,我们还获得"挑战杯"全国大学生课外学术科技作品竞赛主赛道国家级三等奖、省级金奖等荣誉。

## 潜心科研,矢志追梦

为尽快融入研究生的科研生活,我经常和老师、同学一起研读文献、探讨科研课题,在摸索中寻找到自己的研究方向——聚焦于植物源活性物质在食品保鲜中的应用研究。从最开始的懵懵懂懂,到慢慢地了解,再到论文发表,我逐渐体会到了科研的魅力。

"精益求精、追求卓越、不畏困难、勇攀高峰"，是我的科研准则。在四川农业大学求学期间，我累计发表 SCI 论文 10 篇（累计影响因子 88.81）、CSCD 论文 9 篇，授权国家发明专利 7 项。我所发表的科研论文单篇影响因子最高为 16.744，为四川农业大学食品学院首篇影响因子超过 10 的研究性论文。为拓宽国际视野，提高科研创新能力，我还积极参加国内外学术交流活动，曾受邀在 2022 年绿色与智能包装技术创新论坛上发表学术报告，获"食品营养产业发展论坛暨天府论坛学术交流会优秀论文"，也应邀参加第五届中国国际进口博览会，在丹麦驻上海总领事官邸与丹麦驻华大使马磊、驻上海总领事魏鸣珂探讨食品行业前沿问题。

从当初对科研的懵懂，到如今的硕果累累，实验室的日夜见证了我的逐梦之路。我也用勤奋与努力为研究生生活书写了一段绚丽的青春篇章。

## 心怀感恩，精彩前行

奋斗不仅是一个人的进步，也是一群人的同心协力，更是一代一代的科研精神传承。感恩那些曾经帮助我的各个学院的优秀师兄师姐，所以我也去帮助那些迷茫过的师弟师妹。我积极参加学院朋辈课堂，走进校团委"川农青年说"；利用课余时间组建团队，运营自媒体账号"川农杨超越"，为同学们答疑解惑，吸引一万余名粉丝关注，也获得字节跳动科技有限公司学霸训练营的"优秀毕业生"荣誉称号。在纪念川农大精神命名 20 周年的舞台上，我引导全校新生树立并坚定强农兴农的使命担当。我还主讲过以创新创业、学习方法分享等为主题的校级、院级经验分享讲座 30 余场。

# 圆梦军旅　逐梦科研

西南石油大学◆明兴莹

> 明兴莹，汉族，中共党员，退役大学生士兵，西南石油大学电气信息学院电子信息（控制工程）专业2020级硕士研究生。研究生在读期间连续两年综合测评排名年级第一，获研究生国家奖学金2次、四川省大学生综合素质A级证书；获四川省优秀毕业生、校级十佳优秀研究生干部、十佳杰出研究生等荣誉称号；获第十八届中国研究生数学建模竞赛一等奖、2021年全国高校商业精英创新创业挑战赛一等奖、第九届中国研究生能源装备创新设计大赛二等奖、中国研究生电子设计竞赛西南赛区一等奖3次、第八届四川省"互联网+"大学生创新创业大赛金奖、2022年四川省"挑战杯"大学生创业计划竞赛银奖等。

习近平总书记曾勉励广大青年要肩负历史使命，坚定前进信心，立大志、明大德、成大才、担大任，努力成为堪当民族复兴重任的时代新人。大学生是有活力、有理想、有朝气的新一代青年，也是有执着追求、努力拼搏的追梦人。因此，我坚信一名有志青年就应该在学习生活中不断地拼搏、不断地坚持努力、不停地探索前进，并立志成为堪当民族复兴重任的时代新人。

## 初入大学勤学苦练，全面发展寻求改变

2014年，我从四川自贡考入西南石油大学电气信息学院自动化专业。由于家

庭条件不好，我是在党的扶贫政策和当地政府的帮助下完成学业的。这让我对党和政府满怀感激，从小立志要成为一名光荣的共产党员，用自己的实际行动来报答党和国家。从入校那一刻起，我就积极向党组织靠拢，后来有幸成为我们专业发展的第一批中国共产党党员，也因此有了对我们党的各项事务、方针、政策更加深入的学习机会。

人的发展是全面的，大学的生活也应该是丰富多彩的。进入大学以后，我开始努力改变自己，并取得了丰硕成果。本科在读期间，我积极参加学生会和社团，提高自己的综合素质，担任电气信息学院学生会科技部部长和自行车协会会长；带队参加我校招生就业处举办的"荣归母校"宣讲活动，我所在的宣讲团队荣获"优秀实践团队"称号；先后两次担任队长带领我校支教队前往四川凉山和四川平武开展暑期支教活动，受到当地多家媒体的报道，我个人和团队因此获得优秀实践个人、优秀青年志愿者、优秀实践队等多项荣誉称号；积极参加各类学科竞赛，获得第五届"AB杯"全国大学生自动化系统应用大赛校级一等奖、校级重点项目开放性实验二等奖等。

## 不抛弃不放弃，圆梦军旅收获颇丰

2017年9月，怀着对绿色军营的向往，我保留学籍参军入伍。由于之前一直待在大学校园这个"温室"里面，猛然进入一个训练强度极高的单位，我一时无法适应那里的训练生活。为争取尽快达到连队平均水平，别人做20个引体向上，我就做25个；5公里武装越野，别人背一把枪，我就背两把甚至三把枪；40公里奔袭，别人背小背囊，我就背大背囊；武装泅渡，别人泅渡3000米，我就泅渡3500米；晚上熄灯后，我要做完一百个俯卧撑、一百个仰卧起坐、一百个卷腹才睡觉……我的双手因做引体向上产生的伤口愈合了又撕裂，背被枪支反复摩擦，新伤盖旧伤……这些"荣誉"都深深烙印在了我的身体与记忆里。

功夫不负有心人，我最终凭借自己的努力，在入伍当年就荣获优秀义务兵的称号及嘉奖。2019年5月，由于在训练和工作中表现突出，我作为唯一一名义务兵党员代表参加了第二届旅党代会。

## 退役复学初心不渝，逐梦科研接续奋斗

"海到无边天作岸，山登绝顶我为峰"，我立志在学术上取得更高的成就，以更好地服务社会，创造更大的人生价值。2019年9月，我选择了退役复学，并成功考取我校电气信息学院2020级研究生。

研究生在读期间，我担任了班长和党支部副书记，主要负责班级各项事务以及党支部日常党务活动的开展，带领班级连续两年获得"研究生先进班集体"的荣誉称号，我自己也获得校级十佳优秀研究生干部、十佳杰出研究生的荣誉称号。2020年，我还有幸作为我院唯一一名学生党员代表参加我校第二次党员代表大会，了解了我校过去几年所取得的辉煌成就以及未来的发展规划；也曾以正式代表身份参加我校第二届研究生代表大会，为学校发展建言献策。

习近平总书记曾经讲道："小康路上一个都不能掉队！"我在自身不断进步的同时，还担任了本科2020级班导生、蔚然学生工作站朋辈导师等，为学校本科同学开展经验交流讲座，帮助大家能够更快地适应大学生活，找到自己努力的方向。我曾受校研究生会邀请，主讲"硕博论坛"讲座，与其他研究生同学分享学习科研经验，共同努力进步。

我始终牢记在部队里学到的"见第一就争，见红旗就扛"的拼搏精神，也时刻提醒自己退役复学后的目标。天道酬勤，研究生在读期间，我连续两年综合测评成绩排名年级第一，获得2次研究生国家奖学金，顺利通过英语四六级考试和计算机二、三、四级考试；先后发表2篇中文核心期刊论文，获批3项国家发明专利，授权3项软件著作权。

我积极带队参加各类研究生学科竞赛，在自己的辛勤付出和不懈努力下，成果丰硕。我和我的团队先后获得中国研究生数学建模竞赛一等奖、全国高校商业精英创新创业挑战赛一等奖、中国研究生能源装备创新设计大赛二等奖、中国研究生电子设计竞赛西南赛区一等奖3次、四川省"互联网+"大学生创新创业大赛金奖、四川省"挑战杯"大学生创业计划竞赛银奖、全国大学生电子商务"创新、创意及创业"挑战赛四川赛区二等奖、中国大学生服务外包创新创业大赛西部赛区三等奖等。

此外，我在课余时间积极参加新冠肺炎疫情防控等各类志愿者活动，践行为人

民服务的宗旨，志愿服务时长达 151 小时，获得各类优秀志愿者称号和四川省星级志愿者认定。我曾有幸入选了我校第八期"研究生骨干培训"、第六届"学生先锋双百工程培训"和"党史学习教育学生党员骨干示范班培训"，并分别担任班长和组长，与各个学院优秀的同学一起学习、共同进步。其间，我多次荣获"优秀学员"荣誉称号。

由于对辅导员岗位的崇敬与向往，研究生在读期间，我还担任了电气信息学院兼职辅导员，负责协助管理国际学生事务，并指导多名国际学生获得竞赛奖项。

"心之所向，就是对的方向。"如今，我即将面临毕业，回顾在西南石油大学的岁月，感慨万千。在未来，我也将始终牢记初心，不忘使命，力争将在学校里学到的知识和在部队里学到的工作标准灵活运用、融会贯通，以一名优秀党员的标准严格要求自己，争取让自身学术水平和综合素质能够更上一个台阶，为祖国加油，为民族争气，为社会贡献自己的一分力量！

# 有志者 事竟成 苦难成就辉煌

西南石油大学◆倪申童

> 倪申童，汉族，中共党员，西南石油大学机电工程学院机械工程专业 2020 级硕士研究生。获研究生国家奖学金、研究生学业奖学金、明信能源奖学金、四川省大学生综合素质 A 级证书；获校级十佳杰出研究生、年度创新创业典型人物、优秀班干部、优秀志愿者等荣誉称号。获国家级竞赛奖项 5 项、省部级竞赛奖项 5 项、院校级奖项若干。专注学科前沿，围绕设备完整性与可靠性展开研究，以第一作者身份发表 SCI 论文 1 篇，影响因子 6.8，在审 SCI 论文 1 篇。获批国家发明专利 16 件、实用新型专利 1 件。在校创办企业 3 家并担任其中两家法人代表，完成国家级创新创业实践项目 1 项。

时光如白驹过隙，转眼间，我已在西南石油大学度过了六个春秋。回首往昔，从 2016 年到 2022 年，从本科生到研究生，从共青团员到共产党员，从懵懂新生到优秀毕业生，我一路走来，跌跌撞撞，磕磕碰碰，个中艰辛，唯有自知。寒来暑往，伴随着我一路走过来的，是我校"实事求是，艰苦奋斗"的优良传统，是我校学子"明德笃志，博学创新"的崇高追求，更是我们"为祖国加油，为民族争气"的大学精神。无论何时何地，我始终坚信：山再高，往上攀，总能登顶；路再长，走下去，定能到达！

## 在贫困中求学，在艰辛中创业

我出生在西南边陲的小山村，靠借来的学费，顺利地读完高中并考入西南石油大学。命运弄人，在刚上大学时，父亲因意外去世，母亲悲恸过度也撒手人寰，留下我和还在读高中的弟弟。面对突如其来的巨变，我也曾想自暴自弃、随波逐流，但是在党组织和学校老师的帮助下，又快速振作起来。

当知道国家正大力引导大学生创新创业的时候，我萌生了边求学边创业的想法。于是，在伍建川老师的指导下，我和两名同学成立了工作室。当时我们对相关技术掌握得并不扎实，于是，我白天完成学业，晚上做单子，在凌晨练习编程、剪辑和平面设计等。在不懈努力下，我的编程技术越来越精湛，也学会了平面设计、视频剪辑以及动画制作。

为了全面提升自身的竞争力，我们每天都在不断思考、不断完善。经过市场分析，发现自身最大的优势在于效率。有一次，我看到一位客户需要制作 H5 动画，但时间很紧，没人敢接。我凭借"初生牛犊不怕虎"的闯劲，毅然接下了这份订单，但心里还是有些忐忑。随即，我一边与客户沟通，一边根据客户的反馈不断地进行调整和完善。我们以过硬的专业技术和吃苦耐劳的精神，经过两天两夜的奋斗，按时交付了作品，赢得了客户的信任。至今，我们和那位客户仍然保持着良好的合作关系。成功背后是奋斗，像这种通宵熬夜的日子，在我的创业过程中数不胜数。

2018 年，我倾尽所有创立了成都柚仓文化传播有限公司，申请并完成了国家级创新创业实践项目。

2019 年，我有幸受邀参加学校召开的第一届校友企业家大会，并得到了赵金洲校长的表扬和鼓励。

2020 年，本科毕业后，我选择继续深造，顺利考取了本校的研究生。我开始思考如何结合研究课题，去创造更大的商业价值。了解到目前国内尚无油气管道智能维抢修封堵的机器人产品，我便成立了成都凌壮科技有限公司，主要致力于油气管道智能维抢修封堵机器人的销售及推广。公司成立仅两年，就入选我国 2022 年第 12 批科技型中小企业名单。得知国家开始大力倡导制造业智能化改造与数字化转型时，我结合原有公司的业务需求，成立了四川英沃艾斯科技有限公司，主要致力于智能制造产品的自主研发。截至 2023 年 3 月，公司营收已突破 100 万元。

路漫漫其修远兮，吾将上下而求索。在未来的创业道路上，我必加倍努力，争取做出更大的成绩。

## 唯有知行合一，方能笃行致远

作为一名机械工程专业的研究生，我仍将学习作为大学生活的主旋律。为了拓宽学术视野，提升科研竞争实力，2020 年暑假，我专门到福州参加了第十八届全国设备监测诊断与维护学术会议；2022 年暑假，奔赴太原参加第十九届全国设备监测与诊断学术会议并完成口头汇报。为了更好地了解石化企业的设备完整性管理情况，2021 年暑假，我前往四川长宁天然气开发有限责任公司，参加页岩气勘探开发设备管理体系现状的调研工作，为未来的研究工作开展找到了着力点和落脚点。

经过坚持不懈的努力，我申获国家发明专利 16 件，发表学术论文 3 篇，其中以第一作者身份发表 SCI 二区论文 1 篇，目前在审 SCI 论文 1 篇。我的成绩排名从研一的二十多名，进步到研二的第 6 名，到研三终于一跃成为专业第 1 名。此外，我有幸获得了研究生国家奖学金、研究生学业奖学金、明信能源奖学金。

我始终坚信"实践是检验真理的唯一标准"。截至 2023 年 3 月，我在中国研究生数学建模竞赛、中国研究生能源装备创新设计大赛、全国博士后创新创业大赛等国家级比赛中获奖 5 次，在省部级比赛中获奖 5 次，在院校级比赛获奖若干。

## 学习思想武装头脑，健身运动强健体魄

在求学生涯中，我一直在用党的先进理论思想武装自己的头脑，用科学运动来强健体魄。在大一时，我递交了入党申请书，同时不断学习党的理论知识，端正入党动机，提高党性修养，力争做好初心使命的践行者。2017 年暑假，我带队重走长征路，宣传红色文化；2018 年暑假，我作为副队长，又带队参加达州宣汉县成虎乡中心校支教活动；2019 年岁末，我国遭遇新冠肺炎疫情，我第一时间报名成为志愿者，在老家投身抗疫一线。

在研一的时候，我成为一名光荣的中国共产党党员。入党后，我始终牢记着中国共产党人的初心和使命。

一枝独秀不是春，百花齐放春满园。当得知学弟学妹学习中有困难时，我迅速发动身边优秀的研究生同学，组织一场"面对面"的交流会，利用自己的亲身经历和体验，为学弟学妹答疑解惑。经过不懈的努力，我成功地指导三支本科生队伍斩获国家级赛事的桂冠。此外，在深入调研留学生学习情况的过程中，我专门撰写了《来华留学生工程图学讲授与实践融合教学模式探索》一文，并发表在《学园》期刊上，切实为大家解决了实际困难，获得了学校的好评。

如果说，知识和能力是一个人的"软件"，那么身体健康就是一个人的"硬件"。在繁忙的学习之余，我也非常注重锻炼身体。运动培养了我"勇往直前、永不放弃"的精神品质。因为热爱羽毛球运动，我代表学院参加了多项比赛。我与队友已累计获得机电工程学院团体赛冠军1次、季军2次。

当前，我即将圆满完成硕士阶段的学习。下一步，我将会继续攻读博士学位。未来，我将紧紧抓住新时代青年的成长和发展机遇，以更加优异的成绩，更加强健的体魄，积极投身于祖国的建设事业中，为全面推进中华民族伟大复兴做出新的、更大的贡献！

# 千淘万漉虽辛苦　吹尽狂沙始到金

西南石油大学◆赵鹏

> 赵鹏，汉族，中共党员，西南石油大学机电工程学院机械工程专业2020级硕士研究生。获研究生国家奖学金、研究生学业奖学金、王涛英才奖学金、孙越崎奖学金、中国石油奖学金、四川省大学生综合素质A级证书。获评四川省优秀毕业生、校级优秀研究生、十佳研究生学术标兵等荣誉称号。获中国研究生能源装备创新设计大赛一等奖1次、中国研究生能源装备创新设计大赛二等奖2次、四川省"互联网＋"大学生创新创业大赛银奖。发表SCI论文2篇、EI论文1篇，授权发明专利7项（包括1项美国专利）。承担省部级项目1项，参与国家重点研发项目3项。

岁月不居，时节如流，我的硕士生涯已接近尾声。三年的炎暑寒冬，汗与泪、苦与乐、勤与专，交织成了一个严谨求是、踏实刻苦的茧，细密地包裹保护着三年后破茧而出的我。在习近平总书记对新时代中国青年"树立远大理想，热爱伟大祖国"的嘱托下，在"明德笃志，博学创新"的校训的鞭策下，我没有虚度三年光阴，虽然一路走来磕磕绊绊，但迈出的每一步都坚实有力。翻开这一段美好而难忘的回忆，让我更加坚信"路虽远行则将至，事虽难做则必成"。

## 志存高远，不懈追求

作为一名来自偏远农村的普通学生，我从来都不是最聪明的那一个，但一直都努力成为最刻苦的那一个。当同学们还在享受着本科毕业假期时，我已经进入实验室，正式开启研究生阶段的学习。但天赋平平的我最初在科研之途举步维艰。高强度的学习科研状态使我萌生退却的想法，让我产生是否真的适合做研究的自我怀疑。是导师对我说的"一分耕耘，一分收获"让我坚持在"冷板凳"上坐了下来。从小事做起，从基础做起，我可以走得很慢，但绝不会停下。为学习撰写第一个专利申请资料，我可以调研阅读数百份相关文件；为准备竞赛，我可以通宵达旦地修改作品报告书。寒冬中公寓外绽放的梅花、夏日里梦溪湖畔的明月与蛙鸣见证了我的蜕变。到研究生一年级结束时，我已获批国家发明专利3项，获国家级比赛奖项1项，综合测评也上升至专业第三。

研二伊始，我全身心投入可燃冰开采井下关键工具的国家重点项目中。作为关键井下设备海试工作的学生负责人，我深知自身责任重大。海试各项准备工作烦琐而复杂，为顺利开展海试工作，我调研了大量资料，多次与导师进行深入探讨交流。白天，我在重型装备实验室组装测试工具，身上的衣衫每天都会被汗水数次浸透；晚上，加班熬夜修改海试方案。这样的准备工作持续了近2个月……作为项目主要人员，我还接受了前期出海培训。最终，我登上了"海洋石油981"钻井平台开展海试工作。9月的"海洋石油981"钻井平台甲板上的温度在40℃以上，安全帽中流下的汗水让我的眼睛难以睁开，工服在烈日下早已湿透，但当设备入海底运行那一刻，我内心的自豪感油然而生，所有的疲惫仿佛消失了一般。经过三天连续奋战，我们圆满完成了关键工具的海试工作。从南海返回学校，我来不及做休息调整，第八届"杰瑞杯"中国研究生能源装备创新设计大赛全国决赛的答辩便已经近在眼前。返校后，我与队员通宵修改作品说明书、打磨答辩PPT、对答辩内容进行反复斟酌。最终，我们过关斩将，在全国决赛答辩上得到了评委老师的高度肯定，获得了全国一等奖的好成绩。

## 博观约取，厚积薄发

我始终牢记老师的教导，要努力做一个全方位发展的研究生。在科研外，我积极参与学生工作，担任机械工程一支部纪检委员期间积极为班级与支部服务。作为寝室长，我带领室友积极打造环境整洁、学习氛围浓厚的宿舍，同宿舍4人都获得了研究生一等学业奖学金，3人获得国家奖学金。在提高自己的同时，我不忘帮助学弟学妹，在硕士期间受邀主讲两次学术交流会，向学弟学妹分享专利材料写作经验、竞赛经验，与他们探讨学习的方法。

实践是验证理论的最好方式。因此，我申请去全球最大的油田技术服务公司斯伦贝谢进行实习，将自己的专业知识与实践工作结合，了解最前沿的测井技术、测井仪器，将所见所感融入自己的研究中，做到不同领域专业知识的交叉互补。

积跬步以至千里，积小流终成江河。三年研究生生涯，从小事做起，从基础做起，从项目参与人到项目负责人，我走稳每一步，刻苦钻研，不惧挑战。在日复一日的积累中，我终于取得了些许成果，以学生第一作者的身份发表SCI论文2篇、中文EI论文1篇；申报发明专利10余项，获批发明专利7项，获国家级、省级比赛奖项7项，综合测评排名专业第一。依托个人成果，我获得了包括研究生国家奖学金在内的各类奖学金7次，成为2022年度唯一获得孙越崎奖学金、王涛英才奖学金两项社会类奖学金的硕士研究生。这些收获是对我最有力的肯定，是我研究生三年奋斗的象征，同时也让我明白了荣誉的道路注定是铺满荆棘的，唯有保持踏实与谦逊才能让走过的路、经历的事、遇到的人成为自己成功路上最坚实的基础、最可靠的伙伴。

## 梦想无垠，步履不停

已获得的荣誉属于过去，使命正昭示未来。我在西南石油大学的学习即将结束，未来，我将投身于祖国油气勘探开发工作。习近平总书记说："当代中国青年生逢其时，实现梦想的前景无比光明。"在这个最好的时代，我必将牢记初心使命，努力成长为有理想、敢担当、能吃苦、肯奋斗的新时代青年，不断开拓创新，锐意进取，以实际行动践行"为祖国加油，为民族争气"的石大精神，为实现中华民族的伟大复兴贡献自己的力量！

# 钻研　探究　生活

成都理工大学◆李佳

> 李佳，汉族，共青团员，成都理工大学生态环境学院生物与医药专业2020级硕士研究生。获国家奖学金、研究生学业奖学金；获四川省优秀毕业生、校级优秀研究生称号；获第十三届"挑战杯"全国大学生科技竞赛省级金奖，第七届、第八届中国国际"互联网＋"大学生创新创业大赛省级金奖、国家级铜奖。长期致力于土壤修复相关研究，多次参与土壤调理剂产品实验研发与田间试验，发表SCI论文3篇，其中包括中科院1区Top论文1篇、2区Top论文2篇。主持2020—2021年度校级科技项目，该项目被评为优秀项目。

## 修身立德，为人生定向

时光荏苒，转眼间研究生生活已经过去三分之二了。回首过去两年多的研究生生活，有付出，有回报，有困惑，有执着。这些学习和生活上的点点滴滴见证了我的成长和蜕变，也为我将来的生活与工作打下了坚实的基础。

研究生学习是一个思想提升的过程。研究生期间，我非常注重自己思想的建设与提升，积极向党组织靠拢，认真学习习近平新时代中国特色社会主义思想，学习党的路线、方针、政策，坚持提升自身的政治理论水平。此外，我积极完成老师在课堂上布置的各类任务，立志提升自己在多个方面的学习能力，树立终身学习的观念；积极参加团组织、院系和学校组织的各项活动，在培养学习能力的基础上也注重提高自己的综合素质。

在日常生活中，我始终保持着积极向上的心态，面对困境，会认真地分析，积极努力地解决问题，不轻言放弃；也会严格要求自己，规范自己的行为和语言，规规矩矩做事，热心帮助他人。在科研和学习之余，我会经常关注时事新闻，还喜爱阅读传统文化类的书籍，从中汲取提升道德修养和文化修养的精神食粮，以加强自身的思想建设。

## 得遇恩师，科研人生顺利起航

研究生学习是一个用心付出的过程。亲戚朋友首次询问我攻读的专业时，都无比震惊我作为一个女生会选择生物科学这样一个理工科专业。我想这大概是因为在高中时我就对生物和化学这两门课有着浓厚的兴趣。在本科期间的学习中，我发现我的知识面还是太狭窄，于是便鼓起读研的勇气，坚信自己的努力付出一定会有所收获。

虽然"经师易遇，人师难遭"，但我有幸能在研究生期间遇到热爱且执着于科研的导师。在导师的悉心指导下，我刚入学就阅读了大量与专业方向相关的英文文献，开始了自己的毕业实验。

在用心付出的过程中，我也收获了很多自己从来没有想到过的回报。研二时，我的毕业实验已基本完成。此后，我还带领本科的师弟师妹开展他们的毕业实验并积极参与导师科研项目的实验。

其间，我学习并熟练使用很多大型仪器，如 ICP-MS、AAS、GFAAS、HPLC 等。通过及时的整理和归纳，我在研二下学期积极完成了 3 篇 SCI 论文的撰写并及时发表，其中包括中科院 1 区 Top 论文 1 篇、2 区 Top 论文 2 篇。我还申报了国家发明专利 1 项；作为骨干成员参与了四川省重点研发项目"土壤重金属修复药剂原位投送技术研发与应用示范"（项目编号：2022YFN0066）、成都市科技局重点支撑计划项目"地下水—土壤介质污染物的原位同步修复材料、技术与装备研发"（项目编号：2021YF0500195SN）、凉山州科技局重点研发项目"安宁河谷金属矿影响区障碍耕地农产品安全生产技术集成与示范"（项目编号：22ZDYF0185）等科研项目。

为了丰富科研经验，我积极参与科研竞赛，在第十三届"挑战杯"全国大学生科技竞赛中获得省级金奖，第七届和第八届中国国际"互联网+"全国大赛中分别获得省级金奖和国家级铜奖。作为负责人之一，我参与了2020—2021年度校级科技项目，该项目被评为优秀项目。

我所取得的这些成果都离不开自己的坚持。我一直记得高中时英语老师曾经对我们说："努力比坚持简单。"大家都可以做到努力，但大多数人会因为很难坚持下去而放弃，所以我们不仅要做一个努力的人，更要做一个能坚持的人。脚踏实地时，方能遥望远方星辰。

## 价值升华，人生终将辉煌

研究生学习是价值升华的过程。我曾只专注于自己的事情，但踏入研究生生活后，发现了团队合作的重要性，发现了独自埋头苦干的进步是很缓慢的，个体的力量实在是太过渺小。所以，我试着走出自己的舒适圈，与更多的伙伴互相帮助。当和很多人共同完成一件事的时候，我不再当自己是主导者，学会了多奉献一点，多理解他人一点。

事情的结果尽管重要，但做事情的过程更加重要，过程会成为我们生命中美好的印记。生命因为各种各样的过程才更加鲜活、充实，享受生命的过程就是生命的意义。因此，在研究生生活中，我热情大方、诚实守信、乐于助人，与同学们和睦相处；在工作中，虚心听取大家的建议与意见，及时改正不足之处。

两年多的研究生生活十分充实。我在各方面都得到了锻炼，不仅收获了知识，还收获了成长。虽已经到了研究生三年级，但我依然以严谨细致、认真负责的标准要求自己。我认为研究生三个字的含义应该是"钻研＋探究＋生活"，希望每一个同学都能成为一个既有生活情趣，又深入探究、刻苦钻研的优秀科研工作者。

我会继续努力前进，争取不断进步。

# 一名非科班生的自述

成都理工大学◆王樵渚

王樵渚，汉族，共青团员，成都理工大学能源学院能源动力专业 2020 级硕士研究生。获研究生国家奖学金、研究生学业奖学金；获评四川省优秀毕业生、校级优秀研究生等荣誉称号；获第七届中国国际"互联网＋"大学生创新创业大赛银奖、第八届中国国际"互联网＋"大学生创新创业大赛铜奖、第八届四川省"互联网＋"大学生创新创业大赛金奖、第七届中国研究生能源装备创新设计大赛全国二等奖、第十一届中国石油工程设计大赛全国三等奖、四川省"挑战杯"大学生创业计划竞赛金奖等省级及以上奖项 9 项。围绕智能钻完井装备研发，发表 SCI 论文 1 篇，授权（美国）发明专利 3 件。

三年前的我完全想不到自己还能有个人事迹可以写。

那时，我考研失利，每天都陷在对未来未知的惶恐之中……在这种惶恐的支配下，我害怕失败，不愿去尝试争取调剂名额，找不到努力的方向，不愿去接触工作。

机缘巧合，往届校友向我推荐了成都理工大学能源学院石油工程系的朱海燕教授，告诉我朱教授的课题组需要机械方面的学生来做智能钻完井装备的相关研究。我是机械专业的，这对我来说不正是一个机会吗？但在了解相关信息后，我发现智能钻完井装备的研发难度比常规生活中遇到的机械设计要难得多。在地面上机械简单易行的液压动作，在井下不仅要受到井筒高压的影响，还会受到井筒高温、井筒深度及信号传输精度等多方面因素的影响，这就意味着我需要学习、补充关于井筒内相关环境下遇到的各种情况的特性分析，甚至是更全面的石油工程专业相关知识。井下情况非可视且复杂多变，我开始怀疑自己。在听取了师兄师姐、老师们的建议，并与家人商量后，我向朱教授发送了我的个人简历，也收到了复试通知。

我的本科毕业答辩和研究生复试在同一天的上午。在接下来的准备阶段，我只能上午学习《钻完井工程》快速补充石油工程的基础知识，中午练习英语口语，下午学习《油藏物理基础》里的推导公式并进行计算练习，晚上修改毕业答辩PPT和讲稿，思考自己该怎么回答老师们的提问。我已记不清那天上午发生了什么，感觉整个人都放空了，只记得当天下午看到自己以排名第一的成绩被录取时的激动心情。

被录取后，我积极和团队中在读的师兄们联系，恰巧遇到师兄们正在准备第六届四川省"互联网＋"大学生创新创业大赛。在师兄和老师的带领下，我开启了竞赛的探索之旅。入学后，我以负责人的身份参加第七届中国研究生能源装备创新设计大赛。研一的前两个月，我要上课补充石油工程本科课程以免自己和本专业同学的知识储备差得太远，要上英语口语课以免自己的英语水平落后于人，每天还要完成比赛申报书的撰写、其余材料的筹备、报名系统填报和信息统计，要协助完成一些项目进度汇报材料，等等。在竞赛材料的完善中，我遇到了很多完全陌生的专业名词和知识点，便把每一个不懂的地方标注进文档里，一个一个去查，一点一点去问。进复赛后，需要在半个月的时间内准备国赛的展板、设计报告书、现场答辩PPT、校旗，确认设计的知识产权，统计参赛队员现场参赛情况，安排食宿和交通……所有材料准备就绪且上报以后，我开始完善现场答辩的讲稿，保证在有限的答辩时间内让评委能够更多地了解我们的项目。通过每天大量的重复练习，我终于能够流利地脱稿答辩及应对团队内提出的各种预设问题。研一上学期的最后一个月的一天，我站在西安石油大学的一间教室里，向台下的各位评委和参赛学生介绍着我们的参赛作品，捧回了我负责的第一个项目的获奖证书。

由于春季学期的开学季是老师们申报项目的时候，所以寒假基本上是老师们撰写基金项目申报书的时间。本以为寒假意味着一个月的悠然闲散，但当导师问我愿不愿意参与下一个基金项目申报的图纸绘制时，我开始了井下智能装备的三维设计。在还有一周便须提交申报书的时候，我因骨折需住院手术，基金项目申报书所需的效果图却不理想。于是，在手术的前一天晚上，我在病床上"挑灯夜战"完成了修改。在不停升级设计版本、修改效果图、阅读文献的过程中，我不断汲取专业知识，不断积累相关经验，也为自己未来的路打下了坚实的基础。

"互联网+"大学生创新创业大赛是我国的 A 类竞赛，每个学校都非常重视。基于机械专业的背景及相关的比赛和项目经验，我再次作为负责人带领团队参加第七届中国国际"互联网+"大学生创新创业大赛。在上课和自主学习专业知识之余，我和队友们进行了任务划分后便各司其职。本以为有了竞赛项目负责的经验后，我会游刃有余，但这项大赛需要投入更大量的时间和精力。3 月的组织申报、5 月的院赛答辩、6 月的校赛答辩、7 月的校级训练营日常路演、8 月的省赛答辩、10 月的国赛答辩，一关又一关。"走到最后，捧回获奖证书"是我的愿望。整个"闯关"过程忙碌而充实，我所在的团队一路走来，终于在 2021 年的 10 月获得了第七届中国国际"互联网+"大学生创新创业大赛银奖，成为成都理工大学该年度获得国家级银奖的 4 个团队之一。我也以朋辈导师的身份进入第八届"互联网+"大学生创新创业大赛校级训练营进行项目指导。

硕士三年，我从害怕失败到勇敢突破。在一个新的领域，我什么都不会，但我可以学。在不断地学习与进步中，我获得了含第七届中国国际"互联网+"大学生创新创业大赛银奖在内的省级及以上奖项 9 项；连续三年获得含研究生国家奖学金在内的省级以上奖学金；取得了四川省优秀毕业生等 3 项荣誉；发表 SCI 论文 1 篇，授权（美国）发明专利 3 件。在取得这些成果的过程中，我结识了很多优秀的同学，了解了大量先进的技术，也意识到认知的不同所带来的人与人之间的差距。

未知的未来并不可怕，可怕的是什么都没做还想要个好结果。过往皆为序章，未来皆有可期！专注自己的事情，摒弃杂念，埋头苦干，时间会用结果证明你做了些什么。

# 守正创新 砥砺奋进 勇挑重担的岐黄学子

成都中医药大学◆熊坚

> 熊坚，汉族，中共党员，成都中医药大学针灸推拿学院针灸推拿学专业2020级硕士研究生。获国家奖学金4次；获四川省优秀毕业生，校级三好学生、优秀共青团员、优秀学生干部、优秀研究生干部等荣誉称号；获全国大学生英语竞赛C类二等奖，第六届、第八届"远志杯"全国高等中医药院校大学生课外学术科技作品竞赛三等奖。专注学科前沿，围绕针灸领域经穴效应特异性和穴位敏化，参与国家自然科学基金1项，发表学术论文34篇（其中SCI论文10篇），获批实用新型专利6项。担任 Traditional Medicine Research 通讯员、第30届成都中医药大学研究生会执行主席。

## 学海无涯，逐梦岐黄

我成长于湖南一个脱贫家庭（原建档立卡贫困家庭），家庭生计全依赖体弱单薄的母亲辛勤操劳维持。因受益于国家政策扶持，我的家庭才得以脱贫。贫困的家境锤炼了我勤奋努力、刻苦钻研、永不放弃的品质。在生源地信用助学贷款和国家助学金的帮扶下，我得以安心学习，也更加珍惜来之不易的学习机会。

经过本科五年的不懈努力，我以专业成绩及综合测评并列第一的成绩获得了研究生推免资格，并于2020年9月在成都中医药大学针灸推拿学院开始研究生学习。硕士在读期间，我不敢有丝毫懈怠，深知心怀远大抱负的同时，必须脚踏实地。因此，我更加严格要求自身，在明确自己的目标后，制定了我的研究生生涯规划，并朝着每一个小目标砥砺前进。其间，我一边继续深入学习专业知识，力求夯实基础，一边积极投身科研项目，加大文献阅读量，提升文献素养，时刻关注所学学科领域的研究动向，为大脑不断注入新鲜的科研"血液"，保持创新思维。同时，作为医学生，我坚持理论与临床相结合，跟随导师进行门诊学习，不断提高临床实践技能，并从中探索科研思路。

博学之，审问之，慎思之，明辨之，笃行之。经过3年的锤炼，我的理论课程平均分达到了88分，并获得继续攻读博士的机会。

## 守正创新，砥砺奋进

中医药学历史悠久、博大精深，正如习近平总书记所说："中医药学是中华文明的瑰宝。要深入发掘中医药宝库中的精华，推进产学研一体化，推进中医药产业化、现代化，让中医药走向世界。"新时代中，在国家政策的支持下，中医药事业不断发展。中医药的发展所依靠的不仅是有疗效，还要解决现代化、标准化等问题，需要科研的保障，面临着许多的挑战。因此，当代中医青年学子在传承经典、坚定中医药文化自信的同时，更要投身中医药科学研究，发扬钻研创新精神。

作为一名学生党员，我也深刻意识到学习和科研是首要任务。研究生阶段，因为兴趣，因为热爱，因为追求，我常常废寝忘食，早上8点至晚上11点，总能在实验室看到我的身影。当需要处理数据和修改论文时，我更是奋战至深夜。成功的背后并不是一帆风顺，研究中遇到的无数困难，数千次的实验，一次又一次不理想的实验结果，都没有使我气馁和放弃。经过总结反思失败教训、与导师多次交流沟通、查阅相关文献，最终课题研究得以逐步推进。

天道酬勤，经过数百次实验，我在针灸经穴效应特异性和穴位敏化研究方面取得了具有创新性和重大意义的研究成果。我共发表学术论文34篇，其中SCI论文10篇，多篇论文受到国内外同行的引用和关注，单篇论文最高被引达13次；获批实用新型专利6项，实审发明专利2项。同时，我还作为骨干成员参与了国家自然科学基金面上项目和区域创新发展联合基金项目等多项国家级项目。

## 不忘初心，勇挑重担

在硕士研究生阶段，我始终秉持初心，牢固树立服务意识，真正把中医学子的责任扛在肩上。在担任第 30 届成都中医药大学研究生会执行主席期间，我多次组织并参与了社会志愿服务、举办学术讲座以及承办研究生辩论赛等活动，丰富研究生同学的课外生活。我所在的研会获评 2020 年度成都市优秀学生会组织，我个人获得校级优秀学生干部、优秀研究生干部等荣誉称号。我还担任针灸推拿学院针灸推拿学专业 2020 级 1 班和 2 班的班级导师，与学弟学妹分享自己的学习和科研心得，引导他们做好相关学习规划，帮助他们解决学习、科研、生活等方面的难题，力求做好他们锤炼品格、学习知识、创新思维和奉献社会的引路人。

因为自己淋过雨，所以愿意为需要的人撑伞；因为自己经历过黑夜，所以愿意为有需要的人带去阳光。我深知科研路上的蜿蜒，所以愿意积极分享学习和科研经验，与对科研感兴趣的学弟学妹组建团队互相激励、共同进步。从文献检索、项目申报、数据处理到论文撰写等，我无不用心引导，力求传承提携后学、积火传薪、代不乏人的中国学术传统。学弟学妹们也珍惜学习机会，认真学习，积极参与科研。在我的引导下，我所在的科研团队共有 10 名学弟学妹在本科毕业后顺利保研到华中科技大学、中南大学、南京中医药大学、成都中医药大学、南方医科大学、福建中医药大学等高校。在寒暑假期间，我还回到家乡回到母校辅导学生功课，分享学习经验和个人经历，激励他们努力学习、奋发向上。

青春由磨砺而出彩，人生因奋斗而升华。生逢其时，躬逢其盛，自当不负盛世，新时代中医药的传承与发展是我们中医青年的发展机遇，也是我们所要肩负的时代重任。今后，我将继续秉持初心、牢记使命，怀抱梦想又脚踏实地，敢作敢为又善作善成，努力做到在理论与实际相结合的过程中，追求卓越，志存高远，用青春谱写奉献与进取的美丽诗篇。

# 以青春之名　砥砺前行

四川师范大学◆陈思宇

陈思宇，汉族，中共党员，四川师范大学文学院艺术学理论专业2020级硕士研究生。获国家奖学金、研究生学业奖学金等奖项；获校级优秀毕业研究生、优秀研究生干部等多项荣誉称号；获校级暑期社会实践中华传统文化专项二等奖、第六届"寻找成都最美芙蓉"摄影＋文创大赛佳作奖等奖项。申报校级暑期社会实践中华优秀传统文化专项课题"沫若戏剧文创园发展研究"并顺利结题，参与国家社科基金重大招标项目"先秦两汉魏晋南北朝隋诗学文献集成校笺"并顺利结题，参与四川省哲学社会科学重点研究基地重大项目"地方高师院校中华优秀传统文化美育体系构建"；在《四川教育》、Advances in Higher Education 等期刊发表论文4篇。

## 勤奋笃学，探索求新

2020年秋天，我踏进四川师范大学，开启我的研究生生活。转眼间，毕业的日子越来越近。回望这三年时光，尽是满满的回忆。

因为我放弃了工作才考上研究生，所以格外珍惜这来之不易的学习机会。入学之初，我就一再告诉自己，必须将学习作为自己的主要任务，努力学习，夯实专业基础。作为跨专业的学生，我虽然拥有跨学科视野等优势，但也深知自己的专业水平并不高。因此，在导师的建议下，我旁听了文艺学和美学专业的相关课程，学习从文学、哲学等角度探讨艺术学相关知识。同时，我也努力提升自身技能，通过大学英语六级考试、家庭教育指导师考试等。

天道酬勤，入学以来，我的专业成绩始终位列专业第一，综合成绩排名年级前列，我获得过国家奖学金、一等学业奖学金、二等学业奖学金等奖项，也获了校级三好学生、优秀研究生干部、优秀党员等荣誉称号。

我持续关注艺术教育、美育实践、文化产业发展、中华传统文化传播等热点，撰写了《浅谈布尔迪厄文化资本理论对艺术教育的启示》《浅谈〈颜氏家训〉中的艺术教育思想》《浅谈家庭美育的困境及发展路径》《浅谈成都城市发展中的道教精神》等论文十余篇，公开发表学术论文4篇。

我积极参加学术会议，提高学术修养，参加"中国美学与美育"学术研讨会并作报告，参加"2021成渝论坛：新文科建设背景下的文化传承与传播创新""2021数字文化产业论坛"，参加四川省美学与美育研究中心2022年全国硕博论坛并作报告，参加2023年四川省第十一届硕博学术论坛并获论文优秀奖。同时，我参与导师主持的国家社科基金重大招标项目"先秦两汉魏晋南北朝隋诗学文献集成校笺"，圆满完成自己所负责的研究任务。

文化对我们的物质生活与精神生活具有深远持久的影响。我以拉斯韦尔5W模式为基础，尝试运用QCA分析法对当下中华传统文化的传播现状进行分析，以期在互联网语境下探析传统文化在日常生活中的内涵，进而讲好中国故事、传播中国声音，提升中华优秀传统文化的竞争力。为完成教育部中华优秀传统文化专项课题"沫若戏剧文创园发展研究"的调研报告，我前往当地旅游局，实地了解沫若戏剧文创园的发展困境，与文旅工作者一同探讨未来发展之路。我还在探索美育实践路径的过程中，在STP市场细分的基础上，思考文旅与美育结合发展之路。

## 绽放青春，绚丽校园

在努力投入学术科研的同时，我也积极参加各项活动，曾参加中国研究生《青听有你》栏目并成为该栏目2021年9月24日的主播，诵读文章《成年人的友情：各自战斗，默默陪伴》；参加中国儿童少年基金会"护航计划"志愿者活动、四川师范大学文学院第十八届学术年会暨学术论坛、"青春心向党·建功新时代"摄影大赛、第六届"寻找成都最美芙蓉"摄影+文创大赛等活动。

其中，让我记忆深刻的是，因为对文化产业的热爱，我开展中华传统文化专项课题"沫若戏剧文创园发展研究"期间，在高温天气中一次又一次地前往实地考察。其中滋味，无法言说。令人欣慰的是，我最终得以顺利通过结项答辩并获二等奖。

作为学生干部，我需要学会平衡学业与学生工作。我依据短期目标、长期目标及行课时间为自己制订了每日计划，从而确保我的研究生生活既充实又多彩。在校期间，我担任了学院研究生会主席、学院研究生第四党支部宣传委员、学院艺术团党支部宣传委员、四川省社会科学重点研究基地美学与美育研究中心助管、学院2020级研究生艺术学理论专业组长。在负责学生工作期间，我全心全意为同学服务，协助学院老师开展研究生日常管理工作、学院党组织建设工作和学院学术讲座组织及实施工作；在负责四川省社会科学重点研究基地美学与美育研究中心工作期间，协助中心老师开展科研项目立项与结项、科研项目经费收支、年度评审、评估考核以及微信公众号"益美专号"运营等工作。在这些工作中，我提高了时间管理能力与组织协调能力，同时也收获了团队情谊。

## 信仰为基，不负时代

作为一名共产党员，我坚决拥护党的领导，始终牢记党员责任与义务，不断提高自身党性修养。

作为学生党员干部，我曾组织支部党员共同学习、共同提高，与电子科技大学基础与前沿研究院研究生第三党支部联合开展"共行红色足迹，争做青年榜样"党史教育活动，帮助大家进一步增强党员意识、提高党性修养。

曾经有人问我：辞去大学老师的工作去读研是否会后悔？我想，这一切都是我所热爱的事情。当我完成每一个任务、实现每一个小目标时，一切的努力都是值得的。即使偶尔会有失落，我也不会后悔，因为这段努力的时光在我的生命中是如此刻骨铭心。在未来，我将保持对生活、对学术的热爱，继续前行。

# 奋斗青春　逐梦不止

四川师范大学◆朱辉

> 朱辉，汉族，中共党员，四川师范大学化学与材料科学学院化学专业2020级硕士研究生。获国家奖学金、励志二等奖学金、三等学业奖学金，获校级三好学生称号。主要进行钴基材料活化过一硫酸盐降解有机废水的研究。以第一作者在 Fuel、Journal of Hazardous Materials、Chemical Engineering Journal 等国际期刊上发表SCI论文3篇。

为何读书？网上曾流行这样的说法："我仍认为，我们接受高等教育的目的是帮助我的家乡摆脱贫困，而非摆脱贫困的家乡。生如蝼蚁，当有鸿鹄之志。为天地立心，为生民立命，为往圣继绝学，为万世开太平。"我认为，读书的目的是让自己在将来拥有选择的权力，选择有意义、有时间的工作，做一个对社会有用的人，而不是被迫谋生。回顾我的求学生涯，似乎并不多彩，但我始终坚定自己的方向，那就是做精彩的自己，做有用的人。

## 少年求学路，男儿当自强

我出生在一个普通的农村家庭。俗话说"穷人的孩子早当家"，听起来是辛酸无奈，但内含宝贵的财富。为了生活，我的父母在我很小的时候离开家乡，外出打工，我便跟爷爷奶奶生活在一起。虽然家庭条件不好，但是爸爸妈妈、爷爷奶奶从小便教我要自强自立、无愧于心。也因此，我很小就帮助爷爷奶奶干各种家务活。

因为去乡镇上学需要走很长一段路，为了上学不迟到，我自己要很早起床做早饭，然后提着手电筒去学校。那时候，我一个人走在乡间小路上，总感觉后背发凉。现在回想起那一段经历，我感慨万千，但也明白，正是这样一段经历造就了我独立自强、不言放弃、吃苦耐劳的精神。

进入大学后，走在校园里，我虽然感受着校园的美丽，对未来生活充满了憧憬，但同时，也很清楚地知道自己与他人的差距以及自身的不足，因此难免缺乏自信、不善言谈。经过一段时间的失落，我很快发现了自己的问题，坚信只要自己肯努力，任何差距都可以改变，如果甘于落后、不求上进，仍活在过去的生活里，那么不自信的心态将永远困扰自己。因此，我在心里告诉自己："大学是改变自我、提升自我的时机，要敢于面对，敢于付出，要自强自立，奋发图强。"

在大学里不但可以学习到书本里的知识，还可以更全面地锻炼综合能力。于是，在后来的大学生活中，我干劲十足。当选班委后，我积极投入志愿服务中。虽然，各种烦琐的事情总把我弄得疲惫不堪，但是同学的信任和老师的肯定给我带来了无与伦比的满足感。

同时，在学习上我也不甘人后，努力学习、虚心请教。进入大四，面对人生的又一个重要的关口，我毅然加入考研大军。在考研期间，我努力、自律，每天七点准时起床，八点准时到图书馆看书学习，直到晚上九点半图书馆闭馆，然后转到另一个教室继续学到十点半。这样的日子虽然让我感到痛苦、枯燥，但事实证明，一切努力都是值得的。我如愿考上了自己理想的学校。

## 科研生涯风景异，努力出奇迹

2020年秋，我开始了全新的研究生学习生活。那时候的我刚刚接触到科研，一时不知道朝哪个方向去努力，不知道SCI是什么，也不知道这样的论文离自己有多遥远。但是我深信，天道酬勤。于是，我尝试着看课题组师兄师姐发的论文，主动了解课题组的研究方向，时常与导师交流。慢慢地，在导师的带领下，我开始了自己的课题研究。

在探究"钴基催化剂在高级氧化领域中的应用"这一课题时，我遇到了很多困难。万事开头难，由于是新开的课题，我找不到头绪。实验的理论机理是什么、所需的设备装置如何操作、实验装置如何搭建、药品如何定量等一系列问题摆在我的面前。我每天不断地与师兄师姐讨论，查阅大量的文献，总算搞清楚了基本的理论。通过不断地尝试，我终于找到了新的实验方案。确定了新的实验方案，是让一个科研新人无比兴奋的一件事。我每天都干劲十足，很早就来到实验室。由于实验室仪器有限，为了提升实验效率，我经常在实验室点外卖，吃了继续做实验。实验期间，我几乎是一整天待在实验室，周末、寒暑假都在实验室中度过。终于把实验做完、数据处理好，准备了一系列的表征，我本以为会很快出成果，但结果让人很无奈……表征的时候催化剂并不是我所预想的那样，直接让整个实验陷入了停顿状态。这一件事让我无比苦恼。不过，这次失败的实验也提升了我实验合成和数据处理的技能，让我能更加熟练地使用仪器，为我今后高效地完成各项科研任务打下了基础。

此后，在导师以及同门的帮助下，我的科研任务进展顺利。在国际期刊 *Fuel*、*Journal of Hazardous Materials*、*Chemical Engineering Journal* 各发表了 1 篇 SCI 论文。科研探索的过程也许是枯燥的，但是当走过这一段辛酸的过程，收获的绝不仅仅是一篇论文，还有谨慎、专业、科学的思维。

2022 年秋，我以排名第一的综合成绩拿到了国家奖学金，还被评为校级三好学生。

## 结 语

时光荏苒，我的研究生生涯将进入倒计时。这是结束，也是新的开始。在最后的一个学期，我着手准备电子科技大学博士研究生的申请，希望在新的环境中继续追求自己的梦。

最后我想说："我愿意一直做那有梦之人。尽管逐梦过程中的荆棘使我头破血流，我相信终有一天，在金秋的太阳下，能用我逐梦的双手为自己写下：光阴荏苒，故梦犹在。"

# 踔厉奋发　善作善成

西南科技大学◆程杰

> 程杰，汉族，中共党员，西南科技大学文学与艺术学院汉语国际教育专业 2020 级硕士研究生。获国家奖学金、西南科技大学校长奖学金；参与编撰 3 本学术专著，主持 5 项科研项目，参与 6 项课题研究，发表 6 篇学术论文，参加 5 次国内外学术会议。研究成果获绵阳市第十八次社会科学优秀科研成果三等奖、绵阳市涪城区第五届社会科学优秀成果奖二等奖、西南科技大学 2021 年专业学位研究生优秀教学案例等。先后被巴基斯坦千禧孔子课堂、克罗地亚萨格勒布大学孔子学院录取为国际中文教师志愿者，获 2021 年全球中文教学微课交流展示"网络人气奖"。系加拿大华文教育学会会员，参加北京大学 2022 年度对外汉语教学暑假高级研讨班并顺利结业。

习近平总书记在党的二十大报告中指出，"当代中国青年生逢其时，施展才干的舞台无比广阔，实现梦想的前景无比光明"，寄语我们要"立志做有理想、敢担当、能吃苦、肯奋斗的新时代好青年"。铿锵的话语、郑重的嘱托，激励着我不断踔厉奋发、勇毅前行。

## 善作善成，长风破浪会有时

汉语国际教育是一个使命光荣、责任重大的专业，是中华优秀传统文化"走出去"的新时代"刚需"。我选择这个专业，是个人理想和时代需要的"同频共振"，是将个人成长和国家发展结合起来，是主动将个人小我融入国家发展的大我之中。打铁还需自身硬，我在不断增强文化自信中进行着"思想淬炼"，在坚持、发展和传播中华优秀传统文化中进行着"文化历练"。在日常学习中，我不断夯实汉语国际教育基本功，学习课本知识，每天坚持阅读中英文专业文献，参与"《国际中文教育中文水平等级标准》学术研讨会"等5场国内外专题学术会议了解专业前沿和最新动态，参加北京大学2022年度对外汉语教学暑假高级研讨班并顺利结业，成为加拿大华文教育学会会员。

经风雨、见世面才能壮筋骨、长才干。汉语国际教育专业具有很强的实践导向性，因此，我不断进行着专业训练和实践锻炼。我认真撰写教案，反复打磨课堂教学细节；考取了汉语国际教育专业含金量最高的"国际中文教师"资格证书；经过考核选拔成为巴基斯坦千禧孔子课堂和克罗地亚萨格勒布大学孔子学院国际中文教师志愿者；参与了2021年全球中文教学微课交流展示竞赛，获得"网络人气奖"；与导师合作撰写的"汉语国际教育教学案例"获评西南科技大学2021年专业学位研究生优秀教学案例。我以"行则将至"的决心和"做则必成"的信心，铆足"四股劲"，深入专业实践，让青春在汉语国际教育活动中绽放绚丽之花。

## 踔厉奋发，不待扬鞭自奋蹄

青春是用来奋斗的。研究生阶段，我始终拧紧发条，以"一万年太久，只争朝夕"的紧迫感和"一锤接着一锤敲"的钉钉子精神，既心怀梦想又脚踏实地，多学实干，知行合一。我坚持"问题不过夜"的原则，每天坚持学习、工作到深夜，两年多时间里形成了20多万字的文稿。我秉承着"理论和实践两手都要抓、两手都要硬"的理念，形成了以汉语国际教育研究为横向发展、以非物质文化遗产研究为纵向推进的研究方向，参与编撰了《中华优秀传统文化传承与发展研究——基于非物质文化遗产的视角》等3本学术专著，作为项目负责人主持了四川网络文学发展研究中心"青年亚文化视角下网络文学的文化构建"等5项科研项目，参与了6项国家级及省市级课题研究，发表了6篇学术论文。研究成果先后获得绵阳市第十八次社会科学优秀科研成果三等奖、绵阳市涪城区第五届社会科学优秀成果奖二等奖等。

我在专业理论研究的"热潮"中始终保持着"冷思考",在量力而行的基础上尽力而为,始终锚定汉语国际教育发展这一方向,努力将理论研究、专业实践做深做细做实。在学习中我既喜欢啃"硬骨头",以"初生牛犊不怕虎""越是艰险越向前"的刚健勇毅和"唯知越进,唯知雄飞"的冲劲去钻研问题,又善用"巧劲儿",创新方式去解决困难。作为网络文化的"资深爱好者",我巧妙地将网络文化资源融入汉语国际教育实践教学活动中,从而提升了课堂教学效率。为了进一步锻炼和提升作为"汉语国际教育人"的核心竞争力和文化"软实力",我深挖自己的兴趣爱好,学会吹奏葫芦丝,通过了硬笔书法、软笔书法、国画山水画和花鸟画等的书画等级考试。我还积极参加大学生广告艺术大赛等学科竞赛活动,鼓足干劲,不断向前。

## 为民服务,俯首甘为孺子牛

作为一名党员,我始终牢记全心全意为人民服务的宗旨,秉承"一名党员就是一面旗帜"的信念,成为迎新等各种活动中党员示范岗的一员,在新冠肺炎疫情期间成为家乡抗疫的志愿者、学院"防疫突击队"的一员。

研一期间,我作为班长,热心服务每一位同学。只要收到同学们发来的信息,我总是在十几秒内回复,获得"秒回班长"的"称号"。我努力协调解决同学们的各种困难,在学院内好评如潮,获得了西南科技大学"优秀团员"、文学与艺术学院"优秀班长"等荣誉称号。

在未来的日子里,我的学习与成长将始终围绕"人民至上"这一主线,始终秉持"为中国人民谋幸福,为中华民族谋复兴"的责任感,始终在"全心全意为人民服务"上保持一股较真劲儿,锐意进取,不负时代、不负韶华!

# 以梦为马　乘风破浪

西南科技大学◆熊婷

> 熊婷，汉族，中共党员，西南科技大学国防科技学院材料与化工专业2020级硕士研究生。获研究生国家奖学金、西南科技大学研究生校长奖学金、研究生学业奖学金，获四川省优秀毕业生、西南科技大学优秀毕业生等荣誉称号。以第一作者和共同第一作者身份在 Chemical Engineering Journal、Journal of Hazardous Materials、Journal of Cleaner Production、Biochar、Science of the Total Environment、Separation and Purification Technology 等期刊上发表了论文10余篇，包括 T3 类论文6篇，其中 SCI 一区论文3篇、二区论文2篇、三区论文1篇。

《诫子书》中有一句耐人寻味的话："非学无以广才，非志无以成学。"前路漫漫，或许布满荆棘和坎坷，但我始终相信"心有多大，舞台就有多大；梦有多远，人生就有多远"。岁月不居，时节如流，恍然间我已在西南科技大学度过数载春秋。回顾往昔，初入校园的我怀揣着对未来的美好憧憬，期待能在这里收获星辰大海。一路走来，跌跌撞撞，有欣喜，有幸运，有迷茫，也有挫败，但最后回想起来的仍是幸福、美好居多。在这里，我遇见了学识渊博、德才兼备的众多良师，遇见了温柔善良、值得相伴一生的挚友，坚定了未来要追寻的理想与目标。

## 扬信仰之旗

2020年新年伊始,我国遭遇新冠肺炎疫情,很多人的生活被按下了"暂停键",国家面临非常艰难的局面。尽管如此,三年来,我却幸得国家各种资助政策的帮助,可以顺利完成学业,逐渐成长为一个有理想、有本领、有担当的青年共产党员。

惠特曼说:"没有信仰,则没有名副其实的品行和生命。"一个有信仰的人才会有光明和前景。因此,坚定理想信仰、提高自身修养无疑是我学习生活的首要任务。作为一名中共党员,我时刻以党员的标准严格要求自己,自觉履行党员的义务,执行党的决议,遵守党的纪律,积极发挥党员的模范作用;坚持学习和践行社会主义核心价值观,内化于心,外化于行,在不断提高综合素质的同时,努力做好各项工作,做一个对社会有贡献的人。在新冠肺炎疫情期间,我积极主动地申请成为家乡的志愿者,挨家挨户访问,为村上留守老人和儿童注册天府健康通账号,让人人都拥有健康码,以便于服从党和国家的统一管理,充分发挥党员模范作用,做到了为人民群众服务。

## 夯科研之基

"你若盛开,蝶自飞来。"人生最大的竞争对手就是自己,比昨天进步一点就是真正的进步。一直以来,在学习上,我始终保持"勤奋、刻苦、用心、真诚"的生活习惯和学习原则,认真完成课程作业,拥有了较强的专业能力,切实让自己学习更多的专业技能。对待科研工作,我始终严格要求自己,以严谨认真的态度对待每一项科研任务,并且广泛学习并掌握与专业领域相关的科研动态,开阔自身视野,提高科研工作质量。

清晨的校园和夜晚的星空伴我度过了这三年的求学之路。电脑里面数以千计的文献、各种阅读文献的软件以及各式各样的绘图工具是我研究生学习生涯最好的见证。整个研究生学习期间,我从未请假缺席、迟到早退,专业成绩名列前茅,并连续三年获得硕士研究生学业奖学金,2022年更是荣获研究生国家奖学金和西南科技大学校长奖学金。

"不积跬步,无以至千里;不积小流,无以成江海",丰富的知识源于不断的积累。在大量的实验过程中，我一点点了解了科研工作的各个环节；在导师的耐心指导及实验室团队的悉心帮助下，我熟练掌握了各种实验仪器的操作，掌握了各种绘图工具，领悟了科研论文的写作技巧。同时，我还不断阅读文献，积累知识并将其应用于实际，逐渐弥补了自身的不足。

星光不问赶路人，时光不负有心人，从学术世界里的一笔一画到平时生活中的一言一行，从一开始连论文格式都理不清到最后能独立撰写学术论文，我感慨万千。在研究生的这三年期间，我以第一作者和共同第一作者身份在 Chemical Engineering Journal、Journal of Hazardous Materials、Journal of Cleaner Production、Biochar、Science of the Total Environment、Separation and Purification Technology 等期刊上累计发表了论文十余篇，包括 T3 论文 6 篇，其中 SCI 一区论文 3 篇、二区论文 2 篇、三区论文 1 篇，为我的研究生生涯画上了圆满的句号。

## 践奉献之心

薪火相传，生生不息。实验室老师和师兄师姐对我的无私帮助让我敲开了科研的大门，让我在科研道路上能够勇往直前，同时也让我认识到了团队合作的重要性。我深知科研并非我一人的独木桥，而是大家携手同行的大道。因此，在学校的第 11 期研究生博学之声学术论坛上，我与大家分享了自身的科研经验，包括文献阅读的各种小技巧以及科研论文写作的大方向。"赠人玫瑰，手有余香"，每当师弟师妹在科研工作中遇到难题时，我都竭力为其答疑解惑，只为让他们在科研道路上少走弯路，为我们的科研事业注入更多的新鲜血液。

## 享逐梦之乐

"不要因迷恋路旁的鲜花而忘记了赶路，毕竟花儿会一路开放！"成绩属于过去，未来的路很长，我坚信努力只能及格，拼命才能优秀。"生命不息，学习不止，行走不停。"源于对知识的渴求，对报国伟大理想的不懈追求，我毅然决然地选择继续前行、提升学历。

"路漫漫其修远兮，吾将上下而求索。"考博道路不论是遍布荆棘还是开满鲜花，我都将奋力前行。在科研的这条大道上，我将始终秉持胸怀大公的战略眼光、求真穷理的学术品格、厚积薄发的创新能力，努力践行科研报国的使命，竭力把自己塑造成一名锐意进取、志在一流的新时代青年，一名脚踏实地、品学兼优的青年学子，一名忠于祖国、忠于人民的优秀党员，立志把青春融入社会最需要的地方，以实现中华民族伟大复兴为己任，不负时代，不负韶华，不负党和人民的殷切期望！

# 困苦磨砺人生　努力铸就成功

西华大学◆黄瑞珂

> 黄瑞珂，汉族，中共预备党员，西华大学汽车与交通学院机械工程专业 2020 级硕士研究生。获国家奖学金、研究生一等学业奖学金、研究生三等学业奖学金；获四川省优秀毕业生，校级第三届研究生"学术之星"、优秀团员等荣誉称号；获美国大学生数学建模竞赛三等奖、亚太地区大学生数学建模竞赛三等奖。以第一作者身份发表 SCI 一区论文 1 篇；授权实用新型专利 3 项、软件著作权 5 项。

俗话说："穷人的孩子早当家"。我来自成都一个普通的农村家庭。父母为了照顾我，选择就近找一些杂活来做，工资勉强能够维持家庭的正常生活。我在乡里上小学，成绩还算不错，后来去城里上了初高中，成绩便下滑得非常厉害。我逐渐变得自卑内向，不愿与同学交流，无法融入同龄人的圈子。

家庭的影响使我形成了坚韧的性格。在学习上，虽然感觉很吃力，但我还是很努力。我与同学交流不多，却很愿意与老师交流，每当下课我就跑办公室去问问题，帮老师改卷子，所以即使我成绩并不优异但我的老师都很喜欢我。有一次，我考得很差，我的高中生物老师甚至跟我母亲说："他考得差不是因为他没努力，而是我没有教好他。"我感动到落泪。母亲总说："只要你想上学，我们就是砸锅卖铁也要供你。你读到哪里我们供到哪里。"十多年来，我的父母无怨无悔地付出，从不索取回报。他们虽然挣得不多但把全部的爱、全部的希望都给了我。每当我想着父母虽然辛勤工作但所获回报微不足道的时候，不由得内心酸楚。我知道我必须努力，让我们的家好起来，只有通过读书才能改变我们的命运。因此，我拼命学习，最后高考超常发挥，成功考上我理想的西华大学。

大学期间，因为知道家里的经济条件，所以我决定要自己养活自己，不让爸妈为我花钱。我曾在图书馆勤工俭学，也曾周末乘坐2个多小时公交去做家教，在一天之内经常连续上课11个小时。当时，我多想下了课就地休息，但还是匆匆赶回学校。虽然这条路真的很艰辛，但我能自食其力了，变得更加坚强独立，可以承担自己的学费和生活费。在本科期间，家里出现了很多变故，80多岁的爷爷病倒，父亲因为工作摔伤脊椎。家里人怕我耽搁学业都没有将这些变故告诉我。无知的我给家里打电话，母亲强忍着泪水陪我聊天，还一直嘱咐我在学校照顾好自己，吃好点。回家后，我才知道这些事情。看到爷爷卧病在床，我再也忍不住哭倒在爷爷怀里。面对这一切，我很心疼父母的辛劳与不容易，暗暗下定决心一定要考研，一定要成为父母的骄傲。说来容易，做起来难，我想报考的专业需要考线性代数、概率论与数理统计，但我之前都还没有学过。于是，我就把自己关起来自学，常常从早上6点学到晚上11点。苦心人、天不负，我终于在2020年拿到了研究生录取通知书。

读研期间，我还是保持考研时候的作息，全年基本无休。我知道"笨鸟先飞早入林，笨人勤学早成材"的道理，也知道自己其实不是最聪明的学生，我的领悟力很弱，必须摸索很久才能搞明白新的知识点，所以只有更努力才能弥补。好在我有着不服输的倔强，刚上研一，我便每天坚持阅读相关的论文和书籍以寻找研究方向，还学习相关编程知识。到了研一下学期，导师发给我们一篇论文。我仔细阅读并琢磨论文中谈到的方法，思考能不能先进行复现再实现突破。刚好那时我正在采集数据，解析数据里面的一些性能指标，因此就想着用我们测的数据来做相关性分析。自打那时候起，我的目标就确立了：写出一篇高水平的 SCI 论文。因此，我在大量阅读相关文献的基础上对部分文献观点追根溯源，最终找到了自己的研究方向。在写作过程中，我"摸着石头过河"。文献查找和阅读、寻找创新点、编代码建立模型、论文写作、英文翻译都是我需要克服的难点，我便一个个解决。我花了3个月在2021年的9月完成论文初稿，但是一直改到2022年3月8日才将定稿投出去，又耐心地等待了1个月10天。结果出来后，老师将编辑的回信发给我。我

很害怕看，但还是硬着头皮看了，毕竟这是对我1年多来学习效果的检验。结果是大修！两个审稿人建议修改后再审，一个审稿人直接拒稿。我感到非常担忧，老师和同学都安慰我，让我根据审稿人意见认真改。我先把简单的问题挑出来，最后解决难的问题，按照审稿人意见一条一条地改，需要补充仿真，重新编代码去做。经过这些煎熬，我终于在2022年7月23日收到编辑的录用回信。现在回想起来，不得不感叹真是"山重水复疑无路，柳暗花明又一村"！

我相信"越努力越幸运"这句话。从考研开始就感觉很多困难接踵而至，但是我没有放弃，一直都按照自己的目标在前进。都说"一分耕耘一分收获"，确实如此。研究生期间，我获得国家奖学金1次、研究生一等学业奖学金1次、研究生三等学业奖学金2次，被评为四川省优秀毕业生、校级第三届研究生"学术之星"、校级优秀团员；获批实用新型专利3项、软件著作权5项。2022年，我获美国大学生数学建模竞赛三等奖，获亚太地区大学生数学建模竞赛三等奖。

我很感恩家人、老师和同学，也感谢自己。不断努力的同时，我从初高中的自卑内向中走出来了。我主动帮助别的同学，他们有任何问题都会耐心帮他们解答。我坚持学习和工作两不耽误，只有全面发展，培养广泛的兴趣爱好，才能拥有精彩的人生。困苦的家境，磨砺了我的意志，使我敢于迎难而上，自立自强，始终坚持脚踏实地。在生活中，我一直保持着阳光的心态，把自己的温暖与快乐传递给周围的人；在学习上，我保持着锲而不舍、积极向上的态度，不和别人比聪明，只和别人比勤奋。

这就是我，简简单单的我，有光彩但没有骄傲！我还要继续努力，继续奋斗，为我的小家、为我的国家贡献自己的力量。

# 志存高远 梦始足下

成都信息工程大学◆陈亚玲

> 陈亚玲，汉族，中共党员，成都信息工程大学大气科学学院大气科学专业2020级硕士研究生。获研究生国家奖学金、研究生一等学业奖学金、四川省优秀毕业研究生等荣誉。参与国家级项目2项、省部级项目1项、校级人才引进项目1项。围绕江河源区大气—陆面—水文耦合过程和径流模拟开展研究，发表学术论文共计11篇，其中以第一作者身份发表SCI二区论文2篇、北大核心期刊论文2篇，授权国家发明专利1项；参加学术交流活动5次。在校期间，积极投身志愿服务，参与气象防灾减灾活动和"三下乡"社会实践活动。

岁月不居，时节如流，我携稚嫩而来，满载成长而归。

## 新的征途，再次出发

本科四年专业基础知识的学习以及科学研究的初涉，让我对大气科学专业产生了浓厚的兴趣。2020年9月，我再次以新生的身份踏入成都信息工程大学的大门，成为大气科学学院的一名硕士研究生。

新的阶段，新的面貌。我知道，这世上没有毫不费力的优秀，优秀都是夜以继日的努力堆砌而成的。所以在研究生学习开始之前，我便给自己定下奋斗的目标：要做就要做到最好。人只要有了目标，有了方向就不会停滞不前。本科时，我一直勤奋刻苦，取得了不错的成绩，所以在学习研究生课程之前，便自信满满地认为用原来的方式仍然可以在研究生阶段的学习中披荆斩棘。直到正式上课之后我才发现，研究生专业课的学习比本科难多了，特别是学位课程，在一开始尤为吃力。我并未懈怠和焦虑，总结以往自身不足，不断改变，不断完善。在保证听课效率的前提下，我不断加强课后的自主学习，并虚心请教老师和同学，终于在无数次挑灯夜战后，完成了各门课程的学习。通过不懈努力，我连续三年获得研究生一等学业奖学金，也获得研究生国家奖学金和四川省优秀毕业研究生等荣誉。

## 学以致用，科研探索

"科研"是研究生阶段的一门"必修课"。从选题确定到文献调研，再到切入点寻找、数据分析和方法应用，最后到论文撰写，科研的每一步并不是一帆风顺的。记得研一刚入学时，老师便给我们定下了要求：一年级要完成小论文初稿的撰写。研究生课程学习对我来说已需多多努力，兼顾科研更是时常让我感到吃力。为了充分利用时间，我常在下课之后，立即带上电脑和硬盘，骑着单车向工作室"飞奔"。为了完成学业，每天早上，室友还在睡梦中时我已踏上前往工作室的路。第一篇论文的撰写过程总是波折的，犹记得无数个夜晚十二点，我还在和导师讨论怎么绘图才正确、怎么表述语句才更合理。当时，对我来说，最大的困难是对"大气—陆面—水文"相互作用过程的理解。从天上到地下，从数理统计到数值模拟的转换，都让我感到焦头烂额。于是，我重新转换思路，大量阅读文献，请教师兄师姐，开展实验研究，逐渐领会了研究的思路，并建立起一种"科研性思维"。一切辛苦都不会白费，经过一步步探索、一次次修改，我的第一篇论文终于定稿。第一次的论文写作经历，使我对"科研"的理解越发清晰，也为我后续开展工作打下了坚实的基础。如今，我已经以第一作者身份发表 SCI 二区论文 2 篇、北大核心期刊论文 2 篇，以共同作者身份发表学术论文 7 篇，授权发明专利 1 项。

行一事，贵有恒，任何成果都不是一蹴而就的，只有耐得住寂寞，嚼得动菜根才能有所收获。除科研论文写作之外，我还积极参与多项国家级、省级项目。在完成科研项目的过程中，我也遇到过一些非常棘手的问题。例如，因为不会使用专业编程语言和绘图工具，所以论文中的数据处理和分析进展十分缓慢。为了突破这种困境，我决定自学 NCL、ArcGIS 和 Origin 等编程绘图工具。我开始像"小白"一样依靠各种搜索引擎不断了解和熟悉这些编程绘图工具，遇到比较难解的问题就通过在气象家园和CSDN等网站发布帖子来寻求帮助。就这样边学边用、不断摸索，我终于慢慢掌握了这些编程和绘图工具的使用方法。

更广阔的见识才能促进自我能力的提升，所以我积极参加国内外高水平学术交流活动，了解目前气象研究领域的前沿科学动态，开拓视野，也为后期科研工作提供动力与思路。

赛·约翰逊曾说："成大事不在于力量的大小，而在于能坚持多久。"我对大气科学的热爱将变成一种无形的力量，始终激励着我一直前进。我将会把它作为我毕生的事业，孜孜以求。

## 不忘初心，脚踏实地

不忘初心，是青春的底色；脚踏实地，才是青春的模样。对于科研工作者来说，初心就是精益求精、科技报国；对于学生来说，初心就是刻苦钻研、力争佳绩。而无论我是哪种身份，我的初心都可以简单地总结为一句话："做一名对社会有用的人。"我要用自己的一份微光给他人温暖。我积极参加学校研究生论坛、各类学术交流活动，与同学分享自己学习专业知识的方法、科研论文写作的经验技巧；在深夜里与同学交流如何更好更快地处理数据、编程绘图；在课题组内帮助写作遇到困难的同学整理思路，在工作室与同学一起修改论文框架和格式；等等。我希望，能够通过自己的努力，带动周边的同学在科研道路上一同前行！

习近平总书记说过："新时代中国青年要担当时代责任。"接力棒传到了我们的手上，我们就应该做这个时代的奉献者，用我们的毕生所学造福社会，做新时代的新青年。在今后的学习和生活中，我将继续发扬科创精神，去探索更多的未知，解决更多的问题，力求做出更多对社会有意义的科学研究；在实践中追求创新发展，向着自己的目标努力拼搏，笃行不怠，在自己的青春赛道上奋力奔跑！

# 以拼搏奋斗、责任担当铺陈青春底色

成都信息工程大学 ◆ 卿智鹏

> 卿智鹏，汉族，中共党员，成都信息工程大学电子工程学院气象探测技术专业2020级硕士研究生。获研究生国家奖学金、研究生一等学业奖学金；获评四川省2023届优秀毕业研究生；获全国大学生电子设计竞赛三等奖，"蓝桥杯"开发设计竞赛二等奖，获成都信息工程大学学习优秀奖、优秀研究生奖、科研论文奖、2022年第五届研究生学术论坛一等奖。聚焦人工智能与灾害天气识别、应用机器学习算法技术开展研究，发表SCI论文2篇（其中1篇为第一作者身份），在中文核心期刊发表论文1篇。

我来自四川隆昌的一个偏远乡村。家境贫寒的我自懂事起就知道"努力"和"责任"的意义。2020年，在国家助学贷款的帮助下，我顺利踏入了成都信息工程大学并开启了充实又美好的研究生时光。

## 厚积薄发　笃行致远

进入研究生阶段，课堂上老师们描绘了一个引人入胜的电子信号世界，让我深深沉迷其中。在好奇心的促使下，我加入了大气探测重点开放实验室，与优秀的同学们一起深入学习、参与导师项目。在首次参与算法研发项目时，我因缺乏算法研发相关的知识、经验和技能而感到十分挫败。研发任务时间短、工作量大的压迫感，让我觉得研发任务将无法完成。我告诉自己："我应该努力，应该不断尝试，应该好好规划时间、完善计划，尽可能补足欠缺的知识和技能。我要相信自己的努力不会白费，哪怕此次受挫，过程中所学到的知识、技能也能为下一次机会做准备。"我积极鼓励组员一起克服困难，与组员分享"奋斗的道路不会一帆风顺，往往荆棘丛生、充满坎坷。强者，总是在挫折中不断奋起、永不气馁"的道理。在算法研发任务开展过程中，我们收集国内外相关最新文献，翻译大量外文文献；关注每一个技术细节，不断积累算法开发相关知识；利用一切可用的方式，微信、电子邮件等，向国外科研人员请教未公开的技术细节。最后，我们不负众望，如期圆满完成任务，还得到了项目组的赞赏和肯定。

这样的转变让我相信点滴积累和不断努力能够带来改变，包括自己的人生以及命运，也让我下定决心全身心投入并活出自己的风采。我积极参与国内外学术会议，与研究领域的专家交流，利用实验室的设备进行尝试……这些努力和积累，让我变得乐观热情、有责任心、不惧困难，协助我解决团队诸多难题，也让我的成绩名次上升到班级第一，还让我领悟到，奋斗是青春最亮丽的底色，奋斗本身就是一种幸福。

我的内心始终坚信，人生分为许多阶段，每个阶段有着不同的任务，应以"顺境时不懈怠，逆境时不沉沦"的态度面对困难，勇于拼搏，不断积累努力的"量变"，来实现自我的"质变"。

## 勇于担当　善做善成

2020年的夏天我成为一名正式的中共党员，党员身份督促着我担当起更多的责任。

我参与的项目为国家自然科学基金项目"极端强对流灾害天气的智能监测与预报关键技术研究"。龙卷风是一种极端气象灾害，发生时往往造成较大的财产损失和人员伤亡。每年的5—8月是江苏省龙卷风高发时期。项目组为减少龙卷风带来的严重后果，在江苏高邮、金湖、建湖等地开展了雷达观测实验，帮助气象预警部门及时发布预警信息，进而减少极端天气带来的人员伤亡以及财产损失。项目中的重要设备是龙卷风探测雷达，用以探测和预警龙卷风，但受环境、设备性能等因素影响可能会停止运行，因而常需要人员维护。我承担着维护设备正常运行的重要责

任，需要经常前往设备所在地开展设备保障工作。

2021年的夏天，在接近40度的天气中、在太阳的暴晒下，设备也仿佛中暑般突然宕机了。我即刻前往设备所在区域，经过长时间的沟通交流以及烦琐操作后，终于将设备恢复正常。天有不测风云，江苏气象局信息显示近期会有台风过境。台风出现时会有一定概率发生龙卷风，项目组要求我近期一定要确保雷达正常运行，以便监测龙卷风并及时发布预警通知。不幸的是，在大面积强降雨的时候设备发出了故障通知。为尽快让设备恢复正常运行状态，我紧急前往设备所在区域。受大风和强降雨的影响，我的行程变得极为艰难，当我到达设备所在区域时，雨伞已经变形，我全身湿透、布满泥污。但我一刻也不敢歇息，立刻寻找问题症结，让设备恢复正常运行。监测和维护设备的工作尽管非常困难，但我仍坚持着，为当地居民的生命财产安全提供有效保障。设备也监测到了有价值的数据。这些数据让我们的项目得以顺利开展，也使得具有气象研究价值的高水平论文得以发表。这段时间让我再一次成长，完成蜕变。

## 坚守责任　心怀感恩

责任让我不惧风雨，也让我获得了不一样的成长；责任让我的人生充满意义，让我不再狭隘。责任给我带来了成就，获得了属于自己的历练，增强了我的责任心，让我感受到了更多的使命感。

我所取得的成就离不开自己的努力，同样也离不开亲人朋友的鼓励支持、导师的教诲、学校的培养，更离不开国家助学贷款、国家奖助学金等各类学生资助的帮助。我会在未来的日子里继续努力，时刻鼓舞自己，怀感恩之心，坚守好自己的责任，以一名共产党员的身份为人民服务，用所学的知识为气象事业的发展贡献自己的力量！

# 我的研"梦"之旅

西华师范大学 ◆ 查正桃

> 查正桃，汉族，共青团员，西华师范大学物理与天文学院物理学专业2020级硕士研究生。获研究生国家奖学金、研究生二等学业奖学金、四川省优秀毕业研究生等荣誉；获MathorCup高校数学建模挑战赛全国二等奖。围绕光通信技术展开研究，主持校级创新创业训练项目1项并成功结题；以第一作者身份发表学术论文7篇，其中SCI论文1篇、EI论文2篇、CSCD论文3篇；参与国际学术会议2次，并做1次口头报告。积极投身志愿服务，参与家乡新冠肺炎疫情防控志愿服务并获荣誉证书。

读研光阴弹指过，未应磨染是初心。古人云，诗酒趁年华。少年当立凌云志，躬行不辍，正当其时。能与诸君分享我"追梦、逐梦、圆梦"的研究生旅程，我倍感荣幸。

## 追梦伊始

读研之初心不知何时所起，却一往而深。研一入学时，导师给的研究课题属于我从未接触过的光学方向，甚至给我的专业书籍也是外文的。这对于缺乏专业基础以及外语水平极差的我来讲可谓是一个较大的挑战。然志不求易，应上进奋发、踏歌而行。深受"青松寒不落，碧海阔愈澄"这一古人气节的鼓舞，在很长一段时间内，我每日在实验室的学习时间均超过了15个小时。一方面，我要在短时间内完成多本专业书籍的学习来弥补自身专业基础上的短板；另一方面，还必须掌握研究课题所涉及的一系列专业英语词汇。学贵有恒，起初鉴于自身基础薄弱以及研究课题较为抽象，尽管导师公务繁忙，我始终坚持每周向他做多次汇报以及请教。不断的思维碰撞与信息积累，不仅修正了我在专业知识上的诸多误解，而且有效地防止了我于研究方向上的偏离。此后，我坚定科研报国的决心，立志苦练专业技能，做到初心如磐、踔厉奋发。因研究课题具有前沿性，实验条件很难满足，我逐词翻译近千页的纯英文软件说明书进而掌握了相应光学仿真软件的使用方法。此外，研究课题还涉及非常烦琐的数学运算，需要编写很多很复杂的代码，这对非计算机专业的我来讲仍是很大考验。我为此不惜花费大量时间、精力来编写复现相关的结果，极大地提升了自身的编程能力。这些辛勤耕耘、日积月累，皆为我逐梦研途打下深厚的基础。

## 逐梦研途

摒弃侥幸之念，必百炼成钢；厚积分秒之功，始得一鸣惊人。通过近一年的锤炼、打磨，早已褪去青涩的我在精心准备以及导师的强力支持下成功申报到人生中的第一个科研项目。从拿到科研项目之日起，除吃饭、睡觉外，我将所有的时间都沉潜在实验室内，时常连走路、吃饭时都在思考科研问题。我自认并无科研上的天赋，全凭借一股不服输的韧劲儿，成功从仿真结果中总结出一个可行的创新点。那一瞬间，持续奋战一月有余的我再也无法抑制住内心那成功收获第一颗科研果实所产生的浓烈兴奋感。短暂的兴奋之后，一度困扰我很长时间的苦楚也随之而来。因为我当时根本无法搞清并解释出创新点背后所蕴含的理论因果。这对工程类学术型研究生来讲是致命的。"泅游过黑夜的眼睛，只会更加明亮"，2021年我在农村老家过暑假期间，成功从理论上推导出能解释仿真结果的重要关系式。至今依稀记得，那种苦尽甘来的激动使我当夜在和导师汇报时都是颤抖的语气，那晚我还因此失眠了。

2021年秋季入学之际，我开始撰写读研以来的第一篇小论文。虽然导师给我讲述了一些撰写学术论文的基本要领，但要掌握其中的精髓还需自己不断琢磨、领悟以及苦练。所幸皇天不负有心人，经过三月的打磨，论文终得到发表。这不仅意味着我已初步掌握了学术论文的写作规范以及方法，也代表我具备了获取硕士学位的基本条件。正所谓"乘势而上千帆竞，策马扬鞭正当时"，在之后的一年内我一鼓作气发表了7篇学术论文，被北大核心期刊、CSCD期刊、EI期刊及从未想过的SCI期刊收录。这不仅是我研究工作获得国内外同行认可的象征，亦是我科研能力显著提升的标志。

回首往昔，仍历历在目。让我印象特别深刻的是，在长春理工大学攻读博士的师兄推荐我报名参加2022年IEEE主办的第14届先进信息通信技术国际会议，要求投稿内容以及口头报告必须以纯英文的形式呈现。这对于当时的我来讲是一个从未面对过的挑战，但作为肩负科研报国重任的吾辈青年之一，我不愿错过此次能与国际同行交流的宝贵机会。所幸我所撰写的英文稿件得到了英文期刊语言编辑、学院外籍老师以及英文期刊审稿专家的指点。历时两个月的艰苦写作，我终不负众望，提交出具有可读性、符合规范的英文稿件，并因此顺利参加了国际会议。以上诸种经历，既是超乎想象的成长事实，也是充满无数艰辛的逐梦历程，更是"路漫漫其修远兮，吾将上下而求索"的诠释。

## 圆梦收官

2022年秋，我所主持的科研项目成功结题，我也先后荣获了2022年的研究生国家奖学金以及四川省优秀毕业研究生等荣誉称号。这对科研学子来讲既是无上的荣光，也是莫大的鼓励！更难得的是，凭借逐梦研途所打下的科研基础，我成功通过了广东工业大学信息工程学院2023年博士研究生申请考核，获得了读博深造的机会。

鲜花通常与荆棘同在！我在追逐荣光的研途中也曾有痛苦、彷徨、委屈以及挣扎，但始终铭记习近平总书记的嘱托，时刻秉持"我未必能唤醒周围的人，我只是挣扎着不让自己沉睡"的人生信仰以及"休对故人思故国，且将新火试新茶"的科研态度，把小我融入大我，将研梦联结中国梦，不负韶华，阔步向前，踏歌而行，愿为国家强基而尽绵薄之力，实现人生价值。

最后，与君共勉。"千淘万漉虽辛苦，吹尽狂沙始到金"，只要怀有一颗赤诚之心，鼓足"纵使深陷于千般黑暗，亦须追逐那万丈幻光"的逐梦之勇，必定能圆"长风破浪会有时，直挂云帆济沧海"的人生之梦。或许自始至终都不会得到任何共鸣与赞扬，但我们至少可以为自己鼓掌！

# 奋斗驱萧索　不负少年时

四川轻化工大学◆侯洪波

> 侯洪波，汉族，中共党员，四川轻化工大学材料科学与工程学院材料与化工专业2020级硕士研究生。获研究生国家奖学金2次，研究生一等学业奖学金2次，研究生三等学业奖学金1次；获四川省大学生综合素质A级证书和"五四自强之星"等荣誉；获第八届四川省"互联网+"大学生创新创业大赛铜奖。围绕生物可降解高分子材料开展研究，参与科研项目8项；发表学术论文8篇，其中以第一作者身份发表SCI论文3篇；申请国家发明专利10项，其中已授权3项。

## 心中有理想，只需脚踏实地

古人云："有志者，事竟成。"巴斯德先生也曾说："立志是事业的大门，工作是登门入室的旅程。"这充分表明了立志对于一个人的成功是至关重要的。本科毕业时的首次考研失利给我的自信心带来了极大的打击，让我一度怀疑自己是否有能力去攻读硕士学位。家人的鼓励与支持让我重拾信心，再接再厉成为当时心中最坚定的想法。为了专心备考，我选择了全脱产的复习方式。这也给我自己带来了很大的心理压力——既来自父母的期盼，也来自经济上的困窘。但我深知这是人生中必须迈过去的一道坎，只能咬牙坚持、勇往直前。

考研期间我每天都会激励自己：坚持做一件事，本质上是一种量变的积累，量变必会引起质变。比如，在薄弱的科目数学和英语上，我坚持每天练习和总结错题。每天的努力可能带来的只是细微的量变,只有一点点进步,但长期坚持下来,积少成多,就能带来明显的变化。所以,我们只要心怀理想,脚踏实地,就必将迎来成功的机会。心中有理想,脚下有力量,奋斗不止步!

## 压力即动力,挑战与机遇并存

在生活中,我们时常遇到许多挑战和艰难险阻。这些都是生活给我们施加的压力,有人会因此感到气喘吁吁、无法承受。在我看来,压力并非只是负担,更是锐意进取的动力。再次考研并成功上岸后,我满心欢喜地加入钟家春老师的研究团队。然而,随之而来的研究生规划等现实问题使我充满了困惑,也不可避免地增加了我的压力。研究生一年级下学期,钟老师让我参与一个临近截止期限的横向研究课题。从最初很辛苦、很迷茫的实验探索,到后期利用课余时间在实验室不断地进行验证、分析失败的数据并调整优化下一次实验的改进计划,我受益良多。现在回想起来,内心都是满满的充实感。最终,经过我们不断的改进配方,如期研发出符合企业技术要求的材料样品,得到了企业的信任和认可,并成功得到后续的项目合作机会。

这次的经历让我明白应该如何处理好压力与动力的关系,适应周围的环境,接受挑战,并用愉快的心情去面对一切。同时,我也明白没有人能轻易脱胎换骨,每一次成长都是眼泪与汗水浇筑的。就像不能逃避生活一样,我们无法逃避压力,不如就接受压力,接受成长的考验,顽强地前行。

## 世上无难事,只要肯登攀

困难似乎永远不会离开我们,但只要勇往直前,就能克服它并得到期许的成果。在研究生阶段,我希望早日开始科研工作,但在和导师讨论确定实验方案后,由于经验和专业知识的匮乏,加之没有合理分配课业和实验时间,实验常以失败告终。这些挫折曾经深深打击了我,甚至有时候也会让我质疑自己,让我感到疑惑和迷茫。经过和导师的深入沟通,我暂时将实验放在一旁,开始查阅文献,不断总结别人的经验教训。在逐渐弥补了专业和经验上的短板之后,我学着合理安排时间,进行实验规划。功夫不负有心人,我最终成功地得到了所需的实验数据,验证了前期的猜想。而论文撰写又是我遇到的另一项巨大挑战。我深知做学问的路上并没有

捷径可走，便每天坚持阅读英文文献，学习撰写学术论文的技巧和语言表达方法。最终，我将自己的实验成果和研究思路整理成学术论文并得以发表。

生活充满曲折和坎坷，科研也从不是一帆风顺的。只有经历风雨，才能看到最美的彩虹，才会收获有价值的体验与成功。我们应该勇往直前，为"无限风光在险峰"的胜利而不畏艰险、勇敢攀登！

## 把握现在，成就未来

林清玄先生曾经说："当我们活在当下的那一刻，才能斩断过去的忧愁和未来的恐惧，当我们斩断过去的忧愁和未来的恐惧，才可以得到真正的自由。"对过往耿耿于怀，对已有的成绩念念不忘，放任当下而不作为，是懦弱的表现。因为不敢面对现在，把一切都推到遥不可知的未来与不可挽回的过往，是逃避现实。我们真正应该做的其实是把握当下。

一分耕耘，一分收获。我们只有好好珍惜当下，努力学习，不虚度光阴，才能让自己变得更优秀，让生活更加灿烂。星光不问赶路人，时光不负有心人。愿有朝一日，我们回首往事，不会因碌碌无为而悔恨，亦不会因敷衍了事而遗憾。

# 博观而约取　厚积而薄发

西南医科大学◆李源

---

> 李源，汉族，中共党员，西南医科大学心血管医学研究所2020级硕士研究生。获研究生国家奖学金、研究生一等学业奖学金、四川省优秀毕业生、校级优秀学生干部等荣誉。聚焦于心血管医学领域，先后以第一作者身份发表SCI论文2篇，参与发表SCI论文4篇，累计影响因子达22.24。作为排名第二的主研人员的研究项目获批四川省科技创新苗子工程项目。在第39届国际生理科学联合会大会（IUPS 2022）、第十三届海峡两岸心血管科学研讨会暨第七届中国酒城国际心血管医学学术会议等学术会议投稿并展出学术壁报。

## 志高扬帆起，执着求知路

"古之学者必有师，师者，所以传道授业解惑也。"2020年，我很荣幸作为一名研究生进入西南医科大学心血管医学研究所教育部重点实验室继续深造。进入实验室伊始，我就对所里徐清波/杨艳课题组有了一定的了解，希望跟随课题组的老师在科研学术方面取得成果。在过去两年多的时间里，我从初出茅庐的科研"小白"逐渐成长为一个能够独立思考的合格的硕士研究生。在整个过程中，由衷地感谢课题组各位老师，特别是导师李鹏云教授的谆谆教导，以及实验室同伴们的无私帮助。

初进实验室，我一方面广泛阅读研究领域的相关文献，了解国内外课题研究现状；另一方面在李老师的指导以及课题组师兄师姐的帮助下，熟练掌握很多实验技能和科研本领。这为我今后的科学研究奠定了扎实的基础。从谱系示踪小鼠模型构建到基因小鼠繁殖鉴定和实验动物心血管疾病模型的构建，再到微血管功能的检测技术的突破，需要日复一日的练习，更需要一次次失败后的不断思考。就这样，每次进步一点点，日积月累。我深知"九层之台，起于垒土；千里之行，始于足下"的道理，也明白所有这些经历都为我接下来的研究生阶段的科研学习打下基础。

## 唯有热爱，可抵岁月漫长

科研的道路从来不是一帆风顺的。课题进行过程中，动物疾病模型的过大个体差异性、实验结果的不可重复性、医学统计学分析的局限性等问题曾给我带来很大的困扰。尽管有如此困扰，但在老师的指导下，经过深入广泛地查阅文献，我最终还是收集并提取出了有用信息，找到了寻找创新点的方法。为了得到大家的帮助，我在每一次组会上，都与课题组的老师和同学认真地进行讨论。在这个过程中，我受到了很多启发：一是切忌关起门搞科研，坚决不能自己闭门造车；二是要想成为一名合格的研究生，一定要学会独立思考，尽可能多地阅读文献；三是多总结、多规划，及时对当前工作进行全面总结，在实验中做好详细的记录，分析实验失败或者成功的原因。这样才能少走弯路，逐渐进步。

在 2022 年上半年，我所负责的一项课题进入收尾阶段，我便开始了论文的撰写工作。因为是初次撰写英文学术论文，如何将理论准确具体地转化为成熟的学术语言，是我面临的一个困难。我撰写的论文初稿存在语言不够简练、过于口语化等问题，李老师便针对这些问题对我进行了耐心的指导。我逐渐明白了研究性论文写作中需要注意的地方。在后续论文的返修中，李老师还告诉我回复审稿人意见的技巧。经过逐字逐句的打磨，我发表了第一篇论文。只要坚持，就会成功。经过不懈努力，我的研究取得了可喜的成果。截至 2023 年 3 月，我以第一作者身份发表了 2 篇 SCI 论文，参与发表 4 篇 SCI 论文；团队的项目获批四川省科技创新苗子工程项目，我是排名第二的主研人员。

## 一名党员，就是一面旗帜

共产党员不是"荣誉称号"，它代表着责任和义务，意味着辛勤和付出。作为一名中共党员、学生干部，我积极响应号召，在心血管医学研究所负责学生工作的老师的指导下参加了学校所在社区和学校的新冠肺炎疫情防控工作。我参与组建心血管医学研究所"党员先锋"志愿服务队，保障疫情期间研究所安全与正常运行。作为心血管医学研究所2020级班长，我积极配合学校、研究所疫情防控工作，及时收集、汇总班级人员信息。

在两年多的研究生生涯里，我始终相信"一分耕耘、一分收获"。其间，我获得了四川省优秀毕业生、校级优秀学生干部、心血管医学研究所党支部优秀党员等荣誉称号。

习近平总书记说过："要保持历史耐心和战略定力，以功成不必在我的精神境界和功成必定有我的历史担当，既要谋划长远，又要干在当下，一张蓝图绘到底。"短时间内，付出可能没有回报，但是通过不断的努力与坚持，量变的积累终会转变为质变，成功终将到来，这便是我秉持的"博观而约取，厚积而薄发"的理念。今后，我会继续用自己的实际行动践行铮铮誓言，为党旗添上一抹亮丽的红色。

# 不负热爱　心有期待

川北医学院◆谭颜沩

> 谭颜沩，汉族，中共预备党员，川北医学院护理学专业 2020 级硕士研究生。获国家奖学金、研究生一等学业奖学金、研究生昌华奖学金、校长一等奖学金、四川省大学生综合素质 A 级证书。获四川省优秀毕业生、南充市十大双创新锐等荣誉称号。获中华护理学会学生工作委员会创新创业论坛四川省第二名、四川省第八届大学生艺术展演活动器乐类二等奖等奖项。申请国家实用新型专利 2 项，以第一主研人身份申报厅局级课题 2 项，发表论文 4 篇；参加中华护理学会壁报交流 2 次。

热爱是支撑追梦人穿越荆棘、跨越山海的"源动力"，是激励追梦人强大自我、升华人格的"催化剂"。小时候当被问及梦想，我的回答是同大多数小朋友一样的："科学家！"此后成长，一路求学，我选择了实现"科学家"梦想的近路，在努力成为一名白衣天使的过程中不断丰盈自己，逐渐认识到科学家们的创新伟力其实源于他们对世界的热爱。

## 树立理想，坚定热爱

理想信念是重要的精神支柱。有理想才能树立信心、增强勇气，并推动我坚定不移地向目标前进。幼时的我曾经历父亲因病情危重入院治疗。看着平日为家里撑起一片天的父亲孤零零地躺在病床上难受的样子，我便暗下决心以后一定要成为一名医护工作者，为身边人、为患者守护健康、祛除病痛。

还记得在新冠肺炎疫情的起始阶段，我正在医院的重症医学科轮转。在新闻首次报道新冠肺炎之后的那天早晨交班，我清晰记得科室主任和科护士长对大家说的话："这次的肺炎和 2003 年的'非典'有很多相似之处。虽然大家对新出现肺炎的传染性、病理机制、治疗方案、感染后的情况都不了解，但照目前的趋势，情况不是特别好，我们要随时做好去支援的准备。我知道大家心里都很害怕，但需要我们的时候就是现在。大家时刻做好准备，只要通知下来，我们就去支援。"看着平日一起工作的老师们无怨无悔，义无反顾地请战向前，昼夜奋战一线，我的心被深深震撼。受重症医学科老师们的影响，之后在确定研究生研究方向时，我毅然决然地选择了急危重症护理学方向。

## 强基固本，奔赴热爱

"树高千尺，其根必深。"怀着对职业的热爱和专业精进的渴求，毕业那年我报考了研究生，并顺利进入川北医学院攻读护理学硕士。在导师的指导下，我开始了急危重症护理学方向的学习与研究。对护理学专业硕士研究生而言，临床实践至关重要。在轮转期间，我掌握了轮转科室常见病的护理、基础护理操作以及专科护理操作。同时，我也时常会观察、发现一些问题。例如，在呼吸与危重症医学科轮转时，我注意到呼吸机管路中收集管路冷凝水的集水杯因悬放于床旁，容易因家属的来往而摇晃，导致冷凝水倒流回管路。研究表明，这是呼吸机相关性肺炎发生的原因之一。为解决这一问题，我设计了一款小巧、不占床旁空间的集水杯固定装置，有效防止冷凝水倒流，降低呼吸机相关性肺炎的发生率。此固定装置已获得实用新型专利授权，并在南充市十大双创新锐选拔赛中受到关注。在轮转 ICU 时，我发现部分病人的精神状态不是特别好。经查阅文献，我发现有很大一部分的 ICU 患者会在 ICU 住院期间发生谵妄，而家属的陪伴可以有效降低谵妄的发生率。在医工结合的大背景下，我设想出了一种新的探视模式，即在进行探访时，患者与家属均戴上 VR 眼镜。VR 眼镜会给患者提供逼真的具有立体感的家属图像，还能进行实时语音系统通话。这能在一定程度上减轻患者及其家属焦虑、抑郁的情绪，降低患者如谵妄、创伤后应激障碍等 ICU 综合征的发生，进而缩短住院时间，减少病死率。我和我课题组的同学用这个创意去参加学校第八届"互联网＋"大学生创新创业大赛，获得了金奖。后续我们还设计了一套与这个项目有关的重症监护室探视系统，目前正在申请软件著作权。"行之力则知愈进，知之深则行愈达"，正是这样的信念让我在学习和工作中不断检验自己的所学、所思，也让我逐渐走上护理科研之路。

在研究生会工作期间，我逐渐养成了"复盘"的习惯。工作上有缺点、有遗憾不可怕，可怕的是没意识到或者是意识到了仍旧不改。人要在自省中不断成长，就像海涅所说："反思是一面镜子，它能将我们的错误清清楚楚地照出来，使我们有改进的机会。"深刻地认识自己，能让我们在奋力奔跑时不忘方向，在追逐梦想的路上释放出无限可能。

## 不忘初心，不负热爱

在研究生阶段的两年多时间里，我始终牢记自己学护理的初衷，以及期望成为何种护理人。为实现理想，努力成为优秀青年，我从未让自己闲下来，几乎总是在同一时间段内处理两到三件事情。例如，在参加四川省护理学会科普大赛前一天晚上，我连夜制作了中华护理学会学生工作委员会创新创业论坛比赛的项目介绍视频；在去参加学术会议的高铁上，修改比赛项目书和展示课件；在准备医院青年教师讲课比赛的同时，撰写项目申请书。这两年来，熬夜似乎已成为我的常态。尽管时而感到疲惫，但我深知，当下的努力和付出正为未来的自己做着积累与沉淀，是成为优秀医护工作者的必经之路，必须坚定地向前。

习近平总书记曾对青年人寄语："广大青年要坚定不移听党话、跟党走，怀抱梦想又脚踏实地，敢想敢为又善作善成，立志做有理想、敢担当、能吃苦、肯奋斗的新时代好青年。"未来，我将依照习近平总书记的指引，与同行共享最新的护理知识和技能，弘扬护理的职业价值观，运用自身的专业知识和技能为更多人带来健康和希望。我深信，凭借自己的努力，我能影响并感染更多的人，让他们认识到护理事业的重要性。不负热爱，满怀期待，我将持续努力为患者的健康和幸福，为祖国医疗卫生事业的蓬勃发展贡献力量！

# 科研报国　矢志初心

成都大学◆申玥

> 申玥，汉族，中共党员，成都大学药学院生药学专业 2020 级硕士研究生。获研究生国家奖学金、研究生学业奖学金、四川省优秀毕业生，校级优秀学生干部、优秀研究生，2021 年江苏省研究生"创新与服务"学术论坛优秀论文摘要三等奖等荣誉。专注学术科研，围绕天然药物和中药创新药物研发、药效物质基础及作用机制开展研究，作为主研人员参与国家自然科学基金面上项目等科研项目 4 项，发表中科院一区/二区 SCI 论文 7 篇，其中以第一作者身份发表 SCI 论文 4 篇，论文累计影响因子超过 35 分。主动服务同学，任 2020 级生药学专业硕士班长，带领班级获得学院研究生学术论坛团队三等奖。

作为药学院的一名学生，我始终牢记习近平总书记关于"推进健康中国建设"和"科技自强自立"的号召。所以，"把论文写在祖国大地上"、以科技的力量为祖国人民身体健康保驾护航，成为我报效祖国与人民的梦想起点。

## 立志学药，为国为民

选择药学这条路，源于一场变故。2015 年，父亲被诊断出患有类风湿性关节炎。因为没有特效药，父亲经常被这种"不死的癌症"折磨得苦不堪言。痛在父亲身上，也疼在女儿心里。高考填报志愿时，我毅然选择了药学专业，期待有朝一日学有所成，帮助父亲缓解病痛。进入成都大学后，随着对药学专业知识的深入学习，我了解到我国约有 500 万人患有类风湿性关节炎，致残率高达 60%，长期的治疗让部分患者和家庭难以承受。这更让我坚定了走药物研发、护佑生命健康这条道路的决心，不仅为父亲，更为中国患者乃至全球患者提供我们中国的"天然药物"。

七年来，我努力练好专业理论基本功，积极实践，主动参与和承担各项科研任务，做到理论与实践结合、学习与研究融合。得益于成都大学为青年学生科学研究营造的良好氛围、提供的高水平平台，大学二年级的时候我便进入了导师的实验室，开展以类风湿性关节炎为切入点的天然药物研发。药物研发是一条曲折、艰难的道路，不仅要有强健的体魄来面对经常性的通宵达旦，还要有强大的心脏来承受无数次实验结果不理想的挫败与煎熬。但一路走来，父亲"愿以身试药"的亲切鼓励、老师"不怕推倒重来"的悉心指导、团队"你可以，你能行"的有力支持给了我无穷的力量。历经这几年的反复设计和实验，在导师的指导下，我终于筛选出 3 个效果好、价格低、毒性小的抗类风湿性关节炎的天然药物，有望丰富新药化合物库，被应用于临床。我非常希望自己所做的这一切能减轻经济困难患者的用药负担，也能为成都深入践行"人民城市人民建"重要理念、推进健康中国建设奉献点滴微光。

## 勤学善研　笃行不怠

大二加入导师的课题组后，我便开启了"学习－科研－活动"的忙碌生活。在繁重的课业与实验、细碎的学生会工作的双重压力下，我努力做好时间管理，见缝插针地利用课余时间阅读了数百篇英文文献，并认真梳理、凝练形成综述论文。在导师的指导和鼓励下，我反复修改论文初稿百余遍后，向相关期刊提交了 2 万余字的、我的第一篇 SCI 综述论文，并最终成功发表。与此同时，对各门课程的学习我也没有丝毫放松，以优异的学年平均成绩和综合表现获得了大二学年的本科生特等奖学金。

我欣喜于这些点滴的积累和小小的成绩，决定要勤学善研、笃行不怠，继续攻读硕士研究生，做天然药物和中药创新药物研发工作。

经过认真备考，我以初试和复试双第一的成绩考入成都大学药学院生药学专业。研究生阶段，我的大部分时间都在实验室度过。做实验要求非常有条理，做好时间管理。每天晚上我都会列一份清单,写上第二天上午、下午、晚上的实验安排,每当完成一件事,便画一个"√"。这份清单给我动力按照计划一点一点完成任务,当"销账"后成就感满满。药学专业被称为"理科中的文科专业",需要记忆的内容非常多。因此,我在日常的学习过程中极为注重使用"费曼学习法",即以教代学的方法,把自己接收到的知识,以教别人的方式进行输出。我经常跟学弟学妹、同学舍友交流近期所学,在输出前加强自身理解,输出时加强记忆,输出后查漏补缺。长此以往,不仅每天所学的知识得以巩固,我也在与他人的交流中感受到了携手共进的乐趣。

## 越挫越勇　砥砺前行

从什么都不懂的科研"小白"到发表 7 篇 SCI 论文其中 4 篇均为一作的科研药学人,我一路走来在学习上遇到过很多挫折。比如,通宵实验后得不到理想的实验数据,费尽心思写出来的论文迟迟不过审……这都是科研中经常会遇到的问题。每到这些时候,导师会非常耐心地安慰我,帮我从头梳理思路、调整实验方案;同学朋友会鼓励我,陪着我一遍一遍重做实验寻找答案;学校也经常组织开展学术交流活动,帮助我们拓宽视野、寻找到新的科研思路。这些强大的支持,让我有了足够的勇气克服暂时的困难和挫折,在科研的道路上越挫越勇。

作为青年大学生,我们生逢其时。无论科研之路有多艰难,自信和坚持永远是我的法宝。未来,我也会继续以"做好药,让老百姓更健康"为使命,以十年磨一剑的信念读博深造、砥砺前行,在天然药物研发领域探索创新、勇攀高峰。

# 本科篇

# 逆流而上　直博北大

四川农业大学◆康玉

> 康玉，汉族，中共党员，四川农业大学生命科学学院生物工程专业2019级本科生。获国家奖学金、国家励志奖学金、四川省优秀大学毕业生、四川省大学生综合素质A级证书等荣誉；获全国大学生生命科学竞赛（2022，科学探究类）四川赛区竞赛暨四川省大学生"生命之星"科技竞赛三等奖、2021年"德康杯"四川省大学生生物与环境科技创新大赛二等奖。主持完成校级科研项目。现已保送至北京大学。

我叫康玉，来自四川省广元市的一个贫困农村。从村小学、县中学，再到川农大，我始终勤奋学习，奋起直追，最终走出大山，保研至北京大学！

## 艰辛雕璞玉，千火炼明星

我出生于四川省广元市旺苍县的一个小山村，挖田种地、牧牛割草、翻山砍柴便是我童年生活的全部。从只学语文和数学的分水村小学，到五年级时进入三江镇小学第一次学英语，再到后来努力考入县城里的中学，我始终怀揣着"走出大山"的梦想，寒窗苦读十余载。

高三毕业时，我将录取线高于我高考分数的四川农业大学作为第一志愿，通过为贫困地区设置的国家专项计划，有幸被四川农业大学录取。

从那个落后的大山里走出的我，在刚入大学时明显落后于同专业其他以高分考入的同学。专业课程的学习多次遇到瓶颈，平时作业屡屡犯错，英语等级考试2次未过，竞选班委2次落选……所幸曾经那些艰辛坎坷的求学经历涵养了我永不言败的精神。我深刻地认识到自身与他人的差距，虽然这给了我压力，但也为我带来了源源不断的动力，让我从入学起便有了奋力追赶的方向。我从未气馁，而是选择用汗水努力开辟前行的道路，并制订了一系列计划，包括长远规划、每周计划以及每日计划，给自己定下在当时几乎无法实现的目标——争做第一。

## 心怀壮志云，身向挑战营

大学四年，我用加倍的努力来诠释逐梦之路的奋斗不息。自律与坚持这两个词语概括了我的大学生活。我见过老板山染上四季颜色的清晨，也见过校园里每个宁静的夜晚。学习上，我坚持每堂课坐在第一排，保证最高效率地听课，课堂笔记至少整理3遍；坚持每天去图书馆，周末全天学习，保证每周自习时长至少60个小时；坚持每天至少花3个小时学习英语，保证每本专业课程教材通读不下10遍，借助写得密密麻麻的课堂笔记和堆叠成卷的思维导图，争分夺秒地填补知识和思维的漏洞，力争做到万无一失……一串串数字组成了我的大学生活，让我在次次考试中游刃有余。它们也汇聚成一项项奖赏与殊荣。

最终，我多门课程取得满分，学年必修成绩达到96.77分！从刚入学时的垫底，到大一排名专业第十一，再到如今学年必修课加权平均成绩全院第一，并以综合排名全院第一的成绩获得北京大学现代农学院直博的资格。同时，我分别以577分和551分通过英语四六级考试，获得全国大学生英语翻译大赛省级三等奖，并连续两年荣获国家奖学金。回望我的学习生涯，曾经成绩"垫底"的学生逐渐成长为超越自我的"优秀学生标兵"，我深刻明白"努力终会有回报"。

大一下学期，我作为没有任何科研经验的"小白"加入了生物信息学方向的实验室。对于没有电脑编程基础的我来说，感受到的是无助与失落。然而，我决心改变现状，不断请教师兄师姐，稳步提升。自此以后，我更是全心全意地深度钻研。大二期间，我利用暑假参与清华大学低维量子物理国家重点实验室暑期学校，又自主在四川大学生物治疗国家重点实验室学习研讨，拓展科研知识的深度与广度。大三，我顺利完成北京脑科学与类脑研究中心冬令营。在一次又一次挑战自我的尝试与实践中，我进一步了解了学科前沿，找到了自己的航向。

现在的我，已从无任何科研基础的新手，转变为科研兴趣项目负责人，带队获得了全国大学生生命科学竞赛（2022，科学探究类）四川赛区竞赛暨四川省大学生"生命之星"科技竞赛三等奖、2021年"德康杯"四川省大学生生物与环境科技创新大赛二等奖等奖项。正是因为孜孜不倦的学习态度和持之以恒的心态，我在科研上夯实了基础，取得了显著的进步，逐渐得心应手，成为导师眼中合格的科研项目负责人。

## 难忘过往情，展望逐梦路

直博北大光环的背后也有不为人知的困难与挫折，有幸一路走来我收获了无数的帮助与支持。在成长的过程中，父母的关怀与支持给予了我爱与温暖。我的父亲是工人，我的母亲是农民，我见过父亲独自扛起货物时的汗水，也见过烈日下母亲在田间劳作的身影。他们用爱与关怀指引着我成长，让我学会了成熟与稳重、责任与担当！在追梦的道路上，老师们的帮助与鼓励让我充满信心、坚持不懈。任课老师教会我专业相关知识，实验室导师带领我进行科学研究，学院的领导、老师指导我参与比赛、活动……老师们的无数句鼓励之言，如同明灯指引我走向塔尖，并将带领我攀上更高的阶梯！努力也终将有回报，是成千上万篇的课堂笔记，是早出暮归的刻苦钻研，是坚持不懈的勇敢尝试，更是日日夜夜的全力以赴成就了现在的我。

星光不问赶路人，时光不负有心人。四年来，这些点滴成绩正是我奋斗的缩影。它们见证了一个山沟里未见过世间繁华的孩童，逐渐成长为心中充满激情与梦想的少年；见证了那个曾经高考成绩落后同专业一百余人的"垫底"学生，成为直博北大的"优秀学生标兵"。这些经历让我明白，一定要勇敢地去追求梦想，不管结果如何，只要坚持做下去，做到最好，一切皆有可能。

从村小到县里的中学，再从川农大到直博北大，这一路的经历好似让我与大山的距离越来越远了，可我的心始终与大山紧密相连。"走出大山不是为了逃离大山，而是为了回报大山。"我选择了北京大学现代农学院，因为深知努力读书不是为了逃离大山，而是为了成为更优秀的自己，去回报那座生我养我的大山！我将努力用所学的农业生物学知识，去滋养我的大山，帮助我的乡亲，为促进家乡农业发展而不懈奋斗！大山有雄壮的风采，也有朴素的品格。也正是大山的雄壮与朴素造就了

我不屈的灵魂与感恩的心。"穷且益坚，不坠青云之志。"对未来充满希望，对世界心生向往，我将继续奋斗，让自己的求学之路越走越宽，让我的脚步愈加铿锵有力！

# 十年乒乓路　一生追梦人

四川农业大学◆张冉

> 张冉，女，汉族，2000年8月生，中共党员，四川农业大学园艺学院园艺专业2019级本科生。曾获国家奖学金、优秀学生奖学金；获第七届中国国际"互联网+"大学生创新创业大赛铜奖；获四川省大学生综合素质A级证书，四川省优秀毕业生，校级优秀学生标兵、优秀学生干部、优秀共青团员等荣誉。以共同作者身份发表SCI论文6篇（累计影响因子32.74）；授权发明专利1项；主持省级大学生创新创业训练计划项目1项。现已保送至上海交通大学。

我曾为一名专业乒乓球运动员，突如其来的腰伤断送了我作为乒乓球运动员的职业生涯，但这段独特的经历和执着的热爱已深深融入我的人生轨迹。我是一个不向命运低头的女孩，秉承顽强拼搏、永不言败的乒乓球精神，努力学习，顺利考入四川农业大学，用另一种方式重新开始追逐我的梦想。

## 小球撬动梦想之门

我的童年是在日复一日的刻苦训练中度过的。从小体弱多病的我在四岁那年被父母送往了家乡的乒乓球队练习。我与乒乓球的故事就此开始了。2006年，年仅六岁的我第一次参加市乒乓球运动会，获得了女子单打第三名。在人们都很惊讶一个连球台都够不到的小女孩竟然能够获奖的时候，我第一次体会到了努力获得荣誉的自豪感，自此便暗暗埋下了梦想的种子——成为一名职业乒乓球运动员。2008年，我幸运地被专业队教练选中，只身前往成都市集训队进行系统训练。每天十小时以上的训练强度让我有些吃不消，汗水浸湿了每一件衣服，但我为了梦想咬牙坚持。渐渐地，我从队内排名倒数到名列前茅，日复一日的刻苦训练有了成果。2010年，我成功进入了专业队，正式开启职业生涯。我一路披荆斩棘，先后获得市运会女单第一名、省锦标赛女单第三名、国际乒联青少年巡回赛（成都站）女双第七名等诸多荣誉。

然而，正当我在赛场上意气风发之时，命运与我开了一个玩笑。2014年，一次训练时的意外腰伤将我的梦想击破。我每天忍痛训练，排名仍日渐落后，让我明白自己的运动员之梦已无缘再续，三千多个日夜的练习变为泡影。不过，父母的不断鼓励和不轻言放弃的乒乓球精神让我有勇气从头再来。

## 小球撬动知识之光

2019年，我成功考入了四川农业大学园艺专业。我将乒乓球作为自己的爱好来发展，并加入了校队，大学期间多次获得校内各项乒乓球比赛的第一名。2022年末，我代表学校出战四川省大学生乒乓球运动会，与队友一同收获了省级奖项20余项。我认为优秀的学生应当德智体美劳全面发展，因此，便通过参加学生工作来丰富自己的课余生活，先后承担了7项学生干部工作。其中最令我难忘的是担任枣子团队视觉部部长的经历。2020年，我和团队一同主创了毕业MV《起风了——盛夏》。该作品被人民日报、学习强国、网易新闻等多家知名媒体转载，全平台播放量突破500万。其余作品参加四川省大学生新媒体创意大赛，斩获国家级奖励2项、省级奖励4项。在这份经历中，我不仅学习到了视频拍摄、视频剪辑等各项技能，还用相机记录下了川农故事。

回忆起初遇川农时，我一度因为高考失利而心有遗憾，但就是这股不服输的劲儿，促使我积极调整心态，认真投入学习。在"高手如云"的园艺专业里，我凭借不放弃每一分的干劲，必修课成绩一路从全年级第八名拼到了第三名。我过着教室、实验室、办公室三点一线的生活。在那里，总能找到我埋头苦读的身影。三年来，我成功获得国家奖学金、四川省优秀大学毕业生、校级优秀学生标兵等荣誉30余项。

## 小球撬动创新之路

大一时，在班主任老师的引导下，我加入了科研兴趣计划小组，跟着师兄师姐开展一些简单的实验。从实验数据到获得结果，不断地重复同一套操作，这看似枯燥，但其实每一个细节都能决定数据的准确性，也让我体会到了科研的"乐趣"——不断探索。一颗带有"园艺梦"的种子也就此发芽。于是，我申请加入实验室，跟进课题组的部分实验。正所谓"万事开头难"，在大一下学期时，我开始准备撰写第一篇共同一作的论文。在这个过程中，我屡屡遭遇障碍：复杂难懂的英文术语、初次接触的专业理论、生疏烦琐的实验操作、被迫调整的生活作息……但我终究是凭借不服输的干劲，将这些障碍一一攻破，成功发表了一篇三区的SCI论文。

走在这充满重重考验的科研路上，我从未想过放弃，专业术语看不懂就多读文献积累，操作生疏就多进实验室，实验失败就从头再来。一遍又一遍的经验总结与积累让我内心更加坚定。在大学期间，我前前后后参与发表了多篇SCI论文，其中两篇以第一作者身份发表。还记得参加上海交通大学夏令营面试之时，老师问我凭什么能够抗住直博的压力，我毫不犹豫地回答："我有十年的专业乒乓球运动员的经历，它教会了我毅力与坚持……"也正是因为本科期间较为优秀的研究经历与对园艺的热爱，我在夏令营面试中得到了老师的青睐，给出了接近满分的面试成绩，成功获得了"优秀营员"的称号，与马龙、樊振东等乒乓球世界冠军成为校友。我凭借不断努力，用另一种方式在上海交大圆了我的"乒乓梦"。

感恩十年乒乓路，造就了努力追梦的我。上海是我十年前第一次代表四川省出战乒乓球全国比赛的地方，虽然当时没有拿到好成绩，但是我希望在十年后怀揣三农情怀回到上海，能够通过自己的拼搏，带着川农人的"牛"精神，在另一个方面取得佳绩，为校争光。

# 但行好事　无问西东

西南石油大学◆巴金宇

> 巴金宇，男，汉族，中共党员，西南石油大学电气信息学院电气工程及其自动化专业2019级本科生。获国家奖学金、第五届感恩中国近现代科学家奖学金、优秀学生一等奖学金、四川省大学生综合素质A级证书；获校级优秀团干部、三好学生等荣誉称号，参与家乡抗洪和抗疫工作获"优秀青年志愿者"称号；获中国高校智能机器人创意大赛一等奖、全国大学生电子设计竞赛二等奖、四川省"互联网+"大学生创新创业大赛铜奖、第十六届"挑战杯"四川省大学生课外学术科技作品竞赛红色专项活动二等奖。以第一作者身份授权实用新型专利3项，参与校级重点科研项目"办公大楼自主引导机器人"立项并结题。现已保送至四川大学。

弹指间，与父母挥手道别的场面仍旧历历在目，步入西南石油大学已经四年。我生于一个平凡的"石油"家庭，祖辈父辈均为国家石油行业奉献出自己的无悔青春和全部力量。他们的谆谆教诲和实际行动化为无形的家风，潜移默化地感染着我，梦想很早就在年幼的我的心里生根发芽。我想接过他们手中的接力棒，去谱写第三代石油人的新篇章，也因此迈入了西南石油大学。梦想转化为不竭的动力，岁月辗转成歌，时光流逝如水。四年时光里，汗与泪、苦与乐、勤与专交织成一个严谨求是、刻苦专攻的茧，细密地包裹并保护着亟待破茧而出的我。

## 青春惜光阴　笔墨心中沉

"差之毫厘，谬以千里。"自幼父亲便总用这句话告诫粗心大意的我，而这句话也让我对待学习和科研始终保持严谨踏实、专注认真的态度。当今时代，随处可见一个"快"字，知识更新不断加快，新技术新模式层出不穷，这既为我们施展才华、竞展风采提供了广阔舞台，也对我们的能力素质提出了新的更高的要求。而与之相反的"慢"字才是我的处事风格。初入大学的我发现自己在课堂学习中有些吃力，英语词汇量、口语水平以及各项科研竞赛应赛能力远远落后。同时，我也知道，理科的知识是一张网，每个科目看似独立实则有着千丝万缕的联系，或许一个环节的偷工减料就会导致整个知识网络的崩溃，容不得半点"谬误"。苦恼难解，我转而向父母和老师寻求帮助，但收获的回答基本相似——慢慢来。我重新给自己加油打气，开始从最基础的部分入手。一本六级词汇成了我比手机还亲密的助手；课本上的课后习题被不同颜色的笔记密密麻麻地圈点批注；预习、复习、框架梳理环环相扣；每天早上六点半离开寝室开始学习，风雨无阻；为了解决学习中的困惑，我抓住课前课后的间隙跑到讲台前请教老师……这样的习惯保持了四年，也使得我的成绩排名稳稳地停留在年级前列。

## 青春需奋斗　传承与创新

我深知"书本里面长不出水稻"，便到实验室老师面前毛遂自荐开始了科研创新之路。初入实验室，我总是向硕果累累的师兄师姐投去羡慕的目光，几乎听不懂他们的交谈，更不用说加入讨论，提出自己的观点。虽然动手操作能力差劲，练习板上的焊点歪歪扭扭，编程逻辑混乱，代码漏洞重重，但我有从零开始的勇气，也希望传承师兄师姐的科研精神。我在暑假申请留校，不断练习贴片元件的焊接以及硬件模型的电路设计组装，哪怕双手被焊锡和元件磨得伤痕累累仍然活力满满，能拿着焊枪不断调整元件的摆放位置和连线方式直到深夜。我摒弃功利心，用努力等待着一个厚积薄发的契机；不因每天都会上演的失败而焦虑，而是有条不紊、循序渐进。

大三下学期，在积累了参与的大大小小比赛的经验后，我选择勇挑大梁，作为队长带队参加中国高校智能机器人创意大赛。我和队友彻夜畅谈灵感，反复查看历届优秀作品，通过网络平台进行自学。从一窍不通到设计建模再到出图，是我们奋斗了无数个日夜的结果。模型被反复否决，比赛陷入僵局，老师一语点醒了埋头苦干却原地踏步的我们。指导老师说：创新需要结合实际、结合市场，而不是仅凭想象。找到症结后我便拿起本子进行市场调研，询问大家对智能家居的看法，了解大家对于市场的需求和价格的预期。知识与灵感交融，传承与创新结合，在比赛过程中我们成功申报多项实用新型专利，最终收获了中国高校智能机器人创意大赛一等奖的好成绩。

## 青春担使命　筑牢信仰基

家中长辈均为党员，自小照顾我的爷爷更是一名退伍老兵，转业后就一直在大庆油田工作。爷爷每天哼唱着的那首《打靶归来》是我最熟悉的歌曲。大学入学时，我在国旗下喊出的校训，也让我坚定了目标——成为一名优秀的中共党员。因此，我进入校团委学习工作，担任西南石油大学团委学生副书记期间组织策划主题团课、小精华团会等多项活动；完成近千份"两红两优"评选文件的整理审核校对工作，将3万名团员的团费收缴工作做到分毫不差。我还与志同道合的伙伴参与"挑战杯"全国大学生课外学术科技作品竞赛"红色专项"竞赛，一起重走长征路学习长征精神。我们沿途探访长征路上的脱贫攻坚事迹，走过泸定甘孜。我们穿着红色的志愿者队服，认真倾听当地人对于长征精神的感悟。从无数个家庭里听到的对于精准扶贫政策的感恩和对祖国的热爱，也更加坚定了我作为党员回馈社会、服务社会的信念。

2021年，我的家乡遭遇暴雨洪涝灾害，无数家庭受灾。身处校园参与科研的我心急如焚，立马加紧研究进度，快速结题后回到家乡，加入志愿者队伍，参与后期服务保障工作，并前往灾情严重地区。同时，我发动全家，用自家为数不多的食物做出热腾腾的饭菜送给忙碌的消防救援人员。我的肩头扛起一箱箱物资，双手磨出一个个水泡，衣服更是被汗水一次次浸透。洪水过后，新冠肺炎疫情反复，我毫不停歇地加入疫情防控队伍，一天站岗近14小时。志愿服务虽然辛苦，但使我变得更加优秀。通过志愿服务我深刻理解了中国人民的无私奉献精神和中国青年的使命担当。

道阻且长，行则将至；行而不辍，未来可期。一路走来，我的本科时光是平凡的，却也是坚韧的。是初心在不断地推动我；是使命让我有了永不言败的勇气。中国青年的肩上不仅有清风朗月，更有家国担当。我想接过祖辈父辈的接力棒，成为一名优秀的共产党员、一名为国所用的电气工程人才，让个人价值在为学校、为社会、为祖国的奉献中焕发出更加绚丽的光彩！

# 手握命运　泥塑人生

成都理工大学◆刘桂莹

> 刘桂莹，汉族，中共预备党员，成都理工大学能源学院资源勘查工程专业2019级本科生。获国家奖学金、国家励志奖学金、校级一等奖学金、四川省大学生综合素质A级证书；多次获得"互联网+"大学生创新创业大赛金奖及"挑战杯"大学生创业计划竞赛金奖。专注于学术研究，围绕矿物的智能化识别技术开展研究，主持1项国家级项目，发表SCI论文及中文核心论文2篇，并取得软件著作权。

20多年前，刚满月的我在"抓周"时绕过了算盘、首饰、玩具，径直抓起了地上的一块小泥巴。当时，家里的长辈们都百思不得其解，不知这一行为背后的寓意。后来，我紧紧抓住被称为"命运"的"小泥巴"，立志做一个"塑泥人"，用勤奋、努力改变自己的命运。

## 一路坎坷，以身为光

二十三载光阴，如白驹过隙。一路坎坷，陪伴的人来了又走，如今我孤身前行，小泥巴终于塑造成形，跌跌撞撞成长为今天的模样。

我幼年丧父，病弱的母亲用尽全力拉扯我长大。长大的路太长太长，耗尽了母亲微弱的光亮。贫穷，是我与母亲携手而行的路上最大的绊脚石。父亲走后，生活的重担全落在了母亲肩上。幼时，我看到母亲为了生计起早贪黑；少年时，从母亲如枯枝般瘦削的手中拿走学费……"贫穷"二字于我一直具体而真实。好在，我的学习成绩一直不错，通过高考改变我与母亲的命运，仿佛远处的一道光，支撑着我与母亲在细碎艰难的生活里前行。

十八成年，高考在即，当我以为一切都将苦尽甘来之时，命运之轮骤然转动，带走了我最重要的人——母亲。我不禁怀疑，人生这条路，孤身一人我该如何继续？但当接到大学录取通知书的那一刻，我终于明白：耐过残雪，便无须蛰伏；落尽寒梅，当企盼新春。如果路途黑暗无光，那便燃烧自己，让自己成为黑暗中的那道光。我也要让母亲知道那团微小的"泥巴"，开始长成雏形，能够行走在这光明人间。

## 蜉蝣之躯，不负时光

你见过蜉蝣吗？在平静的湖面上舞动，时而静止，时而跳跃，多年潜伏后将毕生的能量于一刻释放穷尽。虽朝生暮死，但那短暂的美丽却给人以惊心动魄。

步入大学校园，一切有了新的开始。有人说大学是一本书，如今我有幸能阅读这本书。大学给我展现了一个与众不同的世界。这里有浓郁的学习氛围和无限盎然的生机，有丰富多彩的社团活动，也有纯洁可靠的同窗之谊。在这里，我找到了为之奋斗一生的人生方向，习得了为人处世的态度与能力，焕发属于青春的蓬勃气息。

"为学应须毕生力，攀登贵在少年时。"大学四年的时光，我未曾浪费，努力成长为德智体美劳全面发展的新时代大学生。思想上，我坚决拥护党的领导，已经发展成一名光荣的中共预备党员；学习上，毫不懈怠，奋勇向前，无论是专业课程成绩还是综合测评成绩，均位列前茅；文体活动上，从主持、辩论、演讲到运动、跳舞、乐器，我努力在每一个舞台上绽放自己，闪耀我的青春光芒。

母亲啊，您用尽全力助我迈入大学的门槛。如今，我得以在这里习得专业知识，寻得奋斗方向，懂得人情冷暖，更能够温饱自足。"小泥巴"已经生成自己的思想意志，能够在这人世间自在地活着。

## 心怀感恩，播撒阳光

在不断提高自己、锻炼自己的同时，我没有忘记关爱社会、回报社会。我深知自己的重生，既是属于自己的幸运与努力，更得益于党、国家和社会的关爱。我积极投身于社会公益，用自己的实际行动去服务社会，为孤寡老人、留守儿童以及精神残障人士带去一点温暖、一丝光亮。大学四年里，我曾参与一项帮助精神残障恢复人士回归社会的志愿活动，也曾多次参与社区举办的各项公益活动，多次走进敬老机构，为老人做团圆饭，陪他们聊天、玩游戏。从他们身上，我感受到了人生的酸甜苦辣，同时，更学到了面对人生的勇气与豁达。

这个世间，有太多太多像我一样的"小泥巴"了，而我算是幸运的那个。有的"小泥巴"终其一生，都未长成四肢，而我已能够站立在这世间并试图用自己的经历、光亮，去点亮其他"小泥巴"的前路，让他们少些孤独与苦楚，多一丝慰藉与希望。

## 内化于心，外化于行

《南村辍耕录》有云："一事精致，便能动人，亦其专心致志而然。"只做一件事情，意味着执着、专注和追寻内心的平静，也意味着享受孤独、甘于寂寞和勇于承担所有的后果。

这四年时光里，最令我欣喜的是寻得了为之专注的研究方向。大一进入导师课题组之后，我从基础做起，尽管在日复一日的实验工作中身心俱疲，但灵光一闪间，矿物、图像与"互联网＋"结合的想法应机而生。在与导师探讨之后，这一想法得到了导师的肯定。这之后，在导师的指导之下，我深入野外学习探索，与同伴交流沟通，并潜心于实验室研究。最终，最初灵机一闪的想法成为现实。我取得了软件著作权并成功发表相关文章。我用三年的时间，专注于对一个想法的研究，将知识内化于心，并付诸行动，最终获得成果。这一过程，便成就了"小泥巴"，让其拥有了坚韧的内在力量与长远的学术追求。

我时常感怀于我们有幸生在这样一个美好的时代。科学技术的飞速发展、信息爆炸赋予了我们更强大的心智。在相同的年纪，我们比过往任何一代人都要成熟。时代更赋予了我们开阔的视野，往后看到的历史，往前看到的未来，往外看到的文化的多元，往内看到的自身的可能，都远远超越从前。在这个建设创新型国家和科技强国的关键时期，我这团"小泥巴"，终于健全地成长起来。我必将与其他或大或小的"泥塑人"一起，奋斗，奔跑，超越，让这世间温暖、明亮、生机盎然！

# 守正创新　砥砺前行

成都中医药大学◆张嘉鸿

> 张嘉鸿，女，汉族，中共预备党员，成都中医药大学临床医学院中医学2018级本科生。获国家奖学金、国家励志奖学金、第四届感恩中国近现代科学家助学金、四川省大学生综合素质A级证书；获校级优秀学生、优秀团员、优秀团干部等荣誉称号。积极参加大学生创新创业计划项目，获四川省"挑战杯"大学生创业计划竞赛金奖、四川省"互联网+"大学生创新创业大赛银奖。主动投身科研学术活动，主持校级大学生科研课题1项，以第一作者身份发表论文1篇。

填报第一志愿中医学专业，不是父母之命，而是源于内心的热爱。我自幼便喜爱中华传统文化，加之高中时喝下的一袋袋中药拯救了我布满"青春印记"的脸颊，坚定了我选择中医学的信念。青年时期，怀揣稚嫩的梦想，我来到了美丽的成都中医药大学，来到了热闹的李斯炽广场，来到了宽阔的太极大道。我知道，自己将感受"神农尝百草"，学习"仲景辨证施治"，人生将在这里起航。

## 初识：明理

脱离了高三两点一线的单调生活，在大学，我第一次尝试自主管理自己的学习，没有丝毫放松和懈怠。我勤奋刻苦，坚持不懈，一天不落下自习，一日不放弃品书，在学校浓厚学习氛围的熏陶下，将中医学知识都刻在了脑海里。数月数年如一日，我坚持勤奋学习，不断夯实基础，每年学分绩点名列前茅，累计获得校级一等奖学金7次、二等奖学金1次。记得初入大学时，我还无法摆脱中学时期的思维束缚，单纯追求书本上的知识，简单认为考试成绩好坏才是衡量学业是否有成的唯一标准。在那时，我心中默默将中医学这门博大精深的学问当成类似于物理、化学一类的学科知识，尽管收获了扎实的理论知识，但始终觉得自己的知识体系中缺少了什么。是故，我不断思索，不断前行……

## 渐熟：学艺

"熟读王叔和，不如临证多。"医学义深，我深知读书与临证缺一不可，二者相辅相成，便从大二开始主动跟诊，在实践中不断验证自己学到的理论知识，获益匪浅。良师益友给予我引导、思索、启发，进步甚多。中医取法天地自然万事万象，我便从《黄帝内经》《伤寒论》入手，不单纯沉迷于教材，而是潜心阅读经典，且不失"仰观"与"俯察"之妙，生活化地、自然化地去学习中医学。理论与实践相结合，传统与现代交相辉映，我逐渐摆脱了初始的学习思维，一步步领会医学的重大意义和学习方式。"健康所系，性命相托。"这不只是一句需要全体医学生牢记的誓词，更是陪伴我们职业生涯的一句箴言。既然选择了医生这一职业，那便是走上了一条需要终生学习的道路。古有神农尝遍百草，今有白衣逆行出征，这是神圣职业赋予我们的使命，也意味着我们需要不断精进自己的技艺，提高诊疗技术，将千千万万的患者从病痛折磨之中拯救出来。

上百次出入大型三甲医院、社区卫生服务中心、街边中医诊所，跟诊闲暇之余我总喜欢去中药房"凑凑热闹"，抚摸木柜中的每一味中药，牢记它们的形状和味道。然而，我发现不同地方的中药材饮片品质不同。学校组织"中药材之旅"活动带我们来到了中药材批发市场。我们惊讶于同种药材之间数十倍的价格差异。出于好奇，我以"中药材质量""中药材安全"等关键词进行检索，想要挖掘这数十倍价格差异的原因，却检索出许多关于伪劣中药材危害人们身体健康的新闻，让人触目惊心。一个想法在我心中生根发芽：能否创造一个平台让普通消费者、普通中药材经销商、种植户都能够方便快捷地得到中意而又靠谱的中药材检测服务，而国内大大小小的中药材检测服务商也能获取目标客户群和批量交易？于是，我迅速组织团队，结识了一群与我志同道合的伙伴，寻觅在方剂学、中药学上颇有研究的老师作为技术顾问，邀请创新创业经验丰富的老师开展指导。我们团队围着电脑屏幕，熬了数十个夜不停进行研讨，修改方案；召开数十场会议聆听指导老师的意见和建议。最终，我们的项目《鉴药家——中药材安全质量检测平台开创者》获得2022年四川省"挑战杯"大学生创业计划竞赛金奖，第七届四川省"互联网＋"大学生创新创业大赛银奖。这为我们的中医学艺之旅增添了精彩的风景，也让我更加坚定中医之路，砥砺前行。

## 相守：悟道

随着学习的深入，临床实习次数的增多，我愈发悟到中医不仅是一门医学、一项医术，更是一种文化、一脉传承。中医不只是"术"，更是一种"道"。我深知中医药的发展史是中华传统文化浓缩的精华，它折射了璀璨的中华文明。道家思想的奠基，儒家思想的洗礼，中医药文化在中华民族历代先贤的心中流传，千变万化而始终如一。中医药不是历史长河中蒙尘的晦涩文字，也不是现代化洪流中被抛弃的边缘文明。新时代背景下的中医药发展迸发出了勃勃生机。"传承精华，守正创新"这是习近平总书记对中医药现代化、产业化作出的重要指示，也是我辈中医青年应当牢记的使命。

孟子曰："学问之道无他，求其放心而已矣。"唯愿怀一赤诚之心，砥砺前行，成一真正明医。这是我的初心，也是我的热爱。我渴望在中医药传统文化的灿烂星河中开辟属于自己的一片天地，不忘初心，守正创新，砥砺前行。

# 逐梦之旅 始于心 践于行

成都中医药大学◆张勤勤

> 张勤勤,女,汉族,中共预备党员,成都中医药大学眼科学院眼视光学专业2019级本科生。获国家奖学金、国家励志奖学金、第五届感恩近现代科学家奖学金;获四川省优秀毕业生、四川省大学生综合素质A级证书;获校级优秀学生、优秀团员、优秀学生干部、社会实践先进个人、优秀志愿者等荣誉称号。以第一作者身份发表论文1篇,作为团队成员参与省级大学生创新创业训练计划项目以及校级课题1项。

如果说高考是人生的一个转折点,那么大学一定是我的一次全新蜕变。第一次竞选班委、第一次参加部门面试、第一次组织策划活动……一直以来,我都在不断地勇敢突破自己,而我的蜕变与成长离不开党和国家、社会和学校的关怀与帮助。时光匆匆,回顾一路以来的拼搏与付出、收获与感动,大学经历使我不断提升自我、追逐梦想,是我一生受益的宝贵财富。

## 扬帆起航,坚定理想信念

初入大学的时候,母亲失业,年幼的弟弟也即将去上幼儿园,让我在期待大学生活之余多了一些对家庭经济的担忧。入学前的焦虑在学校关于国家助学金、励志奖学金、勤工助学等的资助政策宣讲中逐渐淡去。机会摆在自己的面前,就看是否愿意去争取,是否有能力去争取。

"既来之，则安之。"这是辅导员分享给我们的一句话。通过向学长学姐请教，我也渐渐意识到大学是一个自我学习和成长的大舞台，如何度过大学四年的学习生活，如何把握大学的机遇与挑战，关键在于自己。在那一瞬间，我对自己的大学生活有了更加清楚的规划。逐梦之旅，由此启航。我慢慢明晰了大学期间的基本目标：端正思想，努力学习，抓住一切机遇与挑战。

　　从小，我便有加入中国共产党的愿望。在我心中，党组织是神圣的，党员是光荣的。对我来说，向党组织靠拢，就是向身边的党员学习，从小事做起，把为人民服务作为自己学习的动力；积极参加学生工作，关心广大同学的利益，为同学们服务。在校期间，我担任了班级学习委员、办公室教学助理、暑期社会实践小队队长等职务，培养了自己的责任心以及团队协作意识。任其职尽其责，我认定选择了学生工作，就应该对得起老师、同学的信任，用自己的实际行动努力向组织看齐。我在大一便提交了入党申请书，此后积极参加团校培训、入党积极分子培训、党校学习。如今，我已是一名光荣的中共预备党员，离自己的目标又近了一步。这是党组织对我的认可，亦是对我学习和工作的激励。在之后的道路上，我会一直坚定自己的理想信念，努力奋斗。

## 学海无涯，勤攀书山万仞

　　"学习本无底，前进莫彷徨。"我始终把学习作为首要任务，端正学习态度，严格要求自己。我牢记自己作为班级学习委员的责任，充分发挥先锋模范作用，为同学们树立良好的学习榜样，促进班级的共同进步。在这种内在动力的驱使下，大一上学期我便取得了班级第一的成绩。在之后的学习中，我更不敢有一丝松懈。同时，我也意识到可以有更高的目标：与自己竞争。把每一次的学习与自己上一学期的学习相比，既能激励自己一直向前不要松懈，又能充分了解自己本学期的学习状态，及时调整。数不清的"早出晚归"，让我见证了教学楼旁树木经历的春夏秋冬，亦见证了我日日的辛苦付出、埋头苦读。功夫不负有心人，在校期间我的专业成绩始终位列班级第一，获学习优秀一等奖 6 次、国家励志奖学金 2 次。学习是一个知识积累的过程。其间，随着掌握的专业知识的增多，我对眼视光行业的思考也更加深入，渐渐地意识到，自己对专业的学习多了很多发自内心的热爱。

　　学习之余，我热心于科研创新，积极参加创新创业培训，以锻炼自己的创新思维。面对当前愈来愈严重的大众眼健康问题，如青少年近视、干眼、白内障等，作为眼视光专业的学生，我更意识到了全民眼健康科普的重要性。为了把想法变成现实，我参与省级大学生创新创业训练计划——EYE公益以及全民眼健康保护计划，从专业眼健康知识科普、公益平台搭建、新媒体技术推广等方面，对眼健康知识有了深入的学习。科研方面，我基于眼科手术对患者所带来的焦虑情绪，探究舒适护理在眼科手术中的应用和发展，以第一作者身份发表论文《舒适护理在眼科手术护理工作中的应用研究文献综述》。

我积极参加五四演讲比赛、眼视光知识与技能比赛、眼健康科普知识竞赛等校内活动，不断提升综合素质……在学校第三届眼视光知识与技能比赛决赛中，由于决赛环节的现场答题模式不同于初赛时的笔试、时间的紧迫以及现场紧张感的综合影响，对于平时记得滚瓜烂熟的知识点，我在现场却频频出错。所幸在队员们的鼓励和帮助下，我及时调整了过来。我们团队在比赛中取得了不错的成绩。正是实践活动的参与，促进我更好地学习专业知识，并发现自己在学习中的漏洞，提高自主学习的能力。

## 漫漫征途，践行理论实践

学生干部的经历让我意识到，参加活动容易，但组织好活动却不像想象中那么容易。在大二的暑假里，我作为暑期社会实践小队队长，在雅安市石棉县组织开展了以大学生党史教育学习为主线的暑期社会实践活动。同时，利用此次实践活动的大众普及性，我提议结合中医药院校的文化特色以及学院眼健康科普的专业背景，宣传中医药文化，科普爱眼知识，开展为当地居民及游客发放中医眼科知识科普手册、中医药香囊的特色活动，丰富了此次实践的内容，也为团队成员带来了不一样的实践体验。

经过实践，我及时发现自身问题，提升了语言表达能力以及团队协作的能力。实践是检验真理的唯一标准，对我来说，亦是发现问题的必要途径。通过实践，我才能不断提高自我分析、解决问题的能力。

社会实践经历同样让我对专业学习有了更多的思考和感悟。眼睛是人获取信息的主要来源，切实做好眼健康的防护与眼疾的治疗对实现全国眼健康具有重要意义。面对如今愈来愈严峻的眼健康问题，我更加意识到眼视光专业存在的必要性和迫切性。我们应发挥自己的专业优势，树立专业自信，强化为眼健康事业做贡献的信心与决心。

再次回顾大学生活，感激一路上所遇的良师益友，感恩国家、学校的相关资助政策。我因此感受到了社会的温暖，增强了责任感和使命感。我相信在党的领导下，我国的教育事业和助学工作都会越来越好。在今后的学习生活中，我会加倍努力，严以律己，用实际行动回报党、国家、社会对我的关心。愿我们都能保持自己的初心和热忱，在未来的道路上继续砥砺前行。

# 心有所定　步履不停

四川师范大学◆高雅

> 高雅，女，汉族，中共党员，四川师范大学法学院法学专业2019级本科生。获国家奖学金，校级一等奖学金、特等奖学金入围奖、学术科技竞赛奖学金等；获四川省大学生知识产权竞赛三等奖、"互联网＋"大学生创新创业大赛"青年红色筑梦之旅"赛道项目校级优秀奖、学校保密知识竞赛一等奖等多项奖项；获四川省优秀大学毕业生，校级年度人物入围奖、三好学生等荣誉称号；被授予四川省大学生综合素质A级证书。参与大学生创新创业训练计划项目与统战理论课题项目并顺利结题，在《大众文摘》《师大·西部法治论坛》等期刊发表论文3篇。现已保送至暨南大学攻读硕士学位。

## 不忘初心，理想信念心中记

我始终对中国共产党有着真挚的崇敬和向往。大学伊始，秉持着"靠近光、成为光、发散光"的信念，我积极向党组织靠拢。被发展成为党员后，我始终牢记初心与使命。我认为新时代的大学生应当成为"时代的卯榫"，因忘我的奉献而"凹得进去"，因挺立的担当而"凸得出来"。身为中共党员，我是防疫保卫战的"排头兵"，亦是心系社会的"孺子牛"。面对突如其来的疫情，我始终牢记中共党员万事当先的精神，坚信微小的善意能释放巨大的能量，第一时间汇入战"疫"的洪流之中，毫不犹豫加入防疫志愿者行列。学史崇德，学史力行，我深受党史教育的感召，致力于宣讲党史。作为党的二十大精神青年大学生宣讲团成员，我在学院进行了"领悟二十大法治精神　担当新青年法治使命"的主题宣讲，引导青年自觉成为社会主义法治的崇尚者、遵守者与捍卫者。我们这一代人，努力让思想的细流汇聚成时代的洪流。

## 惟勤不辍，玉汝于成终有时

我始终把专业学习放在首要位置，连续三年综合成绩排名年级第一（1/260），超半数课程满绩，获得国家奖学金、学校一等奖学金、学校特等奖学金入围奖、学校自强之星奖学金入围奖等奖项，获得2023届四川省优秀大学毕业生，四川师范大学年度人物入围奖、三好学生等荣誉称号。

专业学习之外，我努力提升自身的技能，在大一时便顺利通过英语四六级考试，并自学通过了高中政治教师资格考试等。在自身视野拓展上，我曾作为本科生代表在认罪认罚从宽制度学术讨论会上发言；也曾运用"F-I-R-C"方式，用英文汇报了"What is guilty of kidnapping under the MPC"。在学科竞赛参与上，我曾代表学院参与校际知识产权竞赛，比赛得分超过来自川大、西财等高校的学生；连续两年获得校级宪法征文比赛一等奖、版权征文比赛一等奖；参与模拟法庭大赛，"舌战群儒"，获优秀辩手称号。大学期间，我累计获得30余项奖项。

学习从来不是一蹴而就的。刚上宪法课时，我并不懂老师口中的宪政、宪制为何物，不懂学习宪法的意义何在，便主动阅读了林来梵教授的《宪法学讲义》，虽然初读时多是囫囵吞枣，但也对宪法有了更为深刻的认识。民法课上，我沉迷于老师口中一个个贴近生活的案例，却困顿于一个个晦涩难懂的法学概念。像是老师口中常常提及的请求权基础、涵摄等，我花费了大量的时间才求得一知半解。我艰难地"啃"着王泽鉴老师的《民法思维：请求权基础理论体系》。不同于大陆学术表达习惯的讲解成为我阅读时的最大障碍，王泽鉴老师大量"半文半白"的语句无数次让我想要打退堂鼓。但我知道，知识点再难也要一点一点去理解，路再崎岖也要一步一步去走。现在的我，已经能够做到学有余力，能够自如、自信地穿梭于法学不同的专业课程之中。国家奖学金、一等奖学金的获得也印证了我的努力与自律。"莫见乎隐，莫显乎微，故君子慎其独也。"

"法者，天下之公器也。"法律并不是冰冷的逻辑和条文的堆叠。我想运用语言和纸笔的力量，关注更多被忽视的问题，关怀更多有需要的群体，关切更多有价值的诉求。在完成受教育权体系化研究的大创项目上，我关注到现代教育不是偏安一隅的封闭空间，需要打开塔门迎接国家法度的检视。我尝试运用霍菲尔德权利分析理论对受教育权进行新解读，以期获得研究上的突破。在完成乡村法治治理社会调查报告的过程中，我走进革命老区调研，听老人家讲述他们的困境，把《中华人民共和国民法典》带到他们的身边；了解乡村治理难题，构建乡村治理秩序，助力乡村振兴。在思索预防青少年犯罪的对策上，我研究未成年人分级处遇制度，走进中小学开展普法游园活动，做少年成长路上的守护人。

## 求真力行，担当有为赤子心

我始终积极参与社会实践，不断在广阔天地中淬炼自己。作为法学专业的学子，我拥有一颗"学法力行"的拳拳之心。我参与《大学生法治宣传教育手册》的编写工作，不厌其烦地反复校对稿件，以求该手册能够切实解决青年大学生所面临的法律难题，更好促进大学生知法守法懂法用法。三年来，我一直在建设法治校园上贡献青春力量。我主动到家乡的法院、检察院进行社会实践，切身体会到法律如何发挥其规范、保障与救济功能，切实感悟到"让每一个案件都体现公平正义"的真谛。我希望有朝一日自己也能像家乡的法官、检察官一样，扎根于自己热爱的土地，为全面实现依法治国"添砖加瓦"，在看似平凡的生活中实现自己非凡的价值。

作为学生干部，我始终保持一颗"服务他人"的奉献之心。我先后担任了学院学习部干事、班级学习委员和辅导员助理。每一次履职，我都尽职尽责，从不假手于人，忧老师之所忧，想同学之所想，做好师生间的"桥梁"。在学生工作中，我既锻炼了自己的能力，也收获了情谊，同时还获得了优秀学生干部、五四红旗团员等荣誉称号。

热爱大学，是热爱书生意气的时光，也是热爱与青春相伴的这份热忱与责任。故虽有些记忆在昨天的风里渐渐淡去，但那些挥之不去的记忆却历历在目。色彩跳跃出沉默的光影，鲜活赋予未知者。我最终以面试第一的成绩保送至暨南大学法学院攻读硕士学位。在未来的求学路上，我将继续秉承"重德、博学、务实、尚美"的师大校训，讲好一个川师人的故事、一个共产党员的故事，激励和引领更多同学书写无悔的青春！

# 文海浩瀚　厚积薄发

四川师范大学◆朱翼帆

> 朱翼帆，汉族，共青团员，四川师范大学文学院汉语言文学专业2019级本科生。获国家奖学金、国家励志奖学金；获2021—2022年度卓越影响力高校可视化融媒团队学生负责人、2020－2021全国优秀高校校园媒体骨干、2019全国十佳高校校媒体成员等荣誉称号；获2022年"挑战杯"大学生创业计划竞赛校级二等奖及三等奖，主持省级大创项目一项。曾任校团委宣调部副部长及《狮山青年》杂志社主编，发表文章20余篇；获得普通话二级甲等合格证书和教师资格证。现已保送南京师范大学攻读硕士学位。

砺剑四年，畅游文海，所获颇丰。求知求学的漫漫长路之上，既要有一往无前的恒心，又要有沉潜深研的耐心，还要有勇立峰顶的信心。各类科目正如基座上的钢筋铁网，在此之上我们建构起独属个人的知识大楼，并探索人生的宽度、深度和广度，确立自己在世界上的坐标。文学院自身包容、创新、开放的风格，塑造了学子们独立之精神、自由之思想，这正是人之为人一辈子应当培养的品格。

## 潜心笃志　展勤学之本色

大学的四年是不断阅读的四年。阅读不仅是我学习生涯的一部分，也是我的一种生活方式。选取阅读的书籍并搭建起属于自己的"文学史"，在日积月累中深化个人的见解，并坚定信仰。这是寻找智慧的旅程。无论是专业书籍还是拓展阅读材料，无论是理论教材还是文学作品，都在潜移默化中为我的成长助力。

在学习和实践之中，我逐渐明确了自己在文艺学专业西方文论方向深造的追求。我对阐释学、现代性研究、西方马克思主义、女性主义等板块有着浓厚的兴趣，阅读过相关的诸多专著，同时也在线上进行了相关课程的自主学习。数十本读书笔记承载了我对于知识的深切渴求。2021年11月1日至6日，我参加了四川师范大学文学院举办的新文科建设教学成果展示周，以《多边对话　女性毋需规限》为题在学术沙龙"终止一场社会阉割——上野千鹤子《厌女》读书会"中做了汇报，从身份认同与性别认同、主体和客体、建构和规训出发，分析了被"生产"的"身份"，以及在社会中被"建构"和"规训"的男女两性，最终对当代语境下的性别问题有了较为系统和深刻的认识。该读书会激起了众多同学的共鸣，也引发了线上线下的热烈讨论。

理论知识是阐释和解读文学作品的重要支撑，但是具体落实到作品分析才是文学研究的最终归路。从中国古代文学到现当代文学，从比较文学到域外汉学，我们同先贤对话，塑造着视域交融中不断成长起来的自我。

## 砥砺前行　悟科研之精神

对于科研的兴趣始于趣味盎然的文学理论课程，始于专业导师的谆谆教诲。从宏观的学科体系的建立，到微观的文论原典笔记的整理，导师的叮嘱和建议遍布于我的学习和生活，对于我确立学术兴趣、打开学术思路、捕捉学术热点都有着莫大的帮助。

2022年初，我在导师的带领下，主持了以"近十年巴蜀高校学生刊物资料库建设与研究"为题的项目，并获得了省级大创项目的立项，还在"挑战杯"大学生创业计划竞赛中获得校级三等奖。同时，我还参与了"PPT一键通——最'靓'智能化PPT生成器"项目，负责资料收集和市场分析工作，最终在"挑战杯"大学生创业计划竞赛中获得了校级二等奖。通过大量的科研项目，我不仅提高了自己的学术研究和探索能力，同时也增强了团队组织和协作的能力。

此外，在保研工作之中，导师不仅根据我对西方马克思主义、现代性研究和诠释学三方面的学术兴趣推荐了数十本专著，针对我提出的学术疑问作出解答，而且还时刻关注我在保研过程中的情绪，对我择校、未来就业、专业选择给出了诸多建议。在导师的指导下，我巩固专业知识，深钻理论原著，在夏令营及预推免过程之中，获得了西南大学、山东大学、兰州大学和南京师范大学的录取资格。最终，出于专业上的考虑，我选择南京师范大学攻读文艺学专业的硕士学位。有人或许会说保研的人都是"幸运儿"，但我想说，唯有日复一日的辛勤耕耘，才会有回首之时见遍地丰收的自在、潇洒、愉悦之感。

文艺学专业涉及面广，文学、哲学、社会学、心理学各领域的知识相互贯通、相互补充，这也造成了其理解的难度和语言表述的枯燥。但是，唯有热爱能够战胜一切苦难。怀揣着再上一层楼的愿景，我相信对学术的初心和激情，将会推动着我步步前行，最终站在自己希望之所在，远眺千里。

## 握笔如刀　感创作之妙趣

波德莱尔在《圣彼得的否认》中写道："确实，就我而言，我将会甘心离开一个行动与梦想不一致的人世；我只望能仗剑而生或被剑刺死！"于我而言，笔正如那侠者之剑、武者之刀，不离己身，以其表意。文学院的学生，正是要仗剑而行，执笔书志，以一颗赤子之心，表达自己对于世界和人生的看法。

2019—2022年，我担任四川师范大学校团委《狮山青年》杂志社主编、四川师范大学校团委宣调部副部长等学生干部职务，其间参与学生刊物办刊4期，组织办刊7期，主编办刊6期，获得多项荣誉称号。四年来，我在校内外学生刊物上发表了20余篇文章，包括小说、诗歌、散文、文艺评论和文化专栏等类型，近15万字，具有良好的文艺鉴赏能力和创作能力。写作不仅是一项脑力活，需要总览概观和广泛关联的能力；也是一项体力活，需要长时间集中精力输出一个个可以文字化的片段。写作于我而言具有泄潮和净化两方面的作用，让我日常生活中散乱的思绪得以反思和重构，也让我四处奔涌的情绪能够以文学的方式呈现出来。这对我的学习和生活都很有锻炼作用。

2022年3月至6月，我于封面新闻实习，实习期间在老师的带领下，独立发表或参与发表了《师说｜〈巴蜀全书〉总纂、〈儒藏〉主编舒大刚[1]：传承国学有轻重缓急，阅读经典先要心中有数》《"我们已经来到广阔的大海边"阿来：新的生产方式，呼唤新的文学》《不负成都四月天　踏青看展正当时》《文博数字藏品上线

即售罄——专家：让文物活起来，内容是核心》等近 30 篇文章，主要关注文学、影视、博物馆和考古几个板块的内容，学习到了文学和新闻传媒的诸多知识和丰富的写作技巧。

王小波的散文集《沉默的大多数》里有段话让我至今感触仍深："人无论伟大还是卑贱，对于自己，就是最深微的'自己'却不十分了然。这个'自我'在很多人身上都沉默了。这些人也就沉默了，日复一日过着和昨日一样的生活。在另外一些人身上，它就沸腾不息，给它的主人带来无穷无尽的苦难。"未来，继续阅读，继续热爱学术和创作——而这一切所为的，正是永不沉默。

# 赓续涔涔汗水路　温暖莹莹向阳心

西南科技大学◆白盈瑞

> 白盈瑞，女，汉族，中共预备党员，西南科技大学法学院应用心理学专业2020级本科生。获国家奖学金、西南科技大学校长奖学金（本科生）；获绵阳市"三好"学生、优秀团员等荣誉称号；获第13届"加油！乡村夏令营"全国冠军、全国大学生英语竞赛（NECCS）C类二等奖、四川省"挑战杯"大学生课外学术科技作品竞赛二等奖、绵阳市志愿服务项目大赛银奖等奖项。专注学科前沿，主持国家级大学生创新创业训练计划项目1项，以第一作者身份发表学术论文2篇；投身志愿实践，志愿服务累计368小时；锤炼能力品格，任法学院学生团委副书记、分团委组织部副部长、班长等职务。

初入校园，正值金秋时分，微风不燥，丹桂留香，银杏层层铺满地，常伴外文朗诵声响。我在心里把决心深埋，定要在这浓厚的学习氛围里涵养几分书卷气，在往后的实践活动中浸染一身泥土香，在热爱的专业领域里甘当同学们的暖心人。几年学习，几多努力，如今的我，向往做一只"萤火虫"——萤萤之火，逐梦聚光，疗愈自身，温暖他人。

### 脚踏实地　不忘初心

生在红旗下，沐浴着党的雨露，我积极参与党校、团校的学习，不断锤炼品格修为，争做有志有为的新青年，不负时代，不负韶华。

作为骨干学生干部，我努力兼顾学习与工作，不断审视自身的思想品格、处事能力。我积极配合学校的新冠肺炎疫情防控工作，做好解释和沟通工作，严格落实各项政策，起好带头作用，披沥赤忱待同学，臻于至善做表率。

## 稼穑蓬勃　日日自新

我并非天生就是个学习的种子。我的学分绩点在第一学期结束时仅有 3.2。在学生会招新面试时，学长学姐便说："你这个绩点在面试者中并不算高，我们希望部门的同学不仅工作能力强，更要学习成绩优异。"彼时我虽脸上含笑，心中的不甘却如火焰般升腾滋长。

好事尽从难处得，少年无向易中轻。之后，我积极向老师请教，与同学讨论，奋起直追，在薄弱项上不断精进发力。几乎所有的课余时间我都待在图书馆。水积而鱼聚，木茂而鸟集。在此后的舞台上，我把自觉与奋发演绎，将每个知识点学懂吃透，终于取得了 4.3 的成绩突破，学分绩点连续两年位于专业第一。

但我未曾自满，毕竟纸上得来终觉浅。我主动担任法学院学生团委副书记、分团委组织部副部长、班长等职务，锻炼自己的综合能力。在上一学年的综合测评中，除体育素质排名第二外，我的综合测评排名均位于专业年级第一。学习、工作、生活三条曲线在我的脚下汇聚，径直向前延伸出康庄大道。我大步流星，所学、所思化为所用，步履愈发坚定。

## 躬身力行　研精覃思

我已尽己所能将理论学习与能力提升做到最好，专业研究亦不能松懈分毫。我便积极开展科学研究去探寻社会民生与学科本质。

作为国家级大学生创新创业训练计划项目的主持人，寒暑假期间，我带领团队前往福建省、广西壮族自治区进行实地调研。采用量化研究和质性研究的方法对老年人由于不会使用智能手机而产生的社会隔离感和孤独感进行实地调研。在这个过程中，我更加了解了社会中不同群体存在的心理问题，也在文献的查找中学到了更多的心理技术。

在对老人进行个案访谈的过程中，我渐渐发现他们需要的是倾听者与陪伴者。

这未尝不是之后社会心理服务体系建设的可作为之处。至今仍让我记忆犹新的是，一位老人满含热泪地对我说："孩子啊，你们正在做一些很有意义的事情，也很感谢你们愿意听我们说说话。"朴实无华的语言，却对我们正在做的实地调研和科研项目做出了莫大的肯定，让我更加笃定要在此领域深耕细作。

## 目有繁星　心存大道

读书将以穷理，将以致用也。在社区，老年人的心理关怀与陪伴服务，帮助我将心理学的积极老龄化研究成果运用于实践；在医院，精神分裂症及抑郁症患者的诊断，帮助我将变态心理学的知识运用于实习；在学校，青少年的心理问题疏导，帮助我将心理咨询的技巧加以推广和运用。

我很荣幸自己从步入大学之日起就加入了志愿者的行列，参与"北川国际心理论坛"志愿服务、全国案例研习大赛志愿服务、"木林森"社区心理志愿服务、流浪动物救助站志愿服务等一系列的志愿服务活动。在志愿服务活动中，我不仅收获了服务他人的成就感与幸福感，也收获了珍贵的友谊与自我能力的提升。

追光的人儿，终会光芒万丈。过去几年，我共参与社会实践项目18项，产出调研报告21篇，总计10万余字，接受媒体报道64次，累计志愿服务时长达368小时。

最后，我想分享一个故事。我曾遇到一位内心荒芜的小朋友，烂漫的年纪却想着要离开这缤纷的人世。为了帮助他，我给了他彩色的笔引导他绘画，从晴空万里到蒙蒙细雨，忽而狂风大作，最后归于一片冰雹天地。这个不善言辞的孩子，在完成画作之后对我说，苦恼和烦闷变得轻飘飘了。我选择的绘画疗法，给这个孩子带来了内心情绪的抒发和片刻的欢愉。作为他的心灵守护者，我在陪伴他走出阴霾的同时，亦有所获益。这也是我写实成长的剪影。经此一事，我终于真正理解，心理学是使人幸福的学科。

以热爱执笔，以专业着墨。在小小萤火虫的成长路上，我飞得昂扬，光芒也愈发明亮。感谢老师们无私的帮助，感谢父母的支持，感谢同学们的鼓励，也感谢那个追梦的自己。

总有人间一两风，填我十万八千梦。我将久久为功，在党的二十大精神的引领下，在热爱的助力下，做一名爱学习、善科研、重实践的新时代好青年！

# 志之所趋　无远弗届

西南科技大学◆苟兆霞

> 苟兆霞，女，汉族，中共党员，西南科技大学生命科学与工程学院农学专业2019级本科生。获国家奖学金2次、国家励志奖学金1次、校长奖学金1次；获绵阳市三好学生、绵阳市优秀学生干部、绵阳市优秀志愿者、四川省优秀大学毕业生等荣誉称号；获四川省学生综合素质A级证书、第八届中国国际"互联网+"大学生创新创业大赛铜奖、全国大学生生命科学竞赛三等奖、四川省大学生"生命之星"科技邀请赛三等奖。潜精研思，专注小麦抗条锈病基因的精细作图，参与申报国家发明专利1项；曾任学院团委书记助理职务，带领所在组织获"红旗团委""先进学生会"等称号。

生于川，长在闽，漂在湘，18岁的我带着西南科技大学的录取通知书又回到了四川。我的大学生活，若用两个字概括，可能只有"忙碌"能准确表达吧。思想提升、日常学习、学生工作、志愿活动、社会实践、科技竞赛、体育比赛，每一项在这三年多里我都不曾落下，尽自己最大的努力让处于最美好年华的自己不后悔！

## 谦逊努力，夯实堡垒

我的大学生活中最浓墨重彩的一笔当属我在团学的日子。我在生命团学工作了三年。从最开始团学办公室的一名小部员，到后来成为团委书记助理，在老师的指导下与五位小伙伴带领生命团学获得"红旗团委""先进学生会"等称号,我一直在不断进步、成长。三年的学生工作都是由一件件琐碎的小事拼接起来的,也是由一次次的争执铺开的。但回看过去,我只充满了感激。那些琐碎的小事让我拥有了高效率、高执行力,那一次次的争执让我和多位"战友"的感情更加浓厚,组织开展活动也都能尽善尽美。

如今,团学的旅程已然结束,我从同学中来,到同学中去,有问必答,有求必应。我们所进行的这场暖心的"大接力",往届学生骨干对我们的帮助,我们对下一届学生骨干的期许以及在生命团学发生的每一件小事都是我人生中美好的回忆。

## 心怀阳光,一往无前

在不断的成长中,我也想给周围人带去光和热。2021年7月25日早晨7点,我一如往常在温室等待给去雄的小麦进行授粉杂交,忽然看到手机弹出的绵阳团市委正在急寻核酸点志愿者的消息。顾不上要做的杂交试验,我立即响应号召,加入青年志愿者行列。在此过程中,我永远忘不了一位老党员的话:"我党龄已经三十五岁了,请让我先上。我每年都体检,身体绝对行!"这份信仰令我叹服,也真正开始明白,共产党员不是一个标签,共产党员意味着需承担更多的义务和责任,需付出和奉献,甚至是牺牲。

在党员前辈们的负重前行下,我幸福生活了二十余年。在未来,我这样的青年党员要担负起为更多人谋幸福的责任。学农的青年党员要传承红色基因,完成前人没有完成的事业;要攀登知识高峰,创造更多"从0到1"的突破;要强农兴农,振兴乡村!

## 向下扎根,向上生长

"向下扎根,向上生长。"我是怀揣着"青椒梦"的农学人。

在高考结束填报志愿时,我并没有特别清晰的方向,属于稀里糊涂来了农学。但这偶然的相遇,带给了我愿意为它砥砺奋进付出一生的热爱。

因为选择了多数人不支持的专业,所以我自入学就开始思考:未来,我能做什么?农学真的就是种地吗?一次讲座,我聆听了刘碧贵先生的事迹。她生在四川遂宁,卒于金色麦田,把毕生的精力和生命全部奉献给了小麦育种。她的种子,在麦田里种下了，也在我心里永远扎根。从此，我追逐她的步伐，把科研放在了自己的肩上。

开学不久，我就跟随老师从事小麦抗条锈病基因精细作图的科研工作，常常利用空闲时间到田间进行病虫害情况调查及防治，也在寒暑假期间在实验室、温室等地进行试验。在大二期间，我利用此科研经历参加了四川省大学生"生命之星"科技邀请赛并获三等奖，参与申报了1项国家发明专利。另外，我也聚焦于水稻理想株型的研究，希望能为水稻理想株型的选育提供新思路，更好地回答理想株型与高产的关联问题。我以此成功获批大学生创新基金项目并以第一作者的身份完成论文1篇，已投稿至《西南农业学报》。

在过去的三年多时间里，"头顶大太阳，赤脚踩烂泥，一身土与汗，熬夜理数据"是我的生活常态。这些经历让我从对试验的懵懂无知转变为对后期操作的得心应手，从无知"小白"到科研"达人"。

而真正让我开始审视所学理论与实践的关系，是老师在课堂上的案例分享。我和马发兵同学在学习"农业生态学"课程期间，受"生态农业模式与技术"内容的启发，萌生出创办生态果园家庭农场的想法，并通过团队老师的指导和伙伴们的协助，获得第八届四川省"互联网＋"大学生创新创业大赛金奖和全国大学生生命科学竞赛（2022，创新创业类）三等奖。

此外，我积极响应学科交叉融合号召，与材料学院同学合作参加第八届中国国际"互联网＋"大学生创新创业大赛，并斩获铜奖；与制造学院同学共同设计无碳小车的凸轮，又成功申报了一项大学生创新基金项目。两次学科跨越，让我见识到学科交叉的魅力——不同学科的人共同进步才能建设出更好的社会。

在学校新农科人才培养改革的助力下，在扎根的那段日子里，我永远记得：面对我写得一塌糊涂的试验计划，仍熬夜为我细心批改的周新力老师；看见我笨手笨脚，仍耐心指导我怎么做试验、怎么写论文的向珣朝老师；为了拓宽我的科研视野，用心指导的黄晶老师；教学生做事做人、引领思想、磨炼意志的辅导员老师；等等。西南科大带给我的，不仅仅是一张毕业证书、一位又一位可敬可爱的师长、一段让我在未来实现人生价值的经历，更是一份对发展农业的责任。

习近平总书记在党的二十大报告中强调："牢牢守住十八亿亩耕地红线，确保中国人的饭碗牢牢端在自己手中。"当前，中国作为全球最大的玉米进口国，玉米消费量巨大。作为一名即将推免至华中农业大学玉米研究团队继续攻读硕士的农科学子、青年党员，我时刻为国家战略所需准备着，砥砺初心，脚踏实地，在风吹雨打中耕耘，在艰难困苦中奋斗，让我的成果写在大地上，让我的"青椒梦"长在泥土里，争做一名有理想、敢担当、能吃苦、肯奋斗的新时代青年。

# 不甘止步的倔小孩

西华大学◆尤泽君

> 尤泽君，汉族，中共预备党员，西华大学计算机与软件工程学院软件工程专业2019级本科生。获国家奖学金，校级一等奖学金、二等奖学金；获2022年四川省优秀毕业生称号。专注于学科竞赛中，累计获得国家级竞赛奖励4项，省部级奖励2项，其中包括第十三届蓝桥杯大赛软件赛决赛C/C++程序设计大学B组二等奖、睿抗机器人开发者大赛（RoboCom）二等奖、"高教社杯"全国大学生数学建模大赛省级二等奖、ACM-ICPC四川省程序设计大赛三等奖、中国电机工程学会杯数学建模大赛三等奖、MathorCup高校数学建模挑战赛三等奖。现已推免至西安电子科技大学攻读硕士学位。

人生就像一次旅行，到达终点的路上必然不是一帆风顺的，有汹涌的海浪拍打着你的行船，海底的巨鲨也在虎视眈眈，但海风的吹拂、灯塔的辉光又在指引和激励着你，告诉你不能就此放弃自己的梦想。

## 挫折与低谷

我曾认为，高考结束后的那两个月，是我人生最为痛苦的一段时间。还记得查分那晚，我走在江边，朋友们一个接一个电话打过来问我："查到分了吗？"我佯装镇定地说："没有呀，你们都查到了吗？"挂断电话后，我选择了关机。我实在是难以面对眼前的这个分数。这个数字让我心冷，我不知道怎么开口。回到家后母亲声音微颤，带着几分小心与试探，问我查到分了吗。我"嗯"了声后就回房了。

那一晚我是迷茫的，不知道该怎么办，今后该怎么办，辗转反侧几小时后才勉强睡着。后来，我才知道母亲那晚哭了一晚上。接下来的一个月我变得少话，总低着头穿过人群，不爱出声；习惯离得很远看别人说说笑笑，也不出声。现实情况与内心愿望之间的巨大落差，让我深感矛盾与尴尬。夜深人静的时候，我总望向天空，追问自己，是否真的甘心这最后的结果，是否甘心放弃奋斗，是否甘心学习之路就止步于此。日子一天天过去，我幸运地"踩"着分数线被西华大学录取，但未能如愿进入计算机相关专业，被调剂到了自动化专业。

## 醒悟与努力

到了大学，我发现大学的学习方式跟高中完全不同，偏向于自主性的学习。也正因为如此，不同的人有不同的选择，有的人选择了埋头苦读，有的人选择了放纵自己。

高考的失利让我认真地思考，因此我清楚自己绝不甘于止步不前，要在大学学着成长，学着醒悟，学着思考，然后改掉高中时期的弊病，去证明自己，实现自己的梦想。

实现梦想的第一步是转专业。由于我对编程非常感兴趣，在大一期间不仅着重学习 C 语言等课程，也扩展性地就 C++ 语言、Python 语言等也进行了学习。转专业成功与否主要依据我们在大一学年的期末成绩。因此，在期末考试之前的前一个月，我都在图书馆、空教室进行综合性的复习和练题，最终在两场期末考试中都取得了优异的成绩，成功转到了西华大学计算机与软件工程学院软件工程专业。

尽管我在转专业前已经对计算机编程知识进行了一些扩展性的学习，但仍旧和原专业的同学存在较大差距，专业上的很多知识都不能完全理解，许多专业名词也没有听过。因为跨学院转专业需要补修的课程很多，我在大二期间每学期平均要修读 16 门课程，零零碎碎的新知识点夹杂在一起对我来说是一个不小的考验。我便连续几周埋头图书馆，一边学习编程一边补修其他课程。

不同于高中时期伙伴们的共同进步，大学的学习生活通常是一个人。我将三点一线的单调生活安排得满满当当，让自己能保持每天进步一点，将与同学们的差距

拉近一点。通过努力，在大二期间我连续两次获得校级一等奖学金。我还积极参与科研与学科竞赛，负责了 1 项校实验室的移动应用开发项目；利用课余的空闲时间学习了数学建模的相关知识；参加 2021 年"高教社杯"大学生数学建模大赛并获得了省级二等奖；参加中国电机工程学会杯数学建模大赛以及 MathorCup 全国高校数学建模挑战赛，均获得三等奖。

## 抉择与逐梦

大三是我整个大学最为忙碌的时期，同时也是压力最大的一段时间。按照我原本的计划，大三要着手准备考研，但偶然间从老师那了解到西华大学是有保研名额的。因为自己的成绩在专业当中也比较靠前，我便满怀欣喜地去了解了一些本校的保研政策。现实给了我当头一棒，原来在本校的保研政策当中，我转专业之前所修读的课程会作为"额外课程"，这些课程的成绩会乘以 0.8 的削减系数，目的是使这些"非必修课程"在最终的综合成绩中影响相对较小。这个政策使得我的综合成绩处于不利的位置。而且，我还了解到本校还没有转专业学生保研成功的先例。那段时间我很焦虑，不知道应该"一条路走到黑"选择冲刺保研，还是求稳开始备战考研，而选择考研基本就告别了保研名额。再三思考下，我决定争取保研。因为我认为这一生可以考研多次，但是此生仅有一次保研的机会。接下来的任务就是把成绩考得再好一点，尽量多弥补一些因政策因素扣掉的分数，同时争取在额外加分项上与竞争者拉开差距，只有这样才有机会拿到保研名额。

大三上学期，因为英语六级证书会作为加分项算进保研的综合成绩中，所以我决定先通过英语六级考试。英语一直是我的弱项，我在大一期间踩着分数线过了英语四级，但在后续的英语六级考试中仅能得 300 分左右。因此在大三上学期这三个月里，我始终坚持每天背单词，练习英语听力以及长篇阅读。无论课程量多少，这些都是每天必须"打卡"的任务。在长期的坚持努力下，我不仅通过了英语六级考试，还在原有的分数上提升了近 200 分。

大三下学期，我了解到同我竞争的同学的竞赛加分基本都超过上限了，但此时我仅有 2 项加分，如果要获得保研名额我至少还需要教育局认证的一个省级一等奖以上的科研竞赛奖项。2022 年 4 月份的蓝桥杯大赛是最近的一个机会。我是第一次参加这个比赛，对于算法的学习也不足，朋友们都劝我做好失败的打算，但是我并没有放弃。我每天坚持学习新的算法，刷算法题，循环往复……在蓝桥杯大赛初试的前一晚，我因为紧张几乎整夜没能睡着。幸运的是，我最终在全国总决赛中获得了二等奖。至此，我的保研加分也达到上限。尽管如此，我并没有放松下来，又参加了全国计算机设计大赛、睿抗机器人开发者大赛(RoboCom)、ACM－ICPC 四川省程序设计大赛等去丰富我的简历。

在 2022 年的金秋九月，我以综合成绩专业第一获得了西华大学计算机与软件工程学院的保研名额，成为第一个转专业保研成功的学生，同时也获得了国家奖学金，为我的大学生活画上了最为美好的一笔。

我们都是不甘止步的倔小孩，也都要成为不甘止步的倔小孩，为自己的梦想坚持到底，扬理想的风帆，驶人生的行船。

# 乘风于荆棘　破浪于沧海

成都信息工程大学◆孙玉馨

孙玉馨，女，彝族，中共党员，成都信息工程大学资源环境学院环境工程专业2019级本科生。获国家奖学金、国家励志奖学金；获四川省优秀毕业生，校级优秀毕业生、三好学生等荣誉称号；获四川省"挑战杯"大学生创业计划竞赛铜奖。主持国家级大学生创新创业训练计划项目1项。发表专业论文3篇，分别见刊于《广州化工》、《第一届全国碳中和与绿色发展大会》、Sustainable Energy&Fuels。

## 踏过泥泞困苦，终达绿野彼岸

22年前的那个春天，一名患有显性遗传疾病的女孩呱呱坠地，开启漫漫人生旅程。四面环山的彝族聚居地，一座座大山，一张张因劳作晒得黝黑的脸庞，一句句具有特色的语言构成了儿时的回忆。即使家庭拮据，没有受过系统教育的父母仍不顾其他长辈的反对，坚持将我送入学校接受教育。小学二年级时，因亲人双双身患疾病和本身家庭的拮据，我差点辍学。学习上遇到的困难也让我想过放弃。来自老师和亲戚的劝解以及素未谋面的热心人的慷慨帮助，才让我得以重返充满希望的校园。从此，通过念书改变家庭状况的梦想在我的心里扎根。随着年龄的增长，我渐渐意识到自己因多指遗传疾病和别人在生理构造上的微小区别。因为经历过孩童时期同龄人无心的嘲笑和初高中时期同学们的异样目光，到现在，我在面对需要双手完成的工作时，仍需要给自己做很久的思想工作，设想如何用手才能将这份缺陷掩盖住，让自己和大家一样可以很自信地参与课堂和课外活动。读书学习的地方虽渐渐远离大山，但那份生根于大山的自卑感始终伴随着我前行。为此，我默默用无数令我感动的人和事去模糊那与生俱来的自卑感。

2019年的夏天，我的努力得到了回报。一封充满红色希望和无限肯定的大学录取通知书被送到了大山深处，开启了我在大山外的求学路。初到繁华城市，初见嫩白面孔，初识新鲜事物，我在好奇中彷徨，在挫折中成长。校园里，总有一群可爱的志同道合的好友、一个接着一个的优秀的学长学姐和杰出的老师在接力赛跑般引领我，鞭策我去成为更好的自己，也有素未谋面的好心人用自己的方式给予我物质和精神上的帮助。四年里，是成信大校园里那一张张可爱的同学和师长的脸庞带给我无限力量，使我保持初心，坚定理想，敢于去做更多更好的事情以丰富自我。我想要减轻家庭负担，所以认真做兼职工作；想要有更为合适的身份去帮助别人，所以成为一名中共党员；想要用有限的能力去尽早回馈赠予，所以投入各种志愿服务工作，参与家乡疫情防控志愿服务。唯愿，那个来自大山深处的皮肤黝黑的自己能够在走出大山后，不忘初心，也始终坚信在踏过泥泞困苦后，终会达到绿野彼岸。

## 精勤求学，励志创新

"成功决不喜欢会见懒汉，而是唤醒懒汉。"精勤求学，意为精益求精、勤奋好学。我希望以孜孜不倦之态在大学校园里成就小我。初进大学校园，受到校园学习氛围感染，我便立志要做到自信、自立、自强、自律、自主。我始终秉持学业为主、全面发展的学习理念，高标准严格要求自己，坚持制订短期和长期的学习计划，利用课余时间进行技能学习，通过了大学英语四六级考试及全国计算机三级考试。我的学分绩点和综合绩点也均位列专业前列。因此，我获得了国家奖学金、国家励志奖学金、校级特等奖学金和一等奖学金，同时还被评为四川省优秀毕业生、校级优秀毕业生、三好学生和优秀学生干部。

"为达胸中志，不懈春与秋。"我励志创新，虚心学习，创新务实，用实践验证真理并追求发展自我。我积极参加各类创新创业比赛，在志同道合的同学、队友和老师的帮助和鼓励下，在一次次的磨合、争论和协作下完成了一个个优秀的作品。我从一个负责简单资料收集的团队成员成长为能够独立带领团队完成作品的团队领导者。为找到经石油烃污染的土壤治理所需要的实验模拟分析条件，我带领团队一步步地完成资料收集、样品检验、实验实施和项目报告撰写的系列工作。我们团队先后在全国大学生节能减排社会实践与科技竞赛、"挑战杯"大学生创业计划竞赛、第八届"互联网＋"大学生创新创业大赛中斩获佳绩。我申请的两个创新创业项目分别获得大学生创新创业训练计划项目的国家级立项和校级立项，并都通过项目中期检查。此外，我还积极参与课题组研究，负责研究碳达峰、碳中和背景下的固体废物资源化利用以及实现路径。在研究过程中，我克服困难，通过与团队成员的沟通交流，理解了科学研究的意义和严谨实验的重要性，也学习到相关的专业知识，发表了论文3篇。

## 果毅力行，砥砺奋进

果毅力行，果敢而不失细腻。我除了专注学习，也注重培养自己的工作能力。作为班级学习委员，我时刻做好信息传递和信息反馈工作，做好先锋模范作用，尽力营造班级良好学习氛围，虚心向同学请教也尽心为同学答疑解惑。担任党支部副书记期间，我熟悉党员发展的各个时间段的工作安排，和支部助理们共同服务于党员发展工作和党组织生活工作；任职环境科研实验室社团社长期间，我负责实验室日常管理工作，安排监督社团成员实验事宜，带领社团成员参加学术竞赛并收获佳绩。我热爱体育运动，作为学院女篮队长，领导团队做好日常训练和团建工作，带领团队在球场上挥洒汗水，绽放青春。常听身边人说我的精力好似永远也用不完，但我知道，"在世界的历史中，每一伟大而高贵的时刻都是某种热忱的胜利"。所以面对任何想"摆烂"的时刻，我都会更加坚定自己的热爱和信念，越发喜欢和感恩完成每一个工作和任务后的成就感，并且似乎对这种感觉"上瘾"了一般，越忙碌越幸福。

砥砺奋进，踔厉前行；强者生存，生生不息。这是我大一进校时就写在书桌台面上的一句话，也一直是鼓励自己前行的名言。一路前进，跌跌撞撞，我曾感到疲惫，也为梦想迷茫。但，我坚信所有的困难都有意义，而敞开心扉从这些挑战中学习，就是防止被困而走向成功的关键；我坚信，只要能够坚定信念、坚持不懈，终会到达成功的彼岸；我坚信，所有那些独处的时光都会决定我后来会成为什么样的人。

习近平总书记曾说过:"到了知识经济时代,一个人必须学习一辈子,才能跟上时代前进的脚步。"在人生路上,我们每个人都是时间的主人,是命运的主宰者,是灵魂的舵手。而我也一定会带着凝铸于大山的初心砥砺前行,不负众望;带着不变的初心,在沧海中乘风破浪,风雨兼程,永不停歇。

# 学无止境　厚积薄发

四川音乐学院◆刘正时

> 刘正时，男，汉族，中共预备党员，四川音乐学院管弦系音乐表演（单簧管）专业2020级本科生。获国家奖学金、2020—2021学年校级优秀学生三等奖学金、2021年雅马哈管乐奖学金优秀奖、2022年雅马哈管乐奖学金三等奖；获2021亚洲（三亚）国际艺术大赛青年组金奖，2022国际音乐奥林匹克竞赛优秀奖，2022中俄友谊之桥国际艺术大赛一等奖，2023年曼彻斯特国际音乐大赛金奖、最佳表演奖；入选2022—2023学年四川音乐学院拔尖人才培养计划，获德国音乐理事会（中国）教学水平C级认证。

## 新青年意气风发

我出生在新疆，高考前的生活都是在乌鲁木齐度过的。2020年我考入四川音乐学院管弦系音乐表演（单簧管）专业。怀揣着对大学生活的憧憬和向往，我离开家人和故乡，开启了一段崭新的人生旅程。

来到川音，让我感到震撼的不只是川音富有艺术气息的校园，还有浓厚的学术氛围。经过一段时间的学习和专业考核，我慢慢感受到了自己和周围同学们在学习上的差距。我开始暗下决心，要在自己最好的年纪，努力奋斗，学习新知识，充实自己的大学生活。我大部分的课余时间都是在琴房中度过的，因为我相信勤能补拙。舞台技艺贵在勤练，容不得一点侥幸和"小聪明"，只有脚踏实地，才能真正有所收获。专业老师的指导及自己日复一日的练习，终于使我的单簧管演奏水平有了显著的提升。我开始逐渐在各类校内外的演出和比赛中崭露头角，收获各类奖项之余，成功入选"四川音乐学院拔尖人才培养计划"。为了帮助我尽快度过演奏的瓶颈期，在演奏中能更好地传递曲子的意境、表达出作曲家的创作意图，老师鼓励我多出去走走，感受生活的气息，丰富自己演奏的层次和表演的内涵。

通过不断的练习和努力，在老师的推荐下，在大三上学年我获得了和老师以及研究生师哥师姐们同台演出的机会，一起参与了第二届川陕鄂音乐学院优才计划作曲组专业技能展演。在刚得到这个消息的时候，我还有些小激动，认为这是对我专业能力的一种肯定，但是等拿上乐谱的时候，才发现事情并不是我想象得那么简单……比赛曲目属于当代新音乐作品，其中有很多节奏型和演奏技巧，都是我不曾涉猎的。我及时请教了老师关于比赛曲目的演奏技巧和练习方法，消化老师的指导意见，还在各大平台上搜索类似的教学视频进行学习。为了达到预期的演出效果，我日复一日地钻研，一点一点地攻克演奏中遇到的难关。掌握一个新的演奏技巧，顺利完成一个段落的演奏，都会给我带来小小的成就感和无与伦比的满足感。与之相比，那些枯燥的练习过程、磨破的嘴唇、被鲜血染红的哨片，就都显得微不足道了。

## 与同伴一起成长

互相陪伴的人应当是一起前进、一起成长的。相同的认知、相同的眼界才可以走得更远。离开家和同学们朝夕相处的日子里，我也交到了不少好朋友。宿舍里的小伙伴们虽然来自祖国各地，但相处起来却没有一丝隔阂。大家相互陪伴、一起备考、一起参赛、一起演出，以一种"良性竞争"的方式，一起进步，一同成长。在雅马哈管乐奖学金的比赛中，我们是惺惺相惜、全力以赴的竞争对手；在学校青年交响乐团的演出中，我们是合作默契、相得益彰的"战友"。

在思想政治实践课上，我和同学们一起构思、一起选题、一起立项，用音乐的形式弘扬爱国主义精神。作为新一代的青年，我们是祖国的希望。作为大学生，我们更应该好好努力学习，通过我们擅长的方式奏出时代最强音，让更多的人感受到文化自信的力量。

闲暇时我和同学一起录制专业乐器演奏的逗趣小视频放在网络平台上，已经获

得上千万的浏览量。这也是我们给紧张的学习生活找到的一种放松的方式。

在校期间，我积极投身志愿服务工作，学校有需要志愿者的活动时都尽量参加，做一点回馈社会的力所能及的事情，服务他人的同时，也提升了自己。

## 新征程跟党前行

文化课和专业课的学习我一刻不敢懈怠，思想上也一直积极要求进步。在辅导员和系里各位老师的关心教育下，我对中国共产党有了更进一步的认识，加入中国共产党的愿望也更加迫切。于是，我向党组织递交了入党申请书，经组织培养考察后成为入党积极分子。在党组织的关心和帮助下，我不断进步和成长，深刻认识到入党不仅仅是荣誉，更多的应该是责任、义务和奉献。经过党组织长期的培养和考察，在党的二十大胜利闭幕之际，我终于光荣地成为一名中共预备党员。

我深刻地感受到，自己既是祖国事业蓬勃发展的见证者，更是推动祖国稳步向前的参与者。"青年强，则国家强。"党的二十大报告意蕴深远，振奋了一代莘莘学子的强国之心。作为来自祖国边疆的青年，我深深体会到生逢其时、施展才干的舞台无比广阔，实现梦想的前景无比光明。在未来的学习和生活中，我定当以梦为马，筑梦青春，不负韶华！

# 以梦为马  不负韶华

成都体育学院◆雷又君

> 雷又君，汉族，中共预备党员，成都体育学院舞蹈学专业 2019 级本科生。获国家奖学金，校级一等奖学金 4 次、二等奖学金 1 次、三等奖学金 1 次、李琰奖学金 1 次；获校级三好学生、优秀学生干部称号；获 2019 年全国啦啦操冠军赛技术等级组集体花球自选动作第一名、公开青年乙组集体花球自选动作第一名，2021 年亚洲大学生啦啦操锦标赛集体自选花球亚军、双人自选街舞亚军。积极参加校外志愿服务活动，积累了丰富的社会实践经验。

人生如一趟不断驶向前的单程列车，途经多站、路遇多人。大学这一程，是对少年时期憧憬之青春答卷，更是展开青年时期华彩蓝图之伊始。怀着年少时心底积淀已久的舞蹈梦想和对蓉城的无限希冀，高考时我放弃了家人及老师眼中稳妥的录取机会，独自远赴外省集训，在幸运之神的眷顾下圆梦成都体育学院。成体四年，在不断的自我鞭策下，我勤学苦练、挑战自我，取得了累累硕果。

## 勤于进取，积极向上

在校期间，我不断充实、完善自身，努力提高自己的思想政治素养。大二时，我向党组织递交了入党申请书，经由组织的考察与培养，现已成为一名中共预备党员。我时刻以党员的标准严格要求自己，积极追求进步，认真学习并拥护党的路线、方针和政策，时刻关注国家发展及国内外局势。我积极参与团组织活动，始终秉持严于律己、积极进取的态度。在严格要求自身的同时，我还不断帮助身边想申请入党的同学不断提高自己的思想觉悟，鼓励他们积极争取早日加入中国共产党。我在积极参加社区组织的志愿服务活动之时，也踊跃投身于学校组织的各类志愿演出、教学活动排演，以实际行动践行共产党员全心全意为人民服务的宗旨，获得了学校师生的肯定。

## 自强不息，永不止步

大学是将理想与现实对接之桥梁，更是蜕变重构、再造新我之大舞台。我与街舞的故事开始于青涩懵懂的初二。2016 年，我关注已久的国内街舞团队 hello dance 于国内首届世界舞蹈大赛上取得冠军并代表中国出征美国总决赛。街舞作为青年亚文化渐渐引起不同群体的关注与喜爱。高二时，成都体育学院 Dream High 啦啦舞代表队第四次代表中国赴美国奥兰多参加全球啦啦操顶级赛事——2017 年世界啦啦队锦标赛。自那时，我便坚定了心中的奥兰多之梦以及与自己的约定。

2019 年，我圆梦成体，怀着满心期许与无限热情吮吸一切养料、尽情施展拳脚。成体四年，我虔诚谦卑，不敢懈怠分毫。散布在校园每个角落的，自己那些满载汗水、泪水与笑容的身影，笨拙、懵懂却赤诚勇敢去爱的身影，便是我珍贵的财富和青春最好的模样。大一刚进校时，由于高三仅接受过几个月的训练，加之膝盖磨损受伤，我的啦啦舞专业能力与水平不算出众。当时校啦啦舞代表队正在备战年底的全国冠军赛，冲刺次年的世界锦标赛。面对心心念念的团队和梦寐以求的舞台，入选代表队并随其参赛便成为我的第一个目标。深知自己在领悟难度动作的要领与技巧上有所欠缺，需要花费多于同伴两三倍的时间、精力才可能达到同样的水平，我便狠下决心再次展开"自虐"式加训。那时，包里除了书本就是舞蹈鞋、沙袋、花球。周末、节假日，训练馆成了我的常驻地，我常常被场馆关门的阿姨"赶走"，甚至赶不上淋浴房的开放时间。让我印象最深的是旋转难度——阿拉 C 杠中的四分之一与反腿转。半个月的时间，我的手机中有了七八十条练习这个动作的视频，鞋磨出洞，后脚底满是茧和水泡……庆幸的是在教练的耐心指导、师兄师姐的帮助和同伴的陪伴鼓励下，最终我随代表队参加了 2019 年全国啦啦操冠军赛，稳定发挥并取得冠军，赢得了赴美参赛的资格。大二时，我发掘校外的学习资源与实践机会，同 Hello Dance、舞邦等团队学习、演出，探索本专业与当代文化碰撞下的精彩，同时投身课外实践，积累教学经验，考入了 Hello Dance。最疯狂的一天，我戴着隐形眼镜无缝衔接校内外的排练活动，教学与课程练习长达 22 个小时，在路上吃饭，在夜深人静时背书、备课……舞蹈给予我的远不只它本身，还有内心之坚守尊重、所爱之赤诚炙热、理想之坚韧笃定。这些早已深深熔铸于心，将伴我继续向前。

## 恪尽职守，勤勉尽责

在工作中，我认真负责、兢兢业业、忠于职守、公正不阿。作为校啦啦舞代表队副队长，任职期间我以身作则、善治善能，向师兄师姐虚心请教经验、对师弟师妹耐心亲和、循循善诱，努力营造求真笃学的良好队风。作为代表队团队文化建设和队伍包装推广的主力军，我努力发挥自身优势在抖音等短视频平台面向啦啦舞从业者、爱好者、学习者进行相关训练、编排、教学的直播及短视频经验分享，赢得一致好评的同时也把握住了全媒介浪潮的机遇，扩大并展现了成体啦啦舞代表队的影响力和精神风貌。

此外，我还在班级内担任副班长一职，以高标准严格要求自己，不断精进自身、认真严谨、尽职尽责。我在团结同学、增强班级凝聚力与感召力的同时，积极配合老师工作，在勤学苦练、吃苦耐劳中发挥模范带头作用。最难忘的当属大二班级排演校运会比赛成套的时刻。这既是啦啦舞专项组二十名同学首次合体排练参赛，也是班级首次在全校范围内集体亮相，对展现班级风貌、树立班级形象而言意义重大。因此，如何编创排布才能最大限度地将每一位同学凝聚起来并扬长避短成为首要问题。为此，从选取剪辑音乐开始，我便前后比对、反复推敲，还加班熬夜剪辑音乐，根据每一位同学的优长结构划分成套，绘制队形图，设计代表班级集体文化的标识，定制比赛服装，而后又组织代表队的几位同学共同负责创编工作，为同学们排练。由于校内排练场馆资源紧张，全班二十名同学常常需要临时"转移阵地"。有几次，同学们直接在教学楼前的露天空地处排练起来。大家轮流喊着节拍与口号，跪在被炎炎夏日晒得滚烫的水泥地上，成为一道别致的风景线，也引来不少老师同学围观。最终，我们在校运会比赛中向全校师生展现了独属于我们班集体的凝聚力与青春风貌，获得了校领导的一致好评。增强班级凝聚力的同时，我管

理、沟通、协调等各方能力得到了锻炼与提升。

## 心如花木，向阳而生

教育是雁过留声，更是润物细无声。父母和老师对我的影响以及在我学习舞蹈的过程中对我的锻造、打磨在悄无声息中渗透入生活，体现在我待人接物、处理问题、面对挫折的方方面面。

舞蹈以与人的心理、精神、情感最为密切的物质媒介——身体为载体，着重表达难以言表的深层精神世界和复杂的精神状态，且激越质朴、真切深厚。生活中，我能细心深入地体察周遭，会钦佩持之以恒、耐心地分类垃圾的叔叔，会心疼周末晚上独自加班的快递小哥，也会为打饭叔叔的"偏爱"所动容。面对选择，我会坚守自我、遵从内心，做出哪怕推进艰难但无愧于内心的决定；面对困难与挫折，不轻言放弃，也懂得生活如舞蹈时的身体一般诚实，需跬步千里、亲力亲为、踏实向前；面对同学，在发挥模范带头作用的同时，也能洞察同学生活学习中的困难并尽力帮助他们。我来自一个普通的家庭。父母一生勤俭，用其质朴的言行及生活习惯教会了我不怕物质上的贫穷，但求精神上的富足。梦想总是美好的，能伴我走过漫漫长夜，见证每一个新我的诞生；能使我每一次出发都无比坚定，每一次失败都不言放弃；能使我保有鲜活与反叛、勇敢与赤诚，保持热爱，奔赴山海。

在党、政府、学校的帮助下，我收获了丰富多彩、五味俱全的大学学习生涯。现今，我的大学生活虽进入尾期，但我明白，人生没有终点，生命的列车仍飞速向前。我会带着在这一程收获到的一切温暖光亮与遇见的新我，虔诚谦卑，坚韧果敢，脚踏实地，奔赴未来。

# 红日初升　其道大光

西华师范大学◆周蜀妮

> 周蜀妮，汉族，中共党员，西华师范大学环境科学与工程学院环境工程专业 2019 级本科生。获国家奖学金、国家励志奖学金、四川省大学生综合素质 A 级证书；获第八届四川省"互联网+"大学生创新创业大赛铜奖、2022 年四川省大学生生物与环境科技创新大赛一等奖、四川省高校"未来环保"设计大赛一等奖、四川省大学生环保科普创意大赛二等奖、四川省"中国创翼"创业创新大赛优秀奖等省级奖项 10 项，获南充市嘉英荟·南充双创大赛十大双创新锐等市级奖项 5 项；专注学科前沿，围绕土壤修复开展研究，参与发表 SCI 论文 2 篇，参与申请国家发明专利 1 项、软件著作权 1 项。志愿服务时长累计 255.5 小时。

四年时光似弹指一挥间，我已从刚入校时的失落和迷茫，变得更加从容和坦然。回首大学生活，我明白，努力的意义大概就是——当好运来临时，我觉得我值得在最好的年华里，努力成为更好的自己。

## 年富力强，长风破浪

四季交替，1460 天，不知不觉我已在西华师范大学度过了四年。回首过去的四年，我怀有一腔热血，扬鞭追梦，在学习中积累知识，在坚持中突破自我。

昨日之深渊，今日之浅谈。回顾大一时制定的目标，现已通过努力得以实现，

这让我明白——路虽远，行则将至；事虽难，做则必成。

初入大学时，我懵懂迷茫，因为不同于高中的生活让人有些手足无措。幸而我在这段成长路上遇到了珍贵的人，那就是我的老师以及师兄师姐们。在他们的帮助下，我很快适应了新的环境。通过与他们的接触交流，我明确了自己大学阶段的目标，并做好了清晰的规划。怀此初心，实干践行，我抱着喜欢就全力以赴的态度，抓住机会尝试了诸多事情。功夫不负有心人，在四年的学习生涯中，我的成绩一直保持专业第一，并获得了国家奖学金、国家励志奖学金、校级特等奖学金、校级三好学生等荣誉。这些都是对我曾经挥洒汗水的岁月，交上的最好答卷。

打开记忆之门，最难忘的一段时光就是大二暑假留校做实验的经历。炎炎夏日，即便是空调也压不住扑面而来的燥热。在实验推进过程中，重复的探究可能有些枯燥，但由于心中信念坚定，在实验成功后我记得的仿佛只有过程的有趣。我难忘那段时光，或者是因为做实验到凌晨，月光洒向大地，踱步回寝的途中，心里满是充实与幸福；又或许是因为一个多月的时间，从称土到最终测量吸光度，我学会了之前不会使用的仪器，学会了应用新的软件，学会了看文献的方法，学会了将理论运用于实践，在实践中领悟新知识；还或许是在这个过程中，我从不会不懂的状态转变为能独立解决实际问题，学会了耐心、淡定与从容，以至于在之后的学习生活中，面临困难与焦虑，仍有信心保持激情与动力。最终，2 篇 SCI 论文的成功发表回馈了我的努力与坚持。我很感谢那段时光。在那段日子里，我曾经为梦想执着地追求过，勇敢地拼搏过。它也带给了我力量，让我在人生道路上砥砺前行、不负韶华！

## 认真负责，勇担使命

在我的认知里，"凝聚力""团队荣耀"永远真诚，永远炙热。作为班集体的一员，我始终想为老师和同学做一些力所能及的事情。大一时，我积极争取担任班长一职并成功当选。任职期间，我兢兢业业，脚踏实地，待人和善，吃苦耐劳，获得了校级三好学生、优秀学生干部等荣誉称号。

"在其位，谋其政，任其职，尽其责"，这是我担任学生干部始终贯彻的理念。在此理念的引领下，我认清了自身的角色定位，坚持做好老师与同学沟通的桥梁，传达好老师的任务通知，反馈好同学的想法建议，组织好院系、班级开展的各项活动。其中，我印象最深最感动的是组织班级参加学院举办的班级风采大赛。从初赛到复赛，全班齐心协力做好排练、演唱、PPT制作、班服选择、班徽设计、演讲试讲等一系列繁杂流程。在这个过程中，虽然也遭遇了一些困难，但全班同学共同面对，齐心解决问题。那"心往一处想、劲往一处使"的场面至今想起，我仍感动不已。当我们手捧学院一等奖奖状的那一刻，满目皆为自豪，耳边响起那句"红日初升，其道大光……我中国少年，与国无疆"。

在集体里奉献自己，我甘之若饴。积力之所举，则无不胜也；众智之所为，则无不成也。或许会有人质疑学习与学生工作怎能兼顾，但是我想说热爱和计划是平衡二者关系的关键。这段履历让我的表达能力和沟通能力得到了锻炼，个人综合能力得到了提升，是我宝贵的人生经验。

## 保持热爱，砥砺前行

"少年有梦，不应止于心动，更要付诸行动。"生逢盛世，我很感谢自己能有接受教育的机会，是学习使我的命运齿轮发生了转变。我出生在一个偏远的小山村，在镇上读小学、初中，高中时考到县中，大学时来到了南充。通过本科四年的努力，我成功保研至中国科学院水生生物研究所。我将继续怀揣梦想，开启研究生阶段的学习，去体验更广阔的世界。

追寻梦想的道路永远是艰难的，但我坚信热爱可抵岁月漫长，因为热爱，所以坚持。我喜欢读书，会利用课余时间阅读各类书籍。我一直觉得读书带给我的影响是巨大的，它让我学会用不同的态度和角度看待生活。伴随着学习的深入，我脑海中的那股信念愈发坚定——成为优秀的人，成为于祖国有用的人。记得董卿说过这样一段话："年少的梦啊，有些很幸运地实现了，有些被遗忘在了风中，而什么时候有过什么样的一个梦，其实并不是很重要。重要的是，我们曾经为了这个梦，如此热烈地爱过，执着地追求过，勇敢地拼搏过。"所以我也在自己年少时，勇敢、热烈、执着地追求梦想。

少年不惧岁月长，彼方尚有荣光在。鲜衣怒马，我们正值风华正茂。我始终相信越努力越幸运，我向往的自由是通过勤奋和努力实现更广阔的人生，别样的自由才是珍贵的、有价值的。道阻且长，行则将至，行而不辍，未来可期。前方的路会有曲折，但也充满希望。未来，我将继续努力奋斗，砥砺前行。我也希望自己的经历，能够鼓励如我一般的同学勇敢追梦，在往后的人生道路上，成为自己想成为的人，释放理想光芒，绽放青春之花。

# 自强不息　奋斗力行

四川轻化工大学◆杨锐

> 杨锐，汉族，中共党员，四川轻化工大学管理学院人力资源管理专业2019级本科生。获2021年度"中国大学生自强之星"奖学金，2021年度"中国电信奖学金·飞young奖"，获国家奖学金2次、国家励志奖学金1次、五粮液奖学金3次、校级一等优秀学生奖学金3次；获得四川省大学生综合素质A级证书；获宜宾市优秀青年志愿者，校级优秀学生干部、优秀团干部、五四年度人物、五四自强之星、五四团学干部之星、优秀志愿者等荣誉称号。获中国国际"互联网+"大学生创新创业大赛国赛铜奖、省赛铜奖等。专注学术科研，累计发表学术论文11篇。积极投身志愿服务，累计志愿服务时长达500小时。

"生活不可能像你想象得那么好，但也不会像你想象得那么糟。人的脆弱和坚强都超乎自己的想象。有时，我们可能脆弱得一句话就泪流满面，有时，也发现自己咬着牙走了很长的路。"正如这句话所言，人生不管有多大、多琐碎的困难，都是可以熬过去的，就像通过一片荆棘丛林，难免会受伤、流泪，但只要不停下脚步，就不会被困住。

### 以梦为马，不负韶华

大学，是一个可以学到更多知识，结交到更多朋友，实现自己梦想的地方。

2019 年 9 月，我怀揣着梦想与希望，满载着收获与期待，来到了让梦起航的大学。

我是一名来自农村的孩子。我的家庭并不是很富裕。奶奶常年重病，哥哥也因病早逝，导致家庭经济负担不断加重。虽然家贫，但我的志不贫。爸爸从小就教育我"读书改变命运"，只要是学习上的事情爸爸都会支持我。所以，从大一开始，我便做好了大学四年的规划，并且为之不断地努力奋斗，一步步去实现自己的目标，不辜负爸爸以及所有帮助过我的人的期望。还记得在一次课堂上，一位老师说过："大学四年，漫长也短暂，不应该碌碌无为，应该有一些自己坚持的东西。"深受老师的影响，我一直在坚持学习自己感兴趣的东西。我始终相信，机遇是留给有准备的人，我们需要不断地完善自我，以更好的姿态去迎接所有到来的机遇与挑战。一路的风雨兼程，磨砺的是道德与品行，历练出的是成长，坚定的是理想与信念！

## 思想引领，诲人不倦

我从小受家庭教育的影响，树立了正确的人生观、价值观和世界观，吃苦在前，享受在后，多为他人着想，立志做一个对国家、对社会有用的人。自进入大学以来，我时刻保持着清醒的头脑，每天观看学习强国上的最新内容，认真学习习近平新时代中国特色社会主义思想和党的先进理念。2021 年 4 月 29 日，我顺利通过组织考验，成为一名光荣的共产党员。

"行远，必先修其近；登高，必先修其低。近不修，无以行远路；低不修，无以登高山。"作为一名共产党员，我时刻以一名优秀共产党员的标准严格要求自己，在思想上武装自己，坚定共产主义远大理想和中国特色社会主义共同理想，热爱祖国，热爱人民，热爱社会主义，有浓厚的家国情怀。我严格遵守国家法律法规，自觉遵守团的章程，模范履行团员义务，积极参加"青年大学习"网上主题团课的学习，被中共崇州市委组织部和共青团崇州市委员会评为崇州市优秀共青团员，参加了中国共产主义青年团崇州市第十五次代表大会和四川轻化工大学第二次学生代表大会。

作为一名学生党员，我将以正确的人生观、价值观和世界观迎接新时代的到来，在实现中华民族伟大复兴的道路上奉献自己的青春力量！

## 刻苦努力，踏实学习

学习是学生的本分。因此，我一直都把学习放在首位，态度端正，目标明确，勤奋努力。我明白学习要戒骄戒躁，在注重优化学习方法、不断提升学习效率的基础上，也积极利用课余时间自学专业相关知识。在学习上，我严格要求自己，不断积累学习经验，认真完成老师布置的各项工作任务。我也积极帮助其他同学，与他们进行学习交流，取长补短。付出总会有收获，我大学四年综合测评成绩均为专业第一，荣获 2021 年度"中国大学生自强之星"奖学金，2021 年度"中国电信奖学金·飞 young 奖"，获国家奖学金 2 次、国家励志奖学金 1 次、五粮液奖学金 3 次、校级一等优秀学生奖学金 3 次。

在专业学习之外，我积极参加各类专业类比赛，荣获"新道杯"全国人力资源大数据比赛二等奖、四川省大学生 ERP 数智化企业沙盘模拟经营大赛二等奖、简历设计大赛一等奖等。我顺利通过英语四六级考试，积极练习英语口语，参加英语类竞赛并荣获全国高校创新英语挑战赛总决赛优秀奖以及批改网杯百万同题英语作文大赛优秀作品奖等。我已公开发表学术论文 11 篇。

## 积极奉献，不求回报

作为当代的大学生不能是"两耳不闻窗外事，一心只读圣贤书"。工作经历对大学生来说也是很重要的。大一我担任班长一职，大二担任团支书一职，任职期间积极组织同学们开展团组织活动，在协助辅导员做好班级工作的同时，充分发挥自己的能力与特长，引导班内同学团结、互助，协调好班级活动，将班级工作推上了一个新的台阶，带领班级荣获优秀团支部、先进班集体等称号。

同时，我在院学生会担任部门部长，协助学院领导和老师解决各类学生工作方面的问题，收集同学们的意见和建议并反映大家的诉求。我做事认真负责、敬业，在工作上得到了老师以及同学们的认可，被学校评为五四年度人物、优秀学生干部、五四团学干部之星、优秀团干部等。

此外，我积极参加学校以及社会组织的各种志愿服务活动，志愿服务累计时长 210 小时。新冠肺炎疫情期间，我三次参加抗疫志愿服务活动，累计时长 298 小时，为战"疫"贡献了自己的青春力量。此外，我还参加了"青春志愿·爱在社区"、

人居环境提升、关爱老人、文明劝导、创建文明城市、运动会、房屋普查等大大小小四十余项志愿服务活动。通过参与这些活动，我真正地投入为人民服务的实践中去，被共青团宜宾市委评为优秀青年志愿者，两次被学校评为优秀志愿者。

一系列的学生工作和志愿服务经历，使我在学习之余拥有了更为充实的大学生活，也考验了我的组织、沟通、协调能力，更重要的是使我在为同学、为老师、为社会服务的过程中找到了个人价值！

## 勤于实践，敢于创新

为了提升创新实践能力，我两次报名参加团校大学生科技创新创业班，学到了许多有关科创的知识，两次荣获"优秀学员"称号。我还参加"创办你的企业"培训教程，认真学习并积极回答老师的问题，个人荣获"优秀学员"称号，所在的小组荣获了"优秀团队"。我积极参加大学生创新创业大赛、"挑战杯"大学生创业计划竞赛，获批国家级项目2项、校级项目3项；参加"掘金杯"创新创业方案设计大赛荣获一等奖；参加"互联网＋"大学生创新创业大赛荣获国家级铜奖1项、省级铜奖2项、校级一等奖和二等奖各1项；参加大学生电子商务"创新、创意及创业"挑战赛荣获校级一等奖等。我积极参加社会实践活动，带领团队回访高中母校，被评为寒假社会实践优秀团队。通过参加这些实践活动，我将学习到的知识与实践结合，实现了综合素质的全面提高。

## 心怀感恩，砥砺前行

羊有跪乳之恩，鸦有反哺之义，那是对父母抚育的回报。"滴水之恩，当涌泉相报。"感谢国家的政策，让我有书可读，有问可询；感谢母校为莘莘学子搭建的舞台；感谢各位领导以及老师、同学们的关心与照顾，让我倍感温暖，勇往直前。同时，我也为自己的努力付出得到的回报而开心。我想通过自己的努力学习，感恩母校，回报社会。我会将他们给予我的正能量，传递给更多的人，用自己的爱心感染更多的人，并心怀感恩，砥砺前行！

# 以我之力　逐我所愿

西南医科大学◆李欣怡

> 李欣怡，汉族，中共党员，西南医科大学口腔医学院口腔医学专业2018级本科生。获得国家奖学金1次、校级甲等奖学金7次、"金伯利钻石十大学习之星"等社会类奖学金多次；荣获四川省大学生综合素质A级证书、四川省优秀毕业生、校级优秀学生标兵等荣誉；获得全国大学生英语竞赛二等奖，四川省大学生口腔医学技能大赛一等奖，第七届四川省"互联网+"大学生创新创业大赛铜奖，2020年四川省"挑战杯"大学生创业计划竞赛铜奖。主持省级、校级大学生创新创业训练计划项目各1项；发表SCI论文（IF = 5.640）1篇；积极参与社会实践活动，志愿服务时长累计600余小时。现已保送至重庆医科大学。

当我步入神圣医学学府时，曾庄严宣誓：我决心竭尽全力除人类之病痛，助健康之完美，维护医术的圣洁和荣誉。漫漫医路，我怀揣着最初的梦想，刻苦钻研；漫漫医路，我坚守着求实创新的品质，力争全面发展。漫漫医路，我，一直在路上！

## 厚德精业，夯实专业技能

"立身以立学为先，立学以读书为本。"步入大学，就不再像高中一样只有学习，还有各种学生工作、社团活动等事情贯穿其中。如何在纷繁复杂的环境中保持学习的高效率？在我看来，关键就在于"合理规划"与"专注"。

正所谓"凡事预则立，不预则废"。从大一开始，我便开始制订计划，大到人生规划、职业规划，小到每天计划、每小时计划。尤其是到了期末阶段，会同时复习十多门专业课，"大连考"，压力重重。此时，我会根据考试安排和课程难易程度，提前制订好合理的学习计划，甚至精细到每小时的复习科目，并将其写在便利贴上，贴在自习室的课桌上。完成后，我还会非常有仪式感地在该项计划后打上钩。这既是对自己完成既定任务的肯定，也是对整体学习计划稳定推进的把控。

此外，"专注"二字也是提升学习效率的制胜法宝。上课时，我专注于老师的教学思路，理解学习章节的整体脉络和逻辑，重点留意老师反复强调的地方。自习时，我会关闭手机流量，断开 Wi-Fi，或干脆将手机放在寝室再前往自习室学习，做到"人机分离"，尽量杜绝其他事情的干扰，营造良好的学习氛围，让自己专注于书本，沉浸于书本，读进去，悟出来。

正是通过合理规划以及专注，我拥有了扎实的专业基础，保持平均学分绩点专业第一，获得了国家奖学金且每学期均获得校级甲等奖学金。这些荣誉既是对我既往努力的肯定，也是我不断学习的动力！

## 求实创新，初揭科创面纱

大一时，我有幸参与课题"泸州市口腔龋病调查研究"。那时的我，对于科研还处于懵懂无知的状态，但我的科研道路已悄然铺开。"所学为所用"激发了我对专业以及科研的热情。为提升科研能力，大二时，我主动加入了导师的课题组，探讨"贫血小板血浆对成骨细胞增殖及分化的影响"。在指导老师和师兄师姐的带领下，我学习并掌握了多种实验技术与方法，初步具备科研思维与能力。

大三大四期间，在扎实的专业基础的支撑下，我主持申报了省级大学生创新创业训练计划项目"辣椒素对常见致龋病原体的抑制作用及其机理初探"，并在成功立项后发表了人生中第一篇 SCI 论文。这第一篇 SCI 论文是对我科研成果的肯定，更是我各种情感的结晶，让我在科研道路上向前迈进了一大步。还记得写作前，我满怀期待，兴奋不已，与指导老师进行了线上线下多次讨论，积极查阅文献，确立文章主题，信心满满。然而写作中，我热情渐减，苦恼万分，800 余篇中英文文献阅读，一次又一次的推翻重写，甚至一度产生放弃写作的想法。指导老师的鼓励和耐心解答让我重拾信心。经过 7 次中文版、13 次英文版的修改，我终于完成初稿的撰写。提交论文时，我紧张忐忑，反复斟酌用词，确定文章格式符合期刊要求，在请同组成员及指导老师检查确认后，才最终用颤抖的右手点下"确定提交"的按键。

没过多久，我便收到了修改意见。除一些小的调整外，专家要求在 3 天内加上一张配图。此时正值专业课半期考试，这个消息宛如晴天霹雳。不会使用绘图软件的我该如何完成全文梗概配图？我一边总结高分文献配图特征，一边学习如何用绘图软件制作配图，一边还要准备专业课的复习。高压之下的我，最终在截止前两个小时完成论文修改和提交。功夫不负有心人，在一周后，指导老师发来信息"你的文章被录用了"。此时的我激动与感动并存，觉得自己半年多的付出是值得的！

本科期间，对于科研问题由浅入深的探究，让我慢慢爱上科研，力争成为一名研究型牙医，为病人带去更加智能、精准和高效的口腔类医疗服务。

## 知行合一，躬行社会实践

知之愈明，则行之愈笃。"敢想敢做，不畏艰苦"是我的标签。在我看来，无论是创新还是创业，都来自生活的点滴，拥有善于发现的慧眼，敢于想办法解决问题，并付诸实践便是成功的法宝。

2020 年，我和同学一起建立起"Toothland"——口腔健康综合平台。这是一个功能全面、操作便捷的私人口腔健康管理应用程序。我们凭此参加四川省"挑战杯"大学生创业计划竞赛并获得铜奖。这个项目的灵感便是来源于生活。作为口腔医学生，身边的同学或者亲戚会经常问我："去哪家医院找哪个医生比较好？""小朋友应该怎么刷牙？""我牙齿很敏感，要选哪种牙膏？"同时，作为一名大学生，手机里常用的各种应用程序激发了我的灵感——"我们为什么不能建立一个平台，为大家提供更加专业和全面的口腔健康保障呢？"于是我带领团队用近 3 个月的时间，进行相关市场考察及应用前景调研，完成了 22000 余字、近 30 张图表的项目计划书，制作了 5 版项目展示课件，将我们的想法变为了现实。

课余时间，我也会积极参与各项社会实践活动，感受孩子们的天真无邪，体味老人们的历经沧海。犹记得 2021 年的暑期，我所在的团队到泸州市古蔺县成龙学校进行了为期两周的支教。我们从口腔保健、禁毒防艾、预防新冠、急救科普等多个方面进行特色授课,为那里的孩子带去知识和欢笑,最终在泸州市 2021 年青年志愿服务典型案例评选活动中荣获二等奖。

大学,绝非止于学习文化知识,更要注重积累生活经验,为进入社会做好准备!

既然选择了远方,便只顾风雨兼程。作为医学生的我们必须保持终身学习的行动自觉、拥有勇于创新的拼搏精神、树立远大的理想抱负以对病人负责的责任感,扎实学好专业知识和实践操作。我们要在这最好的年华,去奋斗,去挖掘,竭尽全力,逐我所愿。我们,一直在路上……

# 志之所趋　无远弗届

川北医学院◆沈懿轩

> 沈懿轩，汉族，川北医学院临床医学院临床医学专业 2020 级本科生。获国家奖学金、校级特等奖学金、四川省大学生综合素质 A 级证书；获 2021 年"批改网杯"全国大学生英语写作大赛一等奖、第二届大学生形态学绘图作品大赛三等奖；获校级三好学生、优秀学生干部等荣誉称号。重视创新思维培养，参与南充市社会科学研究"十三五"规划项目 1 项。积极投身志愿服务，获评南充市优秀志愿者；曾担任中共江阴一大会址纪念馆讲解员，以"我是一名革命文物守护人"的新视角，回忆、讲解江阴革命历史。

从太湖明珠到嘉陵江畔，这是一位少年的漫漫求学路。2020 年 10 月，当我第一次跨入川北医学院的大门时，曾问自己：大学的意义是什么呢？现在，我终于明白，大学的意义不在于成绩和排名的那串符号，而是在热爱、探索、锤炼的精彩过程中成为那个志向中的自己。我时刻告诫自己"莫等闲，白了少年头，空悲切"；更激励自己"青春逢盛世，奋斗正当时"。

## 一心向党，筑牢精神信念

坚定的理想信念，是实现志向之路上的指南针。作为一名学生干部，我更应积极发挥先锋模范作用，深入学习先进思想理论，强化理想信念。若以思政成绩表党性,我的思政课平均成绩达 93 分。在"马克思主义基本原理"课堂的实践活动中,我带领小组成员读原著、学原文、悟原理,感悟马克思主义真理的力量,被评为"实践积极分子"。

在建党百年之际,我独创诗歌《贺君百岁》庆祝中国共产党的百年诞辰,写道:"百年浮沉大业沧桑,赖代代忠贤挺身栋梁。山河一统永固国疆,岁月峥嵘硕果芬芳,潮头勇立慷慨激昂……"

作为临床医学院学习发展部部长,我勤勤恳恳地做好每天课前的点名工作以及学生自习出勤率的统计,定期组织召开学习委员会议,了解各小班的学习风貌、教学建议,并及时反馈给院系,营造了良好的学习氛围。

从获评校级优秀共青团员和入党积极分子培训班优秀学员,从对马克思主义学院霍涛老师的采访中,我深刻体会到要成为一名光荣的中共党员,我现在做得还远远不够,还要继续将"全心全意为人民服务"的宗旨落到实处、落到细处。

## 踔厉奋发,夯实专业基础

不懈的砥砺奋斗,是实现志向之路上的铺路石。在"敬业、博爱、求是、创新"的八字校训的鞭策下,我以专业为基,筑才干之楼,努力将自己培养为具有较高综合素质的医学生。

大一时,我因体测成绩不理想失去了国家奖学金竞选的"入场券"。那一刻,我下定决心绝对不能让它再成为我的弱项。但我也深知,越是急于求成,越容易过犹不及,我需要每日一点一滴地付出,需要一步一个脚印。因此,大二的每天晚上,我都坚持锻炼身体,从慢跑 2 千米增加到 5 千米,从做 10 个俯卧撑增加到 30 个。体测成绩得到了很大的提高,我也终于获得竞选国家奖学金的资格。

每日清晨,我总会提前 1 个小时起床,给自己空出足够的时间来背诵英语单词。"学习 100 个新词 + 复习 300 个单词"渐渐成为我每天早上的"必修课"。每次上课,我都习惯坐在教室的第一排,以督促自己集中精力听讲。除了前一天晚上预习新课,我还会在课前花 10 分钟温习上节课所学的内容,对前后的知识进行联系记忆,在课后立即对课上所学的知识进行背诵,并做题巩固。

就这样,我对知识的掌握越来越牢固。英语成绩从高考时的 91 分提高到四级考试的 590 分再到六级的 545 分,平均学分绩点从大一的 4.13 提高到大二的 4.39,

专业排名实现了从 2/891 到 1/891 的突破，我也连续两年获得校级特等奖学金和三好学生的称号。

其实，从小到大，我一直都是个与聪明"不沾边"的孩子。我有时产生疑问：为什么别人付出八分努力就能得到的结果，我却要付出十二分的努力才能得到呢？后来，随着年龄的增长，我明白了：上天对每个人都有着不同的安排，只要尽力做好每一件事，做过的努力终会变成一种馈赠。聪明也好，不聪明也好，都将各有千秋。现在的我甚至觉得不聪明也未必就是一件坏事，功不唐捐，玉汝于成。

我记得有这样一段话："你讨厌父亲的平庸，却不知道他曾经也是个怀揣梦想的男孩；你讨厌母亲的市侩圆滑，却不知道她和你一样憧憬过未来。"高中时，我曾觉得父母过于世俗，在他们身上看不到什么文化，也曾因父亲骑着三轮车来接我放学感到难为情。可是现在，我知道：在我们看不到的地方，父母一直为了我们而隐忍，我们不过是踩着父母的肩膀看到了这世间他们从未见过的繁华。我想，人之所以要努力，是为了尽可能紧地把命运攥在自己手里，而不是被困在原地动弹不得。

## 知行合一，青年践行担当

行动的志愿实践，是实现志向之路上的加油站。在 2021 年暑假我赴绵阳开展北川"三下乡"活动，通过访谈、宣讲、发放传单等形式帮助社区居民了解习近平总书记"七一"讲话精神以及《中华人民共和国民法典》的内容。我共计发放宣传资料 500 余份，解答群众相关咨询 22 次，为全面建设社会主义现代化国家贡献了自己的一份力量！

2022 年 7 月，我牢记习近平总书记对青年一代的殷切嘱托，以实际行动迎接党的二十大胜利召开。在回到家乡江苏省江阴市后，我主动报名成为抗疫志愿者，每天早上 5 点半准时到达核酸检测点位，维持现场秩序，协助老年人扫码、测温，确保全员核酸检测工作的有序展开。我还在社区工作人员的带领下，参观渡江战役纪念馆、祭扫江阴革命烈士陵园、走访慰问退休老党员、担任江阴中共一大会址纪念馆临时讲解员、调查城乡居民对志愿服务的评价并回收问卷 1500 余份，荣获川北医学院临床医学院"青年向党行"社会实践活动特等奖。

由于家庭经济困难，我在大一时申请了助学金。在拿到助学金的那刻，我的心

情是激动的。我仔细规划着这笔钱，将它分为两部分：一部分用来买一些与专业相关的书籍，另一部分用作自己的生活费，减轻家庭的负担。对我来说，助学金不仅仅是物质上的帮助，更是精神上的鼓励。助学金给予我的是一种无法言说的勇气和强烈的使命感，促使我怀揣感恩之心顽强拼搏。因此，我回到母校江苏省江阴市第一中学进行了本专科学生国家资助政策的宣讲，为学弟学妹就学生资助政策进行了详细的解读，以感恩教育为中心，激励家庭经济困难的学生克服困难、自立自强，提高了他们对国家教育资助政策的认知，增强了贫困学生完成学业的信心。

我的公益志愿之行将永不停息，一直在路上。我会坚定不移地听党话，跟党走，努力诠释一名新时代青年的初心和使命，怀抱梦想又脚踏实地，敢想敢为又善作善成，让青春在全面建设社会主义现代化国家的火热实践中绽放绚丽之花。

# 艰难困苦　玉汝于成

内江师范学院◆钱秋梅

> 钱秋梅，汉族，中共预备党员，内江师范学院经济与管理学院工商管理专业2020级本科生。获国家奖学金、国家励志奖学金、校级一等学习奖学金、四川省大学生综合素质A级证书；获第十二届全国大学生市场调研与分析大赛三等奖、四川省"挑战杯"大学生创业计划竞赛金奖、第十二届全国大学生电子商务"创新、创意及创业"挑战赛四川赛区选拔赛一等奖、第六届四川省大学生"校友杯"营销策划大赛一等奖、四川省"中汇杯"大学生财经素养大赛一等奖等10余项省级荣誉；主持省级大学生创新创业训练计划项目1项，参与国家级大学生创新创业训练计划项目1项；发表学术论文3篇，获批软件著作权2项。

生活总是伴随着苦难，但荒漠中开出的花，往往最鲜艳。

结实的树木，往往都是在逆风中生长出来的；美好的人生，也都是从苦难中锤炼出来的。我并非歌颂苦难带来人生美好。苦难本身并无意义，只是挫折和痛苦的集合，但人的成长和蜕变赋予了苦难独特的价值。仔细想来，若是仅仅狼狈穿行于一个个苦难之中，无异于在泥淖中荒废年华。唯有沉淀、磨砺再次出发，才能使苦难化作肥沃的土壤，从而萌发出成功之芽。艰难困苦，玉汝于成。当我回望来时之路，唯一需要记住的，是如今的自己是否配得上曾经所受的那些苦难。

## 艰难求学，却未珍惜

回望来路，感慨万千。我出生在南方的一个普通农村家庭，和许多同龄孩子一样，成长道路上的主题词离不开"留守""农活""贫穷""自卑"……仍记得4岁那年，父亲常年在外务工，目不识丁的母亲艰难地哺育着我和哥哥。在一个平淡的下午，附近小学的老师下乡招生。充满求知欲和好奇心的我告诉妈妈我想上学，妈妈当时很为难，但最终还是掏出全家的家底为我付了一半的学费。我到现在都还记得，学前班一学期200元，妈妈工作一天15元，剩下的一半学费是在快期末的时候才交上。当时左邻右舍还有许多风言风语，纷纷劝我妈妈："哎呀，那么小一个女娃子没有必要那么早读书……"伴随着各种各样的声音，我踏上了求学之路，这也是我生命中的第一次转折。

从学前班升入小学后，再到初中，我的身份都是一名留守儿童。在最重要的成长阶段，父母的缺席使我内心敏感、脆弱、自卑，从而用强势的性格作掩护。

从小到大，我秉持着希望被看到的心理，始终让成绩名列前茅，并顺利地考上了一所不错的高中。开学报到那天，我第一次去县城。那是当时的我去过的最远、最繁华的地方。进入班级后，我发现了自己的格格不入：我不懂"韩流"、没有才艺、衣着土气、不懂护肤、生活拮据，甚至连公交车都不会坐……面对这样的落差，我并没有像小说里的女主角一样悄悄努力，惊艳所有人，而是随波逐流，用短暂的欢愉麻痹自己，以至于成绩一落千丈。

## 辍学打工，反思人生

高二上学期结束后，由于家庭和自身原因，我辍学了。那一年我15岁，那是我生命中的第二次转折。

从学校到社会，从学生到打工人，环境的巨大改变使我愈加沉默。第一年我进入了一家工厂，在狭小、憋闷、昏暗的车间里做着枯燥的机械式工作，耳边是机器的轰鸣，脑海里是一眼看得到尽头的人生。高考结束后，昔日同窗们在朋友圈分享着自己的喜悦。大学、旅游、鲜花、祝福……这些都与我无关。囿于学历、年龄，我只能辗转广东、重庆、四川各地，做一些服务性工作，终日碌碌无为。坦诚地说，我后悔了，我在无数个深夜里默默哭泣、辗转反侧，后悔自己没有珍惜校园现实教会了我"读书改变命运"。

## 重回校园，如获新生

少年从不缺从头再来的勇气。逆风的方向，更适合飞翔。顶着所有人反对的压力，我破釜沉舟，选择回到阔别三年的校园。那一年，我18岁，那是我生命中的第三次转折。

在多方衡量下，我进入了一所职业高中。重回校园，望着讲台，我知道一切都不一样了。这一次，我要抓住机会。

我的新高中生活，格外充实。由于家贫，我把所有的课余时间都用于兼职，面馆、路边摊、奶茶店都留下了我奔波的身影。班主任戏称："别人都是兼职工作，只有你是兼职读书。"累吗？累的，但我甘之如饴。

从头再来是为了更多的可能，考上大学是未来的基石。为了大学梦，入学3年，我不曾荒废一天，一直保持着年级第一的成绩，想用努力为自己创造一个繁花锦簇的未来。就像脑袋被上了发条，命运的齿轮推着我不断向前。哪怕经历了无数个四五点起床的清晨、无数个熬到一两点的夜晚，但机会只有一次，我必须抓住。

道阻且长，行则将至。我抓住了！我用对口高考676分、全省专业第一的成绩抓住了这个机会！曾经渴望的大学、鲜花、掌声、祝福在这一刻统统向我奔涌而来，也让我看到了坚持的意义。那一年，我21岁，那是我生命中的第四次转折。

## 历经失败，学有所获

从14岁到21岁，我用7年的时间走完别人3年的路程，深知这一切来之不易，所以更应珍惜。进入大学后，是另一场奋斗的开始，我告诉自己：继续奔跑，迎着朝阳活到肆无忌惮，成为自己的太阳！

大一的我开始接触学科竞赛。起初由于没有经验，我屡屡失利，内心感到很挫败，觉得自己一无是处，别无所长。很庆幸，在这个时候我的班助师姐悉心开导我，告诉我她们都是怎样一步一步走过来的。大一是一个不断试错、不断积累经验的过程，我们往往需要经历很多次失败才可以收获难得的成功。

大二开始我有了固定的学习伙伴。我们一起参加各类竞赛，一起熬夜打磨方案、剪辑视频、制作动画和PPT、练习答辩，功夫不负有心人，大二是收获的一年。在团队的努力下，我们斩获了第十二届全国大学生市场调研与分析大赛三等奖、四川省"挑战杯"大学生创业计划竞赛金奖、第十二届全国大学生电子商务"创新、创意及创业"挑战赛四川赛区选拔赛一等奖、第六届四川省大学生"校友杯"营销策划大赛一等奖、四川省"中汇杯"大学生财经素养大赛一等奖等国家级奖项1个、省级奖项10余个、市校级奖项20余个。我们还一起申报了大学生科研项目，一起通宵写申报书，皱着眉头啃文献，最终成功获得了省级立项和国家级立项。

除了班级工作和学科竞赛，学习的重要性也不言而喻。很幸运，汗水从不会辜负每一个努力的人。入学以来，我多次取得成绩量化双第一的佳绩，也借此荣获国家奖学金、国家励志奖学金、校级奖学金等，累计金额15400元。

一路走来，我始终坚信：所有的弯路，都有它的意义，无数个黑夜过后，总会迎来自己的星星。现在回头看，过去的我确实经受了一些苦难，但很庆幸的是，我没有被它打倒。虽然也有过很累的时候，有压力、痛苦、委屈，但我仍不甘心只拥有一眼便看到头的人生。艰难困苦，玉汝于成。只有坚持别人无法坚持的，才能拥有别人无法拥有的！

# 活化自我 有效碰撞多样生活

四川文理学院◆阳明利

> 阳明利，汉族，中共党员，四川文理学院化学化工学院化学专业2019级本科生。获四川省优秀大学毕业生、第五届四川省大学生化学实验竞赛优秀奖等荣誉。专注学科前沿，已发表学术论文1篇，主持校级大学生科研项目1项，参与省级科研项目2项，参与专利发明创造2项。累计志愿服务时长306.5小时，被共青团南充市嘉陵区委员会评为优秀志愿者。

作为一名化学专业的学生，我想用"碰撞"来形容我的生活。生活就是无数次碰撞，理想碰撞现实，理论碰撞实践，有效碰撞产生目标产物。

## 氧化升高

出生自己决定不了，过程却是自己创造的。无论处在何处，都要像化合价升高的氧化反应一样提升自我。

在我小时候，父母离异。忙于生计的父亲常年在外奔波劳累，只能将我留在老家。我的老家在大山深处、路的尽头……物质上的匮乏并未影响我对精神养分的汲取。爷爷奶奶将我养育长大，言传身教，让我将他们朴实勤劳的品质内化于心，外化于行。贫苦人家的孩子早懂事。爷爷双目突然失明，家庭重担落到了本就羸弱的奶奶身上，所以我从小都要帮着干农活。烈日灼眼，汗珠成群滚落，让我深切感受到体力活的艰辛、知识匮乏的辛酸。这时，爷爷奶奶会趁机告诫我好好读书，用知识改变命运，走出深山。寒来暑往，日晒雨淋，求学之心从未停歇。泥泞小路、水泥宽道、偏远乡村、繁华市区，皆是我艰辛求学的见证。身边的许多同学在一个个岔路口与我分道扬镳。我明白要想彻底地走出深山，读书是最好的途径。家人一直鼓励、支持我，家人的期望也是我前行的信念。最终，我如愿考上了大学。

## 催化指引

催化剂进入反应堆活化分子，降低反应所需活化能，使反应物朝着正确的方向加速前进。

初入大学，迷茫颇多。屡屡受挫后，我信心大受打击，选择了逃避，不敢去表现自己，因此错过了许多机会。后遇良师，授业解惑，得其指点，豁然开朗。我开始加入社团、竞选班干部、参加社会实践活动，开始尝试以前不敢去做的事。大二是我大学生活的一个转折点，忙碌又绚丽，紧张又期待。我有幸加入刘丹老师的实验组，大学生活的广度由此拓展开来，我的科研之火就此被点燃。学习与科研是一脉相承的，科学研究是所学知识的扩散和升华。一有时间我就会到实验室，跟着学长学姐学习，与搭档开展实验。科研并非一日之事，文献查阅、体系摸索、实验重复、数据处理、竞赛准备、项目申报、论文投稿，填充了我的大学生活。

在忙碌的学习、科研之余，我也积极参与学生工作，热心为老师同学服务。进入院学生会后，我的工作范围从全班扩散到全院。消息通知、会议记录、数据填报，让我既期待又惊慌，既欢喜又惆怅。好在老师的指导、部门成员的合作，慢慢让最初的茫然无措变成井然有序。

## 沉淀陈化

晶形沉淀完全析出需要陈化，酒越陈越香醇。一步一个脚印慢慢来，像等待物质沉淀析出那般，静候花开。

经过一年的茫然，大二的我给自己做了重新规划，制定单科目标、学期任务、年度规划。我深知，只要脚踏实地方能行稳致远。经过不懈努力，我从学习成绩不起眼变为综合素质成绩与专业成绩均为第一、从科研"小白"到两项专利成功申报、一篇论文公开发表……个中滋味，唯有自知。从共青团员到中共党员、从普通的班委干部到院学生会主要干部，身份的转变让我越发精进，不肯懈怠。成绩的取得不是我炫耀的资本，而是岁月的积淀，是我扬帆再远航的催化剂。不同的高度有别样的风景，不同的平台有各自的机会。每一个困难都是挑战的过渡，每一份成果都是考验的跃迁。角色转变，有效碰撞出多彩的大学生活。当你觉得前行艰难的时候，正处在上坡路，逆风更适合启航。困惑浮躁之时需要沉浸下来积淀自我、寻找方向，因为有方向的慢走比无方向的乱窜好得多，慢慢来反而比较快。

经历了知识的浸泡和时间的研磨，我渐渐地褪去了青涩，收获了成长。往返学校的车票即将到期，我依然是我，却也是不同的我。

## 连串传递

幼吾幼，以及人之幼；老吾老，以及人之老。就像连串反应"A→B→C"的中间产物一般，我将所收到的炽热转换为能量来温暖他人、升华自己。

在成长的环境里，我接触到很多学识不高的人。时代的发展孕育出高端的设备，对我们来说一划一点的事，对他们而言仅是生冷的符号。不烦琐的操作也会让他们眼花缭乱，冰冷的程序感受不到他们的急切无助。每年寒暑假我都会积极参加所在地区的志愿活动。南充市嘉陵区客运站是我做志愿服务时间最长的地方。寒假是返乡出行高峰期，客运站人流量大。我们针对春运旅客，尤其是老、幼、病、残、孕等特殊旅客，开展购退票指导、候车引导、换乘指引、指路咨询等志愿服务等；开展安检协助、义明劝导、进出站引导、安全宣讲等秩序维护和乘客疏导工作；开展环境维护、文明宣导、宣传资料发放等服务。积极的回答，耐心的询问，细致的解释，让我的嗓子嘶哑，但发自内心的声音不会消失。

我受到国家的资助、关怀，才能顺利走进大学，所以想以自身绵薄之力回报关爱我的社会；我感受过寒风的刺骨，知道甘霖降临的喜悦，所以想将温暖传递给更多人。回馈不是要做撼天动地的大事，身边小事皆有意义。我以感恩待世界，世界定将温柔回馈。

文理四年的反应进程很短暂但无比充实。每一个碰撞的瞬间都有着无限的可能。前路，我将充分燃烧青春热血，合成精彩未来。

# 不畏征途　全力以赴

成都大学◆王鹏

> 王鹏，汉族，共青团员，成都大学基础医学院临床医学专业2018级本科生。获国家奖学金、国家励志奖学金、2021年度"中国大学生自强之星"奖学金、第十七届四川省大学生年度人物、校级特等奖学金等荣誉。聚焦研究基础医学以及临床脑血管疾病及其愈后方面的模型预测，以第一作者（含共同第一作者）身份发表SCI论文5篇，参与发表SCI论文10篇；主持申报并结题省级大学生创新设计实验课题1项。积极参与社区义诊志愿活动，多次进入四川省艾滋病发病率最高的地区开展医疗服务、防艾宣传。于2021年申报中国性病艾滋病防治协会高校防艾基金项目，开展形式多样的防艾宣传，累计服务5000余人次，有效提高了服务地区人民对防控艾滋病的认知。

"不要假装很努力的样子，因为结果不会欺骗你。"这是我的座右铭，也是我在大学期间的收获与感悟。健康所系，性命相托，刚进校时宣誓的医学生誓词对我来说，既是开始，也是终身之信仰。我对自己的期望是终己一生做点对社会有意义的事，去真正解除病人的痛苦，哪怕就一点点。少年不畏征途远，跋山涉水摘星辰。

### "幸运"是你若盛开，清风自来

我打小体弱。感冒发烧各种疾病三不五时来袭扰，让我成了医院的"常客"，也让我对医生少了几分畏惧，多了几分亲近。8岁时，我遭遇了一场意外，左腿股骨粉碎性骨折。那一次受伤很严重，按照常理至少住院一个月，但我只住了七天就出院了。医生直言是奇迹，但我觉得其实是医生医术精湛，让我恢复很快。住院期间，医生和护士的静心医治和耐心护理，让我更感受到医务工作者的伟大。他们不仅能挽救一个人，更能挽救一个家庭。因此，我坚定了自己的职业选择——当一名救死扶伤、护佑生命的医生。

高考是我人生里可称得上"失误"的经历，也成为我日后不断修正自我、磨砺自我的警醒。查到高考成绩时，我平静地接受了，然后用10分钟的时间总结，任往事在脑海里"演电影"。命运之舟行驶到成大，在短暂的惶惑和亦步亦趋中，我逐渐认知专业、找到方向、确立目标，把所得归于自己的"幸运"。如果再来一次大学，我很难复制这样的经历，充满了巧合和运气。

我所在的课题组里有博导、博士、硕士、本科生，还有许多资深的医生以及国内外其他高校的老师们。课题组的同学们都在讨论保研保博后的研究方向，只有我还在思考着考研的问题。当我在想着英语六级考试"刷分"的时候，他们讨论的是雅思、托福；当我还在全力以赴地准备考研时，他们讨论的是出国进修……我发现了世界的"参差"，与更优秀的人交流，取其所长，是一个正向激励；发现了自己还有很多的路要走，很多的课要补。

很幸运的是，我的"闪光点"被看到、被欣赏、被呵护。老师们珍视我的品质，给了我最大的包容。方老师说："老师和学生为之努力的最终目标，有一点是高度一致的，就是学生学有所成。在我看来，达成这个目标所需要的条件中，资质和能力虽然重要，但肯定不排在前面，品德和格局才是最重要的。有品德有格局、不怕挫折、轻松上阵、求实上进，资质和能力都可以提高。反之，就算资质再好，如果一进大学就只晓得玩乐，不思进取，那就和龟兔赛跑的兔子一样，必定会失败。"

## 坐上"动车组"速度自然快起来

大一下学期，我参加学校十佳共青团员评选活动。在这次活动中，一位学姐演讲时着重介绍了她发表 SCI 论文的过程。"SCI"这个名词第一次飘进了我的脑子里。后来，我发现学院大厅里每位老师的介绍上也有"SCI"。再后来，我到成大附属医院上见习课，发现每个医生的介绍后面都有发表SCI论文的情况。我既疑惑又好奇："医生不是治病救人吗？为什么还要写文章呢？"

刚开始，我只是研究"小白"，只能做最基础的工作，一切都要从零开始。做培养微生物的试验，我需要"守锅"进行灭菌，一守就守几个小时。除了手机、台灯和黑夜，陪我度过这些枯燥而孤寂的时间的还有我不断在内心叩问自己的两个问题："老师为什么要找我来？我为什么来团队？"我将答案做了这样的排序："老师找我来的第一个原因是，她本着传道、授业、解惑的精神，真真切切想帮助学生成才；第二个原因是希望我们在学习科研理论知识的同时，也能够在实践中不断运用、反复训练，将基本科研理论内化为自己的东西。我来团队的第一个原因是，完成学生最重要的任务——来学习东西；第二个原因是，利用学习到的知识尽可能多地为团队做贡献。"后来，我加入临床科研中心，在基础和临床两方老师的共同指导下开始参与不同的课题组，接触到更多更前沿的科学知识、更优秀的人和更广阔的世界。"作为综合性大学，成大有自己的优势，不仅不同学院学科之间可以交流，也搭建了与其他高校和医院交流的平台。"在这三年里，我同时接受着来自基础与临床的科研训练，也接受着来自成大与华西两个学校老师的关怀。

我也不是没有遭遇过挫折。我在老师和师兄的帮助下花几个月写了第一篇论文，但是投稿后发现不久前另一篇和我非常接近的文章已经发表了，连结论都几乎一致，这意味着我的这篇论文几乎作废了。当时，我非常沮丧，后来冷静地分析了原因，便告诉自己研究不能走捷径，即使遇到挫折，也要保持良好的心态，不断求实上进、追求卓越。我也想要证明普通本科的学生，也能做出一些成果来！科研之路不会一帆风顺，没有锲而不舍的精神便无法走得更远。

## 自律是5G时代主动过2G的生活

我定下了考研的目标，考取颅脑血管方向，以后当一名学术与实践并重的外科医生。为实现目标，我高度自律，卸载了最常看的应用程序，把时间填得满满当当。我像远航的舵手，眼里只有前方，一有时间就扎进图书馆，还主动探寻各种途径增加考研的胜算。除了寻求导师们的指点之外，我还与考上北大医学院2014级临床医学专业的刘月学姐交流。尽管高我好几届，但学姐毫无保留的经验分享、暖心的鼓励，使我更加坚定。我又与考同一目标院校的师兄随时交流，分享自己的复习进度，诉说自己的纠结。我每发出一条微信消息，总能收获来自师兄一长段的回复。因为相似的经历，大家便多了几分惺惺相惜，都在"追着光、靠近光、成为光、照亮他人"。

"健康所系，性命相托"，希波克拉底誓言我始终铭记于心。人生如同心电图，有峰值也有低谷，不可能一帆风顺。从医是我一生的选择，无论多难，我都会坚持走下去。原因很简单，我喜欢医学。

# 用青春谱乐章　用勤劳换收获

宜宾学院◆王烁

> 王烁，汉族，中共党员，宜宾学院理学部物理学专业2019级本科生。获国家奖学金1次，校级优秀学生奖学金一等奖2次、二等奖学金3次，四川省大学生综合素质A级证书；获第七届中国国际"互联网+"大学生创新创业大赛铜奖、第八届全国大学生物理课程知识竞赛二等奖、第七届四川省"互联网+"大学生创新创业大赛金奖、第十三届"格致杯"物理师范生教学技能大赛一等奖、第十三届"格致杯"物理教学技能和自制实验教具展评大赛三等奖；获校级优秀学生干部、社会实践先进个人、创新创业先进个人、三好学生、优秀大学毕业生等荣誉称号。

曾经，亲戚朋友总问我一个问题：大学教会了你什么？以前的我答不出来，也找不到合适的答案。但现在，回首大学四年，我找到了合适的答案：大学教会了我如何在困境中磨炼自己的意志和品德，如何在纷扰的世界中明确自身定位，如何成为一名被社会需要的全面发展的人。

## 风雨磨砺，方见彩虹

刚迈入大学时，我在各个方面都比较自卑。我不敢主动与人交流，有了学习上的疑问，也不敢与老师交谈，对知识的追求都十分畏惧。在低迷了一个多月以后，我下定决心要做出改变。我没有让消沉的情绪主导自己的大学生活，而是努力尝试走出思维的怪圈。我深知，在短时间改变自己难如登天，所以便做出规划：首先要克服学习上的困难，其次要弥补性格上的缺陷。为了克服学习上的困难，在课余时间里，我常常去图书馆查阅与专业课相关的知识，花费大量的时间和精力补充学习必备的数学知识。在长时间的钻研中，我一点一滴地累积知识。斗转星移，我慢慢地树立起了学习专业知识的信心，并感受到了物理学之美。这使我更加热爱自己所学的专业。在后续的学习中，我稳扎稳打，脚踏实地，努力让今天的自己超越昨天的自己。栉风沐雨，方得满载而归，最终我多次获得校级优秀学生奖学金，也取得了专业第三名的好成绩。在克服了专业学习上的困难以后，我开始思考如何弥补性格上的缺陷。人生中最大的进步就是突破自我，若想改行自新就要勇于挑战。我越害怕与人交流，就越要抓住每一次可以与人交流的机会。由于原来担任文娱委员的同学转了专业，需要有新的同学担任这个职位。面对这样的锻炼机会，我果断地联系了辅导员，争取到了这个职位。在开展班委工作的过程中，我有了很多与老师同学交流的机会。在这个过程中我有了从未有过的体验，感受到了人际交往的温暖。正是这种温暖的包裹，让我的自卑烟消云散，也让我在工作中更加努力。在一次次付出后，同学和老师越来越认可我，我不再自卑，越来越自信，更加全面地认清了自己。

## 磨炼自我，提升素养

我所学的是师范类专业，因为我十分向往成为一名教师。在大学学习期间，我一直在思考一个问题：如何成为一名教师？我以问题为中心，找寻达到目标的最快途径。我认为要成为一名合格的物理教师，首先要完成身份的转变，要从一名学习者转换为教育者；其次要完成心理的转换，要从"本我"状态过渡到"超我"状态。在摸索的过程中，我认识到成为一名教育者，不应该只知道如何学习，更应该知道如何教育。在学习的过程中，我开始转换思维，尝试以一名教师的身份看待问题。同时为了改善自身教态，我多次上台，练习讲课和书写板书。在不断锻炼的过程中，我也遇到了瓶颈，发现自己的教学水平有进步，却没有质的飞跃，离期望还有很长一段距离。我意识到自己埋头自学只会故步自封，于是开始寻求老师的帮助。在老师的悉心指导下，我的目标更加清晰，隐藏的问题渐渐显露，我也了解到更多关于教育的前沿理论。为了在实践中提升教学水平，我参加了大大小小的教学

比赛，在比赛的过程中得到了更多锻炼。虽然比赛的过程很辛苦，每天都要在电脑前修改教学设计和课件、上台练习、制作教具等，但我始终相信这段时间的备赛，是我人生路上不可替代的美丽风景！在老师和同学们的帮助下，我参与的各项教学比赛都取得了较好成绩，教学实践能力也得到了质的提升。

## 博通经籍，竿头日上

在学习和训练的过程中，我认识到教育是一门复杂的艺术，德智体美劳全面发展的学生是由全面发展的教师悉心培养出来的。我深知自己因为长时间待在校园中，社会实践能力还远远不足以支撑自己成为一个全面的人。为了弥补这方面的不足，我利用每一个寒暑假，投身到社会实践和志愿服务中。在实践中，我渐渐看清了社会本质，接触到各种各样的人，同时也学到了重要的实践理论。在志愿服务中，我看到了国泰民安背后的奋斗者，也认识了一群志同道合的伙伴。在新冠肺炎疫情期间，我为守护家乡的美好，多次参加家乡组织的志愿活动。虽然可能存在风险，但我一点也不恐惧，因为伙伴们的笑颜是我强大的支撑。如果把实践活动的这些场景浓缩为一个片段，那便是：在一个下雨的清晨，我和伙伴们走在泥泞的乡间小路，相互搀扶和鼓励，去给家乡的孤寡老人送温暖。在实践锻炼中，我认识到自己作为一个中国新青年的责任与担当，国家和社会需要有责任、有理想的青年，需要敢于拼搏的青年。

大学时光是无数个时间碎片拼凑而成的，有起有伏，有苦有乐。这几年里可能学到很多，也可能什么也学不到，这一切取决于你想成为一个什么样的人，想为怎样的目标奋斗。有时候勇敢一点，大胆地迈出第一步，你会发现自己又进入了一片新天地，又萌发了一个新想法，又获得了一个新技能。

# 怀揣梦想　扬帆起航

四川民族学院◆罗丹

> 罗丹，汉族，中共党员，四川民族学院马克思主义学院2019级本科生。获国家奖学金、国家励志奖学金、四川省大学生综合素质A级证书；获第十六届四川省"挑战杯"大学生课外学术科技作品竞赛三等奖，第四届"普译奖"全国大学生翻译比赛英译汉组别三等奖，全国大学生电子商务"创新、创意及创业"挑战赛四川省三等奖、最佳创业奖，2022年四川省"挑战杯"大学生创业计划竞赛铜奖；被评为四川省优秀大学毕业生，校级优秀学生标兵、三好学生、优秀团干部、优秀共青团员。积极投身志愿服务，累计时长达224小时。

生活就像一副面具，你将它作为自己的脸庞，姣好亦好，平凡也罢，赋予它一个有趣的灵魂，它才能变成你想要的样子。

## 逐梦伊始，曙光微亮

我永远都不会忘记，2019年9月一个晴空万里的下午，我怀着对大学的美好憧憬踏进了四川民族学院。那时，耳边总回荡着高中老师说的那句话："大学好比一座森林，里面有许多的小鸟等着你们去追逐。"刚踏进大学殿堂的我，虽不敢言"为中华之崛起而读书"，但是也知道"为人生之辉煌而图强"的追求绝对不是妄想。大一的我如同初生牛犊，新的环境、新的学习方式让我感受到与中学时代的不同。我一时不知如何走好下一步，但也明白不能懒惰而颓废地度过我的大学生活。我积极参加不同的学生组织锻炼自己的能力，学习钻研每一门专业课程积累知识，勇于走出校园积累自己的阅历，积极准备每一次考试。大学期间，我的专业成绩连续6次排名第一，我也6次获得专业一等奖学金，2次获得国家励志奖学金，获得了国家奖学金，通过了英语六级考试、计算机一级考试、普通话二甲考试、教师资格证考试，并获得四川省优秀大学毕业生、校级优秀学生标兵等荣誉称号。

应当德智体美劳全面发展的我们，并不能只专注于学习，还应将有限的时间用在做自己想做的事上。学习之余，我还担任四川民族学院学生会实践部副部长、班级组织委员、心理委员、易班工作人员、教师助理。当某些事情堆积在一起时，我会觉得疲惫，会怀疑自己的能力是否足以做好每一件事情。但是我知道，我不愿意放弃，只能以勤补拙，完成老师交给我的每一项任务。曾经，我十分羡慕能站上讲台自信从容演讲的同学。在经过自己做项目，带领团队一起路演，多次参加师范技能大赛后，我惊奇地发现了一个不一样的自己。其实每个人都有潜力，只是看你愿不愿意付出时间去努力。

如今，已是大四学生的我，回头看自己走过的路，没有一点后悔。我相信付出是有回报的，曾经吃的苦，黑暗里流的泪，都会像鲜花一样开在自己未来的人生道路上。

## 不忘初心，砥砺前行

林徽因说："我们应当相信，每个人都是带着使命来到人间的。无论他多么的平凡渺小，多么的微不足道，总有一个角落会将他搁置，总有一个人需要他的存在。"我想，作为师范生，我的使命就是教书育人，做学生的指路人，为党和国家培养更多的人才。

人并非为了获取而给予，给予本身也是无与伦比的快乐。思想政治教育专业出生的我，会抓住寒暑假的机会积极参加社会实践活动。我的家乡曾被称为"乌蒙山区贫困县"，庆幸的是在2020年顺利脱贫。家乡养育我，让我走出乌蒙山区，我以参加志愿公益服务的方式回报家乡。我参与了3次志愿公益服务，担任脱贫攻坚迎检志愿者、春运服务志愿者，担任"七彩假期"夏令营、青年之家的教师。志愿公益服务期间，我曾深入本县的双石村、舟坝乡，进入了20家贫困户中，看到了每一家的贫困明白卡和帮扶点，在详细交谈中了解到贫困家庭享受扶贫政策以来生活条件的巨大改变。春运志愿服务期间，我准备了口罩、防疫手册、热水、免洗消毒液、纸巾等物资供有需要的乘客免费领取，为返乡的人们搬运行李、指引方向、答疑解惑，同时协助沐川汽车客运站的工作人员做好体温测量、安检，指导乘客使用天府健康通出示健康码。担任公益教师期间，我是绘画、书法、音乐、手工等课程的小老师，补充孩子们的课外知识，在寓教于乐的同时，还与孩子们分享个人成长经验，帮助孩子们开拓视野，增长见闻。因为参加这些志愿服务活动，我获得了当地团委、单位干部、家长的好评。我的事迹被县级团委官网、官方公众号，县级新闻媒体，学校官网、公众号报道宣传。在我看来，人生就是一场自我完善的修行，所有的经历，无论悲喜，都为塑造更完美的自己。待那时，即使青春不再，年华已逝，也终会遇见最美的自己。

## 脚踏实地，仰望星空

时光荏苒，岁月如梭，转眼间已经到了大学的尾声，我从未忘记第一次踏进四川民族学院憧憬而又激动的心情。回想过去三年多的大学生活，有忙碌疲惫，也有辛苦充实，这一切都是我这一生最珍贵的财富。我感谢充满温暖的班集体，感激老师给予我的引导、帮助与关怀，感谢同学们对我的关爱与包容。我的每一次成长都离不开老师和同学们的陪伴；我的收获既是对过往努力的肯定，也是对未来的激励与鞭策。我只能将这满心的激动化作继续前进的动力，在未来的道路上不懈追求。

临渊羡鱼，不如退而结网。每个人都有自己的梦想，有梦就去追，为自己的青春插上翅膀。一个人远离了勤奋，也就远离了成功。大学是最美好、最珍贵的时光，与其在消磨以后扼腕叹息，何不从现在开始为之奋斗。既然选择了远方，便只顾风雨兼程！我相信，我们能用双手规划属于自己的人生，创造未来，过上幸福的生活。学习须持之以恒，成功永远不会降临到懒惰者的身上，只有锲而不舍，不断努力，不断追求，不断奋进，才能取得收获。我相信，每一份付出都会结出硕果，每一个理想插上翅膀都会翱翔，每一个青春都会因奋斗变得精彩！

# 挺膺担当  以创新绘就芳华底色

四川警察学院◆周本珂

> 周本珂，汉族，中共党员，四川警察学院侦查学专业2019级本科生。获院长奖学金、专项奖学金、一等奖学金、四川省大学生综合素质A级证书；获校级三好学生、优秀学生干部、综合素质标兵等荣誉称号；获十六届四川省"挑战杯"大学生课外学术科技作品竞赛三等奖；发表论文《网络直播中的犯罪案件侦查问题研究》《电子数据搜查的逻辑证成与法律规制》《食药环犯罪案件的侦防对策研究》《网络直播中的新型犯罪治理》。曾任四川反恐微信公众号编辑、侦查学二大队秘书处负责人和苍溪实习地副组长。

自进入四川警察学院以来，我深耕主业，致力于研究新型网络犯罪与电子数据侦查技术；我脚踏专业实地，参与各类侦查学术论坛及会议；我传承情怀，投身学校和社会实践各项工作。

## 胸怀寰宇，创新学术

我的理想是成为一名优秀的全心全意为人民服务的警察。为了实现这个理想，自2019年进入四川警察学院以来，我便认真学习专业知识，努力掌握刑事侦查技术与基础法律知识，提高自身专业素养和水平。在专业学习上，我始终将学习放在第一位，将被动学习转变为主动吸纳，积极争取获得每学期的优秀学生一等奖学金。我通过了英语六级考试、计算机等级考试；主动关注国家战略需求和社会关切的问题，为深研新型网络犯罪与规范侦查手段奠定坚实的基础。

"纸上得来终觉浅，绝知此事要躬行。"在侦查系刘黎明、张志伟等系部老师的帮助下，我将想法变成行动，全身心投入新型网络犯罪与电子数据搜查技术。结合现有文献资料，经老师的指导，我发现学界对保护受网络搜查侵害的公民个人权利虽然达成了共识，但是对网络搜查的属性认定却存在争议。争论点主要聚焦于两个方面：其一，电子数据搜查与搜查的关系；其二，电子数据搜查的法律性质。基于此，促进侦查程序的规范化，急需对电子数据搜查的学理属性与法律规制进行系统省察。针对以上问题，经过一系列的公安实践探索，我撰写发表《电子数据搜查的逻辑证成与法律规制》一文，提出了一种多步骤、多节点灵活处理的侦查思路，将传统单线电子数据搜查的病态问题转换为多步骤的适定问题。

此外，我积极参与侦查学的学术论坛，深入研究大数据时代背景下的新型网络犯罪，对网络直播犯罪、食药环犯罪进行了剖析，撰写出《网络直播中的犯罪案件侦查问题研究》《食药环犯罪案件的侦防对策研究》《网络直播中的新型犯罪治理》等文章，并在中西南地区公安政法院校侦查学术研讨会上得到热烈反响。在侦查系部与侦查学二大队的支持下，我积极参与科技创新比赛，荣获十六届四川省"挑战杯"大学生课外学术科技作品竞赛三等奖，还主持1项国家级大学生创新创业训练计划项目、1项省级大学生创新创业训练计划项目，参研四川省高校人文社会科学重点研究基地——四川社会治安与社会管理创新中心一般项目"总体国家安全观指导下的国家安全教育理性回归与实践路径探析"、四川警察执法研究中心一般项目"无人机执法中的价值冲突及其法律调适"。

## 传承精神，服务集体

入学以来，我一直坚定"既要立鸿鹄之志，也要脚踏实地"的信念。为人民服务不是一句空话，只有撸起袖子加油干，才能确保国家和人民的利益不受到损害，牢牢守住社会公平正义的最后一道防线。

在实习期间，我担任苍溪实习地副组长一职，向下传达上级工作任务，向上反映同学诉求，努力发挥自己的价值。因工作认真负责、踏实肯干，我从苍溪县江南派出所调到苍溪县公安局政保大队。在实际工作的过程中，我发现通过纸质宣传册页及文字的形式做反诈宣传的效果并不理想，于是想利用一些老百姓喜闻乐见的形式宣传反诈，进而策划并参加拍摄苍溪公安反诈视频，制作《如果这都还被骗》反诈歌曲，起到了一定的宣传效果。在实习工作中，我的工作态度端正，积极主动，得到实习单位同事的一致好评，同时被苍溪县公安局评为优秀实习生。

在新冠肺炎疫情防控期间，使命在肩的我投身于社会实践，助力社区和谐。我积极参与防疫卡口值守，任劳任怨，工作效果良好，受到了高县人民检察院的表彰。与此同时，我还在校外从事四川省反恐怖工作领导小组办公室领导的"四川反恐"微信公众号编辑工作，积极协助四川省各地市州公安宣传反恐防暴知识，提升人们的安全意识，为维护国家安全和社会稳定助力。我积极收集相关资料，认真排版校对每一篇公众号推文、每一篇反恐防暴文章，勤勤恳恳，被四川反恐怖工作领导小组办公室评为"优秀编辑"。

## 放眼未来，立足当下

在校期间，我积极参与本科生导学关系建设，和侦查系老师一起与侦查系新生对话交流，分享在侦查系求学的故事。我作为学生负责人协助侦查学二大队成立了创新创业小组，至今协助申请通过 52 项创新创业训练计划项目。

与此同时，在担任 2019 级侦查学二大队秘书处负责人期间，我一直严格要求自己，为班级同学树立了良好榜样，平日里积极和同学沟通交流，协助老师完成教学任务，上传同学们的反馈，下达各科老师的要求，成为连接老师与同学的"坚固桥梁"，也在协助老师、服务同学的过程中锻炼了自己，提高了能力。我还参与组织了四川警察学院"不忘来时路，永葆'川警'心"校史竞赛、"开展高举忠诚旗帜，争做四铁新警主题"演讲比赛、"炼钢铁意志，铸'四铁'新警"环校跑、"风雨征程砺初心，唱响时代最强音"合唱比赛、家校共育活动、创新创业"读书分享会"等活动。

放眼未来，用创新学习充实自己的能力，为未来做好准备；立足当下，服务身边人，做好身边事，一步一步走在成长成才的路上。我将赓续担当，不负韶华！

# 以青春践行使命　以奋斗诠释担当

成都师范学院◆王宝珠

> 王宝珠，汉族，中共党员，成都师范学院物理与工程技术学院物理学专业2019级本科生。获国家奖学金、国家励志奖学金、校级一等奖学金、四川省大学生综合素质A级证书；获四川省"互联网+"大学生创新创业大赛银奖、铜奖，四川省"挑战杯"大学生创业计划竞赛铜奖，四川省科普讲解大赛二等奖等奖项20余项；获成都市学生会组织优秀工作人员、校级优秀共青团干部、三好学生、优秀学生干部、优秀疫情防控志愿者等荣誉称号。

青年在成长和奋斗中，会收获成功和喜悦，也会面临困难和压力。我们要经得起风雨、受得住磨砺、扛得住摔打，让勤奋学习成为青春远航的动力，让增长本领成为青春搏击的能量。我们要成为中华民族生气勃发、高歌猛进的亮丽风景。

## 青春逢盛世，一心向暖阳

作为一名学生党员，我始终坚持全心全意为人民服务的根本宗旨，紧跟时代发展，带头服务同学。

我所在的党支部——物理与工程技术学院学生党支部于2022年被教育部遴选为"全国党建工作样板支部"培育创建单位。在党支部的悉心培养与关怀下，我主动学习党的理论知识，坚定理想信念，厚植爱国情怀，积极参加思想教育、社会实践、爱心服务等活动，充分发挥自身特长传播正能量，在四川省高校"品红色经典，抒爱国情怀"演讲比赛和"爱成都·迎大运""信仰之光接力传·复兴之路谱新篇"暨"幸福美好生活十大工程"主题演讲活动中取得了优异的成绩。我积极参与社区疫情防控工作，投身志愿服务，被家乡评为"优秀疫情防控志愿者"……在这些活动中，我不断提升党性修养，切实提升综合素养。在支部对百余名学生党员进行自我教育、自我管理、自我服务、自我监督的影响和带动下，我们学习榜样、彼此带动、互帮互助。作为青年的我们，大好青春逢此盛世，何其幸运，更要携手并进、向阳而生、茁壮成长！

## 吹灭读书灯，一身都是月

古人云："路漫漫其修远兮，吾将上下而求索。"大学的青春时光只有一次，应该好好珍惜。

作为一名大学生，我深知学习的意义。从大一第一节课起，我就始终以最大的热情投入专业课程学习，认真回应老师抛出的每一个问题，提出自己的疑惑与见解；刻苦钻研每一个知识点，做到前后联系、融会贯通。功夫不负有心人，我三年专业成绩和综合素质成绩排名专业第一（1/144），并荣获国家奖学金、国家励志奖学金、校级一等奖学金。同时，我还充分利用课余时间参加全国大学生物理实验竞赛、四川省大学生周培源力学竞赛等学科竞赛，并取得了优秀成绩；坚持钻研教育教学知识，并参与 2 项相关科研课题；利用课余时间改进教学教具并申请 1 项专利；不断加强与其他专业同学的交流，在相互学习的过程中一同参与多项创新创业大赛，并获得四川省"互联网＋"大学生创新创业大赛银奖、铜奖，四川省"挑战杯"大学生创业计划竞赛铜奖。在提高自己专业技能的同时，我还注重增强学习的主动性和创新意识，与同学们共同营造良好的学习氛围，形成了积极向上、勇毅前行的班风和院风。

## 会当凌绝顶，一览众山小

作为成都师范学院学生会主席团成员，我带领校学生会攻克新冠肺炎疫情期间的各种困难，锐意进取、真抓实干，各项工作都取得了新进展。

遭遇新冠肺炎疫情时，我们严阵以待、齐心协力，用行动竖起抗疫标杆，用实干打造安全屏障。还记得2022年4月7日凌晨两点，接到学校紧急通知，我们迅速组织疫情防控志愿者队伍并开展工作：25分钟召集齐第一批志愿者，40分钟完成应急方案，2小时完成各部门分工并召集到441名志愿者迅速进入工作状态。在大家的共同协作下，我们圆满地完成了此次任务，经过连续一周的努力，共同筑牢了校园疫情防控屏障。让我印象最深刻的是每天的总结，学生干部们分析遇到的困难，大家各抒己见，提出解决办法，进而改进接下来的工作方式。我们在彼此的陪伴中克服一次又一次的困难与挑战，始终坚信团队的力量！在此期间，我校学生会荣获了成都市优秀学生会组织、成都市大中专学生志愿者暑期文化科技卫生"三下乡"社会实践活动优秀组织等9项集体荣誉称号。

## 希君生羽翼，一化北溟鱼

师魂者，师之正气也；正气者，真善美也。大学校园教会我尊师重教，我用实际行动践行爱真笃为。

对于一名师范生来说，良好的师德师风是第一标准。在大一时的师范生宣誓仪式上，我暗自下定决心，未来定要担起逐梦育人的使命。后来，在"三下乡"暑期社会实践中，我进入中小学课堂教授科技课程，累计达到217个课时；参加"青春志愿·爱在社区"活动辅导社区孩子，累计服务时长达108.5小时；走进甘阿凉地区为当地孩子进行科普教育，助力孩子们增长知识、追逐梦想，体悟到了人民教师的真谛。在学校倡导开展的"晨读经典，晚书华章"教学活动中，我坚持每天早上诵读中华经典，每天傍晚练习字画，荣获校园"中华经典诵读"大赛二等奖、"三字一画"技能竞赛粉笔字书写三等奖。我积极锻炼语言表达能力，荣获四川省科普讲解大赛二等奖，为今后成长为一名优秀的教师做好充分的准备。

习近平总书记曾寄语青年："青年是国家的未来，也是世界的未来。中国梦与世界梦息息相通，中华民族应该对人类社会作出更大贡献。"我的成长与进步离不开悉心指导和帮助我的师长，离不开为我们提供展示平台的校园，更离不开党和国家的培养与关怀。作为新时代的青年，我们更应该在党的二十大精神的指引下，充分展现自己的抱负和激情，胸怀理想、锤炼品格、脚踏实地、艰苦奋斗，不断书写奉献青春的时代篇章。

# 心之向往　行将必至

成都工业学院◆龚雨笙

> 龚雨笙，汉族，中共预备党员，成都工业学院材料与环境工程学院材料成型及控制工程专业2020级本科生。获国家奖学金、国家励志奖学金、校级优秀学生奖学金、四川省大学生综合素质A级证书、四川省"互联网+"大学生创新创业大赛银奖；获校级优秀学生干部、三好学生等荣誉称号。专注科研创新，成功申报国家级大学生创新创业训练项目1项、市厅级科研项目1项、校级科研项目4项；以第一发明人身份申请发明专利1项。积极参加志愿服务活动，志愿服务时长达370小时，荣获雷锋式优秀志愿者称号。

人可以选择平凡，但不能选择平庸。在大学的三年中，我一直朝着自己的目标奔跑，学我想学的知识，做我想做的事，在奋进的征程中披荆斩棘、乘风破浪。

## 寻觅：坚定目标守担当

我出生于农村，打记事起就跟着爷爷奶奶一起生活。我在县城读初中和高中，那里有一个特殊的假期叫"农忙假"，是专门用来让我们回家到田里帮忙的。每当这个假期时，我会坐半个小时的公交车，再走半个小时的小路，回到那个被山和树包围着的温馨的家。收割水稻是我记忆中最为深刻的往事。那时，我们村还没有收割机。收割水稻时，我们只能顶着烈日，打着赤脚，拿着镰刀一把把地割。一滴滴汗水滴落在田坎上，手臂也被割出一道道血痕，虽然辛苦劳累，但看到满仓的粮食，看到爷爷奶奶满脸的笑容，我感觉无比开心和喜悦。这样的经历数不胜数，也让我感悟到了人生要能吃苦、敢吃苦、不怕苦，无论前方如何，都要义无反顾地勇往直前。

踏入大学后，怀着对党的憧憬与向往，我庄重地向党组织递交了入党申请书。如今，我已被发展为中共预备党员。党员的身份时刻提醒我学习必须勤奋、工作必须负责、生活必须向上。大二学年，本着"无私奉献，负重致远"的初心，我在担任班长兼团支部书记期间，认真履行职责，热心为老师同学服务。我尝试探索班级"一帮一学习模式"，即由自律性较强的同学每天定点督促其余同学不迟到不缺勤，按时完成作业。在这样的制度下，我们班学习效率有了明显的提升，形成了积极向上的良好班风，班级先后荣获校级先进班集体、红旗团支部的荣誉称号。我时刻发挥党员模范作用，做好班级中的"领头羊"。在认真履职的同时，我始终坚持不骄不躁，稳扎稳打。一直以来，我的平均学分绩点和综合素质测评均位于专业第一，我也因此获得了国家奖学金和国家励志奖学金。

## 探索：创新求知勇前行

因为对化学有着浓厚兴趣，我选择了实验室助理的工作，加入了化学实验室这个大家庭。在这里，我从最开始连布氏漏斗都不认识，到后来能熟练使用各类仪器，甚至连每台仪器放在实验室的哪个位置都能清晰记得。这为我后面两年的科研之路打下了坚实的基础。

兴趣是最好的老师，热爱是最大的动力。我发现学校没有专业的化学社团，我和伙伴们一拍即合，计划创建学科性社团——碳原子化学协会。筹建过程中，我们加班加点准备材料，制作展示课件。虽然答辩当天我们团队个个都顶着黑眼圈上台，但功夫不负有心人，我们顺利通过了答辩，碳原子化学协会正式成立。但成立只是第一步。怎么让社团发展得更好？怎么带领团队做出成绩？作为协会的负责人，我反复思考这两个问题，深知自己肩上的责任重大。在随后的日子里，我带领团队成员熬了数不清的夜，不断重复做着此前失败的实验……协会成立一年的时间里，我们一共组织策划开展开放实验50余次，累计参与人数达300余人次，获得了老师和同学们的一致好评。对我而言，协会倾注了我无限的心血，它是一份沉甸甸的责任，我也将带着这份责任，以更高的责任感去迎接新的挑战。

大一的时候，我有幸参与到市厅级科研项目"建筑渗漏治理材料及工艺研究"，第一次接触到了疏水缔合聚合物。起初，我对它一无所知，于是查阅了大量的文献，经常去向老师请教问题，不断地了解它的"前世今生"。在了解基础知识后，我开始尝试独立进行项目研究，并成功申报实验室开放基金项目"疏水缔合聚合物溶胀影响因素研究"。在老师的指导下，历经一个暑假的努力，我尝试将疏水单体引入丙烯酸盐灌浆材料中，经过反复实验验证，最终成功合成缔合型丙烯酸盐灌浆材料。此成果让我以第一发明人的身份申请了发明专利，也让我荣获了学校的"科研之星"称号。

## 躬行：投身实践履初心

我深知作为一个大学生，只拥有良好的科学文化知识是远远不够的，还必须感恩国家、回馈社会。2022年7月，我参加了学院"三下乡"暑期社会实践活动，前往宜宾市兴文县支教。我们在兴文大坝苗族乡四龙民族小学以暑期夏令营的形式开展支教活动，组织主题课与特色课堂，辅导小朋友做暑期作业。支教的每一天都是伴随着孩子们响亮整齐的晨读声开始的。他们清澈的眼中映射出对知识的渴求，时刻提醒着我们要好好准备教学内容，全力以赴，争取在有限的课堂时间里，让他们尽可能掌握更多的知识。我最难忘的一堂课是我们结束支教前的最后一堂课。当我们问道："孩子们长大以后想做什么？"他们小脑袋左右摇摆，认真思考后，把他们的梦想一笔一画地写在了纸飞机上。我们一起将这些纸飞机慢慢放飞。这一刻的画面时时回荡在我的脑海，我希望我也可以成为一阵风，帮助孩子们的梦想飞得更高。志愿服务虽然很累，但是让我觉得很幸福很满足。我决心要为社会贡献出新时代青年大学生一份微薄的力量，即使微小如萤火虫，我也要坚持将萤火传递到每一个角落。

我最喜欢陈与义的这句诗："海压竹枝低复举，风吹山角晦还明。"过去的三年，我一直在奔跑，一直在努力，希望自己最终能成长为一名有责任感、有担当的新时代大学生。心向往之，行将必至，追梦路上，我从未停止脚步。

# 从戎归来　砥砺奋进

成都东软学院◆蒋一帆

> 蒋一帆，汉族，中共党员，成都东软学院信息与商务管理学院人力资源系人力资源管理专业本科生，2018年入学后选择参军入伍，2020年退役复学。参军服役期间因参与2020年江西、安徽抗洪抢险任务荣获"集体班三等功"。退役复学后，荣获国家奖学金，第七届、第八届四川省"互联网+"大学生创新创业大赛省赛铜奖，第十二届全国大学生电子商务"创新、创意及创业"挑战赛省赛一等奖、三等奖，2022年四川省"挑战杯"大学生创业计划竞赛铜奖。

## 满腔热血　铸梦军旅

2018年9月，我同时收到了成都东软学院录取通知书和征召入伍的通知书。面对上学还是入伍的选择，我毫不犹豫地选择了应征入伍。当被问及原因的时候，我说："天下兴亡，匹夫有责，穿上戎装保家卫国是我一直以来的梦想。"在穿上军装的那一刻，我感受到的不仅是作为军人的荣耀，更是沉甸甸的责任。

两年的军旅生涯，我时刻铭记着入伍时的宣誓。在每次的训练中，我都全力以赴苦练本领，不断突破自己的极限。在工作中，我服从命令，忠于职守，圆满完成各项演习保障任务，屡获表彰。在日常生活中，我全心全意为人民服务，积极参加军民共建活动。2020年，江西、安徽等地爆发洪灾，在危难时刻，我随部队出征，勇斗洪魔。我所在的单位属于"国家级抗洪抢险专业应急力量"，被称作抗洪抢险

"国家队"。在奋战洪魔的前线,我与战友共在《解放军报》等军地媒体发表宣传报道千余篇,荣立"集体班三等功"一次。

## 卸下戎装　不卸担当

2020年9月,我光荣退伍,回归了梦想的大学生活。重返校园后,我卸下肩章而不卸担当,退却戎装却不退荣光。相对军旅生活而言,大学生活更加多彩。尽管身份和环境发生了变化,我始终铭记自己曾经是名军人,始终保持着在部队养成的优良生活习惯,认真学习专业知识的同时也不忘经常锻炼身体强健体魄。

我保持军人见红旗就扛的本色,并把这种精神发扬在了学习上。从军人转变为学生后,我认为最重要的事情就是学习,唯有脚踏实地、稳扎稳打才能够在学业上取得好的成绩。自复学以来,我就把学好文化课作为首要任务,用军人作风约束自己,用知识武装自己,认真学习每一个知识点。日复一日,每一分付出都会结出硕果。复学以来,我的学习成绩一直名列前茅。

我积极参加学校的各类活动和学生工作,全心全意地为广大同学服务。我担任人力资源2020级1班团支部书记,积极服务同学,为学校学生组织积极建言献策,并鼓励身边同学参军入伍,报效祖国,为学校的国防教育和征兵工作贡献属于自己的力量。

我积极钻研学术,深耕科研并参加各类学科竞赛。尽管科研和比赛的道路上充满苦难和挑战,我也从未放弃,而是愈挫愈勇,立足学科基础,培养综合素质,勇攀科研高地。我主动加入学院老师的科研队伍,从看文献、写材料做起,积极申报相关课题并结题,最终荣获第七、第八届四川省"互联网＋"大学生创新创业大赛省赛铜奖,第十二届全国大学生电子商务"创新、创意及创业"挑战赛省赛一等奖、三等奖,2022年四川省"挑战杯"大学生创业计划竞赛铜奖,第七、第八届全国应用型人才综合技能大赛"匠心·职场秀"简历精英挑战大赛全国二等奖、三等奖,社科奖第十三届全国高校市场营销大赛二等奖、最佳创意奖,以及校级竞赛50余项奖项。我还参与都江堰市哲学社会研究课题2项,结题1项且荣获都江堰市哲学社会科学优秀成果二等奖,参与省级一般科研项目2项、重点项目1项;主持或参与国家级大学生创新创业训练计划项目4项、省级项目7项;以第一作者身份发表EI国际会议论文1篇;申请计算机软件著作权3件、实用新型专利4件。

## 常怀感恩　不忘初心

从入伍参军再到退伍回归校园，我始终都怀着对祖国人民的感恩之心。在部队，我认真尽职，站好每一班岗，做好每一件事，努力回报国家和人民对我的支持和信任。在校园，我一直是同学们的榜样，积极帮助需要帮助的同学，为他们解答学习上的各种问题。

在寒暑假期间，我积极参与各项志愿实践活动。在 2021 年南京禄口国际机场暴发疫情之际，我作为党员，第一时间向防疫指挥部递交了请战书，投身防疫一线。在之后的寒暑假期间，我也多次投身于家乡的防疫志愿活动中，得到共青团江苏省委、江苏省青年志愿者协会、共青团南京市委、南京市青年志愿者协会的表彰。

2022 年暑期，我积极参与南京市"茉莉花开，雁归六合"大学生"返家乡"社会实践项目，协助团工委开展为期两周的"宁育未来·童乐一夏"爱心暑托班活动及南京创建全国文明典范城市工作志愿者活动。我说："作为一名退役军人、一名南京籍的大学生，我有义务扛起志愿服务的红旗，要为国家文明典范城市创建工作和疫情防控工作贡献青春力量，真正地做到退伍不褪色，为家乡建设做贡献！"

此外，在 2021 年 12 月及 2022 年 7 月，我将我取得的奖学金全额捐献给我执行抗洪抢险任务的安徽省巢湖市某村，并购买矿泉水供高温酷暑下一线防疫和城建工作人员饮用。

## 展望未来　砥砺前行

我对自己的未来有着明确的规划，不仅坚定地想要投身科研事业，而且想为科技强国建设贡献出自己的一份力量。"路漫漫其修远兮，吾将上下而求索"，我将时刻牢记自己退伍军人的身份，坚持优良作风，不论将来处于何种境地，都不怕困难，勇于挑战，坚定思想信念，不断向着自己的目标迈进。

未来，我将用实际行动响应习近平总书记在中国人民大学考察时的号召，用脚步丈量祖国大地，用眼睛发现中国精神，用耳朵倾听人民呼声，用内心感应时代脉搏！

# 科研之路　求实创新

电子科技大学成都学院◆林炜

> 林炜，汉族，中共预备党员，电子科技大学成都学院数据科学与大数据技术专业2019级本科生。获国家奖学金，校级一等奖学金、二等奖学金、优秀学生干部奖；获四川省大学生综合素质A级证书、四川省"挑战杯"大学生创业计划竞赛铜奖、四川省大学生计算机作品大赛一等奖等。以第一作者身份发表EI论文1篇，于《红豆教育》发表论文3篇；以第一和第三申报人身份申报国家发明专利2项。

2019年9月，我满怀着热情与希望，来到了这个梦开始的地方——电子科技大学成都学院。进入大学之后，我开始慢慢规划自己的未来。求学之路漫长且布满荆棘，而成功就是荆棘之上的花。我能够看到属于自己的花朵盛放，离不开学院和导师对我的关怀和培养。"厚德、笃学、求实、创新"将会是我不变的信念，也会是我未来道路的明灯。

## 心有远方，从此启航

我的家庭条件并不优渥，在进入大学之前我都没有能够拥有一台个人计算机，唯一能够接触计算机的地方是中学的计算机机房，而我的专业是数据科学与大数据技术。在这样的情况下，我不断激励自己"付出成倍的努力，我能够学得更多，做得比别人更多"。于是，我开始在生活中扮演不同的角色，合理规划着自己的时间，参加竞赛，参与活动，考取证书。整个大一上学期，我好像一个连轴转的机器人，机械化地重复着相同的任务。在做这些事情的过程中,我获得的似乎只有完成任务时的些许成就感,一个个仅仅具有象征意义的纪念品,还有机械刷题后的疲惫。在高强度的自我逼迫下,大一学年寒假期间,我产生了突如其来的疑惑:在大学四年期间我到底想获得什么?我存在的价值到底是什么?第一个问题从产生到我找到答案总共用了一年时间。恩师对我说:"你应该找到自己喜欢的学习方向,之后就往这个方向深入。大学的时间是有限的,你的精力也是有限的,要懂得取舍,持之以恒。"受到他的启发,我犹如醍醐灌顶。是的,我应该在大学这短暂的时间中摒弃杂念,在某一个方向深入地学习。在大二上学期的JUNCTION极客马拉松竞赛中,我偶然间接触到了深度学习这个研究方向。在充分了解后,我决定深入学习这个方向的知识,于是放弃了与我专业并不相关的一些竞赛,同时也不再去追求过多的证书。我从这个方向最基础的一些内容学起,旁听与此相关的课程,同时利用课余时间在各个深度学习竞赛教育平台上浏览信息,参加平台竞赛,阅读研究最新技术的论文。在这个过程中,我的生活变得更加充实,我也能真正乐在其中了。

## 砥砺前行,厚德笃学

从大二开始,我逐渐规划好了学习与参与校内工作的时间,并且很荣幸地担任了学校计算机科技协会的会长。作为学生干部,我非常乐于和刚进入大学的会员们接触,帮他们解决一些问题。当发现他们也遇到"目标不明确""规划不清晰"等问题时,我开始思考如何利用协会的资源帮助他们。在老师的帮助下,在学院的支持下,我带领协会成员制定了科研小组竞争、会员四年培养等方案。协会会员以科研小组的形式积极参加学科类竞赛,在华为 ICT 大赛等赛事中取得了较好的成绩。同时,我积极在协会内部开展科研交流会议,并且邀请专利和论文申报老师定期为会员开办科研方向挖掘讲座。目前,已有部分会员成功发表论文。

在此期间,我在个人专业能力的提高上也绝不放松。担任学生干部使得我能够更加全面地了解专业相关的知识,同时也能更加便捷地获取深度学习领域内的学术动态以及实验硬件资源。我学习的内容逐渐从理论转化为实际操作,我的一些学习成果也能通过实验的方式直观地展现出来。于是,我开始构思用我所学到的知识去解决现实生活中的一些问题。当了解到深度学习能够对考古学中古文字识别、古籍翻译等发挥作用的时候,我萌生了用技术手段对金文字进行处理的想法。于是,我开始广泛搜集相关资料，确定在金文字处理中所用到的技术，搜集训练数据等。在大约半年的时间里，我几乎在工作室解决一日三餐，甚至在工作室留宿。最终，我的模型得到了期望中的实验效果。我将实验整理成论文《Research and Analysis Of Extraction and Recognition INS Criptions of Bronzebased On Improved K‒Means and Convolutional Neural Network》发表在 ICCWAMTIP 会议上。目前，文章被 IEEE 数据库和 EI 数据库收录。

## 科研为志，不忘初心

作为一名积极向党组织靠拢的共产主义青年，我深入学习党的先进思想理论。为了能够实现在森林火灾发生之初预警以达到保护人民群众生命财产安全的目的，我作为技术骨干成立了"智能森防"科研小组并积极与达州市农业局合作。经过为期半年的研发和山区实地实验之后，小组拿到了宝贵数据，并且在 2022 年四川省"挑战杯"大学生创业计划竞赛中荣获铜奖。在之后的时间里我以第一申报人身份申报发明专利《基于多通道注意力机制的文本表情包情感分析方法及系统》，以及以第三申报人身份申报发明专利《一种垃圾信息检测方法》。

时光如白驹过隙，现已经是大学的第四个年头，爱因斯坦曾说："一个人对社会的价值，首先取决于他的感情、思想和行动对增进人类利益有多大作用。"在将专业知识运用于解决现实生活中遇到的问题的过程中，我逐渐意识到我的价值就是去创造出能够解决问题的方案。所以，我毅然决然地选择了升学以保证自己能够继续科研之路。很荣幸这一路走来，有同学的鼓舞、老师的帮助以及学院的支持。在未来，我会继续深度学习，努力提升自己的科研能力，完善自己，提升自己，在这片我热爱的土地上发挥我的所有价值。

# 一分耕耘　一分收获

成都理工大学工程技术学院◆左佳丽

> 左佳丽，女，汉族，共青团员，成都理工大学工程技术学院经济系会计学专业2019级本科生。获国家奖学金、国家励志奖学金、校级学年奖学金、四川省大学生综合素质A级证书；获四川省优秀毕业生、校级优秀学生、优秀志愿者等荣誉称号；获四川省大学生企业大数据智能决策大赛三等奖、"外研社·国才杯"英语阅读大赛初赛一等奖、"挑战杯"全国大学生课外学术科技作品竞赛校级三等奖。作为项目负责人参与四川省大学生创新创业训练计划项目1项；以第一作者身份于省级期刊发表科研论文1篇。

一分耕耘，一分收获，想要得到多少成果，就必须先付出同等的努力，无论成功与否，都是积累的过程。大学四年的积累与沉淀，使我收获颇多，助我逐步成长，让我的大学生涯有着较为独特和精彩的经历。

## 努力的日子会发光

盛夏的梧桐永远茂盛，头顶的骄阳永远热烈，努力的日子永远发光。在自身的努力下，我已顺利通过大学英语六级考试、计算机二级考试，同时已取得初级会计专业技术资格证。

同许多学子一样，刚进入大学的我是青涩与迷茫的，对大学生活充满了好奇与期待，并未对自己的大学生活进行明确地规划，也深知学习的重要性。受一位优秀学姐的影响，我暗下决心要向优秀的人看齐，努力学习，随后连续三年获得奖学金和优秀学生的荣誉称号。在这期间，我慢慢地明白了自己想要什么以及该如何去实现目标。

在后续的学习生活中，我尽力抓住每一个能锻炼自己的机会，积极参加各类活动与比赛并获得了相应的荣誉。在大三学年，我所在的队伍作为学校代表队参加了由四川省教育厅主办的四川省大学生企业大数据智能决策大赛，与来自四川农业大学、西南石油大学、成都理工大学等院校的队伍一同参赛，最终获得了三等奖。此次比赛是首届，我们和指导老师都没有经验，只能通过自己不断地摸索、学习、训练来提升比赛水平。依稀记得晚上练习完毕后，从经管中心回寝室路上看见的月光，是那么令人舒畅与心安。此次比赛让我更加明白团队合作的重要性。我十分感谢队员们对我的信任以及指导老师们的辛勤付出。那段日子，我面临着学习、班级事务、部门工作以及比赛的几重压力，已感觉到自己的力不从心，但最终通过努力与坚持，成功克服困难。在我看来，努力的日子会发光，照耀前进的道路。

## 勇于尝试促就成功

"路漫漫其修远兮，吾将上下而求索。"万里之行始于足下，敢于尝试走出第一步，就相当于成功了一半。在大一学年，我了解到"互联网＋"大学生创新创业大赛。虽然在我看来，文科专业的学生即使参加比赛获奖的难度也较大，但我还是选择了尝试，觉得哪怕失败也能为自己积累一定的经验。最终由我负责的项目成功入选四川省大学生创新创业训练计划项目。历经将近一年的时间，项目顺利结题。在这一过程中，我们尝试进入自己不擅长但觉得有意义的领域，遇到过许多困难，遭遇过坎坷，但从未放弃，努力寻找突破点。因为项目涉及计算机相关知识，我们还找软件公司进行了市场调研，在专业人员的帮助下成功解决了相关问题。我也因此学习到了专业外的知识，受益匪浅。此外，基于大创项目，我以第一作者身份在省级期刊发表了一篇论文。目前该论文已被知网、维普、万方同时收录。

在风华正茂的年纪，就应该大胆地尝试。只有敢于尝试，勇于尝试，才可以有一番作为。在今后，我会继续在心中播撒勇于尝试的种子，在经历的一程又一程中，一次又一次尝试，督促自己迈向成功的彼岸。

## 热爱可抵岁月漫长

生活如一匹素帛，本身并不具备任何美好的属性，是你的热爱决定了它的样子。唯有热爱可抵岁月漫长，唯有温柔可挡艰难时光。我热爱广播宣传工作，便在2019年9月心怀热爱加入了学校融媒体中心。作为学校官方宣传部门的成员之一，我也会参加各类活动或会议的拍摄和采访工作。在面对较为繁重的工作任务时，我并未懈怠，尽力完成自己热爱之事。在2021年5月，我与组员创办了成都理工大学工程技术学院"理工之声"广播站新栏目"点歌台"。在经历了多番打磨与实践后，栏目成功上线。在那一刻，我收获到了满满的开心与成就感。在整段大学时光中，我除了学习，便将最多的时间花在了部门工作中。我们的部门也成为一个温暖的大家庭。我能清晰地记得在工作期间见到的朝阳和月光，是那样美好。

热爱，是最好的天赋和理由。在任职的这段日子里，通过不断的学习、锻炼和实践，我见证了自己的成长，在与老师和伙伴的相处之中也感受到了别样的温暖。短暂的工作时光承载着太多的欢笑与感动。在点点滴滴的进步与改变之下，我成了更好的自己，同时也给自己的大学生涯增添了光彩。

"少年不惧岁月长，彼方尚有荣光在。"正值青春的我们，不要害怕和在意时光的短长，无论处境如何，都不要忘了努力前行，因为远方一定有光。我的大学生涯有过成功也遭遇过失败，但好坏都是经历，一定要向前看，不恋过去，不惧未来，不负当下。我也始终坚信：一分耕耘，一分收获；越努力，越幸运。我会怀揣着梦想，秉持初心，继续奔赴下一场山河，不负这青春年华。

# 步履不息　砥砺前行

四川工商学院◆胡晓雯

> 胡晓雯，汉族，中共预备党员，四川工商学院教育学院学前教育专业2020级本科生。获国家奖学金，校级"奋进青年""青年之星"等荣誉；获第十二届全国大学生电子商务"创新、创意及创业"挑战赛四川赛区三等奖，2022年四川省"挑战杯"大学生创业计划竞赛铜奖，第八届四川省"互联网+"大学生创新创业大赛铜奖；参加四川省民办教育协会2021年科研课题"网络直播对大学生思想政治教育影响研究"并顺利结题结项。

怀一腔热忱，一往无前；持一身才学，挥斥方遒。"你可以不光芒万丈，但不能让自己停止发光"，这是我很喜欢的一句话。奋斗是青春鲜明靓丽的底色，是新时代青年积极进取的内驱力。大学阶段是思想、心理、知识结构等不断成熟发展的时期，我始终不忘严格要求自己，坚持用一名党员的标准来规范自己的言行，不断学习，不断进步，积极发挥先锋模范作用。

## 励志笃行，开拓进取

习近平总书记对广大青年人提出殷切期望："广大青年一定要勇于创新创造。"自大一起，我便加入了学校的创新创业俱乐部，并在大二时作为"破'筒'成蝶"团队的核心成员，积极参加各类创新创业大赛。参加创新创业大赛并没有想象中容易。当花了大量的时间与心血想出的框架出现问题被推翻时，当通过头脑风暴找到方向却在某一环节突然毫无解决问题的头绪时，当查阅资料遇阻时，我常常陷入迷茫与困惑，产生自我怀疑。但是，我并没有因此而止步不前，而是在调节过后重整旗鼓，努力突破困境。

当然，在创新创业这条道路上，自己一个人是无法让一个项目有长久且持续的发展的。在整个项目的推进过程中，我也收获了许多良师益友。为了促进项目更好地绽放，我们在一起探讨问题，进行头脑风暴。在大家的共同努力下，团队项目获第十二届全国大学生电子商务"创新、创意及创业"挑战赛四川赛区三等奖、2022年四川省"挑战杯"大学生创业计划竞赛铜奖、第八届四川省"互联网+"大学生创新创业大赛铜奖等奖项。励志笃行，开拓进取，我仍会在创新创业这条道路上砥砺前行、不断创新。

## 求真务实，笃学践行

我非常喜欢在新的环境中和新的人相遇，在新的实践中实现新的价值。我一直坚信被需要是一种幸福。在校期间，我担任学院分团委及学生会学生干部、大学生记者团团长、辅导员助理及网球协会办公室主任。作为一名学生干部，我兢兢业业，认真负责，获得了校级优秀学生干部的荣誉称号。

许多人都会觉得，学生工作十分琐碎，需要占用大量的时间。但是，我很庆幸自己拥有这一段学生干部的工作经历。一进入大学，我便加入了学校党委宣传部，成为宣传大家庭的一分子。宣传工作很繁忙但也很重要，写新闻稿、排推文、剪视频，熬夜工作的日子累并快乐着。从成员到负责人，我慢慢成长着。求真务实，笃学践行，一点一点让自己变好。我认为一切努力都是值得的，我从中学到了很多技能，也结识了许多朋友，他们是我大学生活的"小确幸"，占据了我许多美好的记忆。

"纸上得来终觉浅，绝知此事要躬行。"我积极参加疫情防控、校园文明劝导等志愿服务活动以及化育桥社区儿童服务站社会实践活动，始终铭记"志愿于心，服务于行"的宗旨。志愿服务送关爱，文明实践树新风。一路的志愿服务，我用"服务他人、提升自我"的精神来传递正能量，为家乡、为社会、为国家作出自己应有的贡献。

## 生逢其时，为之奋斗

心怀故乡，行有远方。我对大学生"返家乡"社会实践活动一直充满了向往。因此，我也积极参加了"家燕归巢"大学生暑期社会实践活动。"家燕归巢"一语双关，既对应着寄送书信、传递思念，游子对家园的依恋，也象征着家乡对游子的牵挂。

我认为"家燕归巢"大学生暑期社会实践对我走向社会起铺垫作用，是人生一段重要的经历。深入基层，我感慨很多，也进一步亲身体会到社会更真实的一面。在很多人眼里，机关单位的工作就是一份"铁饭碗"，就是重复千篇一律的事务，但其实不是。只有亲身经历过才会发现要想真正做好这份工作需要更多的灵活性和实践能力。

在实践的日子里，我在退役军人服务站积极宣传反诈知识，向居民分发宣传手册，介绍防诈骗小程序的用途、使用方法，并在现场指导群众完成注册登录，提升了群众的防范意识，为退役老兵的安全、社区的和谐安宁做出贡献。除此之外，我还参与了疫情防控工作，督促重点行业工作人员执行相关疫情防控政策，配合全国文明城市创建工作。从每天看似重复的工作内容中，我能学习感悟到许多东西，也认识到"哪有什么岁月静好，不过是有人替你负重前行"的真正含义。

## 初心执着，持之以恒

青春砥砺鸿鹄志，吾辈青年树华章。我深知"山外有山，人外有人"，但没有比人更高的山，没有比脚更长的路。我会不断以优秀者作为榜样，自强不息，竭尽全力。风华正茂、挥斥方遒的我，将始终坚守"树德明礼"的做人原则和"学之以恒"的求学态度，继续发扬"同心同德、励志弥坚"的"工商精神"。前途道路险阻，愿永携一颗向阳之心，砥砺前行，以梦为马，踔厉奋发。

# 专科(高职)篇

# 以我之力　追我所愿

四川民族学院◆林雄伟

> 林雄伟，汉族，中共预备党员，四川民族学院教育科学学院小学教育专业2020级专科学生。获国家奖学金、四川省优秀大学毕业生、四川省大学生综合素质A级证书等荣誉；获2022年第二届全国校园排舞网络展示大赛二等奖、第十一届全国大学生电子商务"创新、创意及创业"挑战赛四川赛区三等奖、甘孜州第一届"学子杯"科技创新创业大赛优秀奖、四川省大中专学生志愿者暑期"三下乡"社会实践活动优秀品牌项目。积极投身志愿服务，参加2022年四川省"逐梦计划"大学生社会实践活动、寒假"返家乡"社会实践活动，志愿服务累计时长220小时；2023年赴凉山彝族自治州昭觉县开展了为期半年的支教工作。

还记得开学报到那天，从"大千故里"到"圣洁甘孜"，我迈着坚定的步伐，怀着对大学的好奇与憧憬，怀揣梦想步入了四川民族学院。一进学校，映入眼帘的是八字校训"团结、奋进、重道、精业"和代表民族团结的康巴儿女像。优美的校园环境和浓厚的学习氛围让我告诫自己：我一定要比别人更努力，一定要在大学三年的时光里，改变自己，突破自己，闯出属于自己的一番天地。

## 脚踏实地，虚心好学

我始终坚信"越努力、越幸运"。大一时，我便把加入中国共产党、获国家奖学金、取得小学教师资格证作为大学生活的三大目标。每个学期，我都会根据自己的实际情况，把大目标分解成一个个小目标。无论遇到多大的困难和挑战，我都咬紧牙关，绝不言弃，努力实现每一个既定的小目标。小目标逐一变为现实，大目标的实现自然就会水到渠成。目前，三大目标已顺利实现。所以，尽早明确目标、善于分解目标、努力实现目标是很重要的。

我并不是一个聪明的人，但在大学生活中，只要想着自己的目标和梦想，就会努力克服困难，再辛苦也会咬牙坚持下来。面对理论知识复杂的教育心理学课程，我也想过放弃，但最后也慢慢啃下这块"硬骨头"，因为深信对于年轻的我们而言，奋斗才是主旋律，为自己的未来奋斗是一件幸福的事情。理论知识难，我就慢慢理解；理论知识多，就慢慢记。对于不理解的地方，我会先查阅资料，如果还不理解，就向老师请教。就这样，在不断地理解、记忆中，我学到了更多东西，也能够融会贯通，感受到了学习的快乐。古人云："书山有路勤为径，学海无涯苦作舟。"学习是一个过程，如果期待有一个好的结果，就必须遵循它的规律，那就是"勤奋踏实"。只有打好基础，才能构建一栋经久不衰、屹立不倒的大厦。这是我在学习中总结的道理，也是我认为青年人应该坚持的学习方法。我想，对待学习一丝不苟的态度和总结归纳的学习方法是我大学三年最有分量的收获。

## 立足专业，全面发展

从高中沉重乏味的课业中跳脱出来，我一直期待三年大学生活能有不同的色彩。在坚持学好课业的同时，我也在不断探索和尝试新事物。于是我积极参与各类活动，如演讲比赛、创新创业比赛、微视频大赛等，领略到了不同领域的风采，同时也在人际交往和团体协作方面积累了许多经验，形成了较好的组织管理意识，加强了团队合作与社交能力。

生活中，我秉持着团结、友爱的原则，全心全意帮助同学，调动同学们的学习积极性。一般来说，我喜欢在寝室学习。我们寝室的学习氛围特别好，大家一起学，学累了就一起休息一会，跟着康辉老师练习普通话或者互相抽背专业理论知识。通过两年的努力，我和室友多次获得校级专业奖学金，寝室所有人已取得普通话二级甲等证书并顺利通过小学教师资格考试。工作中的我也在努力。任职学院学生会副主席的一年里，我本着全心全意为同学服务的宗旨，在学校老师的带领下，和其他学生干部成功举办了社会实践报告比赛、2022年毕业晚会、迎新篮球赛、儿童故事讲演大赛等活动，得到领导、老师和同学的一致好评。

## 热心志愿，乐于奉献

"有一分热，发一分光。"在成长过程中，我接受了许多来自他人的善意与帮助，一直希望能够通过自己的微薄之力去帮助有需要的人，将这些善意一直传递下去。2022年，我到乐山市茨湾村开展暑期"三下乡"社会实践活动，和小朋友们交流、作画、写字。他们都是农村孩子，刚开始面对我们这些陌生人时，都很腼腆，不爱说话。后来经过慢慢地相处，我们打成一片。他们开始主动和我分享自己的想法、喜欢的明星、喜欢的电影。虽然父母不在身边，但他们都有积极乐观的心态和过人的艺术天赋。他们的画作，总是能给我带来乐趣。而我们能做的就是竭尽全力让他们尽情发挥自己的艺术才能。

志愿情未减，芳华仍依旧。2023年2月，我很荣幸成为四川民族学院第八批赴凉山彝族自治州顶岗支教队的一名队员。春暖花开的季节，我来到了昭觉县哈甘乡中心小学支教。到校后，校长、老师还有学生都非常热情，不仅帮我们拿行李，还安排好了住宿和晚饭，让我们深深地感受到了他们对我们的关心。短短几周，在课堂教学上，我们实现了从不知所措到得心应手的转变。学生们求知的眼神、稚嫩的声音始终激励着顶岗支教队的每一个人。我们立志在"永远跟党走，青春献祖国"的伟大事业中插下属于我们的一面小旗，把自己当作一抔土，与其他无数抔土聚集在一起，成为孩子们健康成长的沃土，为孩子们的茁壮成长提供养分。就这样，我开启了我的支教生活，之后半年中的每一天都按照教学计划认真完成教学任务，立志做好一名支教老师。

青年人通过志愿服务活动展示自我、走向成熟。在做志愿者的过程中，我学会如何更好地服务他人，并从中发现并弥补自己的短板。一次又一次的经历，让我更加热爱志愿服务活动。在一定意义上，这也是我们作为大学生用所学回报社会、服务社会的一种渠道。在以后的工作生活中，我会守住自己的初心，尽自己所能帮助他人、服务他人。

## 不忘初心，方得始终

　　一路前进，跌跌撞撞，我曾感到疲惫，也为梦想迷茫，甚至无数次想要放弃。但我坚信，所有的难关都有意义，能否坚定内心战胜它们，就是成功与被困之间的差距；我坚信，只要能够坚持不懈，终会到达成功的彼岸；我坚信，所有那些深夜里睡不着的日子、面对困境想要逃跑的瞬间，都将成为日后最珍贵的回忆。

　　习近平总书记曾说，明天的中国，希望寄予青年。青年兴则国家兴，中国发展要靠广大青年挺膺担当。年轻充满朝气，青春孕育希望。广大青年要厚植家国情怀、涵养进取品格，以奋斗姿态激扬青春，不负时代，不负华年。

　　岁月无迹，青春有痕。三年的大学生活即将结束，所有的成绩已成为历史。今后，我将更加严格要求自己，以爱心、热心、敬业之心来不断实现自己的奋斗目标，努力做一名合格的人民教师。我一定会带着那分初心，砥砺前行，不负众望；带着那份初心，走向远方，不畏风雨。

# 不负韶华　逐梦前行

阿坝师范学院◆代星

> 代星，汉族，共青团员，阿坝师范学院体育与健康学院体育教育专业2020级专科学生。获国家奖学金、国家励志奖学金；获四川省优秀大学生，校级优秀共青团员、三好学生、优秀学生干部，2021年汶川马拉松优秀志愿者等荣誉称号。积极参加课外实践，不断提高个人综合素质，已顺利考取三级田径裁判证书、三级足球裁判证书及田径E级教练证书。积极参加各类比赛，在学校举办的电子商务"创新创意及创业"挑战赛中获得优秀奖。

怀揣着梦想，带着对大学生活的向往，我来到了美丽的阿坝师范学院，对大学的所有都充满好奇却又感到无所适从，对未来满怀憧憬却又无比迷茫。

## 走出舒适圈，邂逅更好的自己

没有了老师和家长监督下的学习，没有了高考的压力，课余时间我究竟该做什么？该如何做？该从何处做？这些成了我无法回答的问题。渐渐地，这些问题被我慢慢淡忘。我躺在自我的舒适圈中，迷失了前进的方向。专业课老师的详细讲解让我对所学专业有了些许期待与向往，辅导员的指导和学长们的经验分享让我对专业有了了解、对学业有了规划，对未来的职业也有了规划。我从迷茫中走出，开启了奔走、繁忙的大学生活。

作为一名专科学生，我深知自身的短板，也明白没有比别人聪明那就要比别人更努力，专科三年是一段需要不断努力钻研和不懈探索的求学之旅。我把学习放在首位，认真学习掌握专业知识，积极参加技能考试，取得相关技能证书。课堂学习，课外实践训练，担任学生干部，参加社会服务，我一个都没有落下。运动场上、学生活动现场都活跃着我的身影。我的时间被挤得满满当当的……清晨，我用晨读驱走睡意；午间，用活动赶走疲惫；夜晚，用夜读战胜困意。图书馆的每一个角落都留下了我的身影，我享受着在知识的海洋里遨游的唯美，不骄不躁，稳扎稳打，一步一个脚印地学习，掌握了本专业理论知识和应用技能。三年来，我始终保持年级第一，获得国家励志奖学金、国家奖学金和四川省优秀大学生的称号。

## 争做时代新青年

在新冠肺炎疫情时期，我积极加入家乡疫情防控志愿者队伍，在社区卡点值班，宣传疫情防控知识，进行非必要不外出的劝返工作，严格做好登记、测温及消毒等工作，以实际行动守卫家乡人民的健康，在困难面前勇敢地站出来，用汗水和坚持展现青春气力，以自己的力量抗击疫情，融汇温暖。作为新时代的青年，我们自当担使命，共患难。

在刚进校时，我就坚定了自己的信仰，并在第一时间递交了入党申请书，成为一名入党积极分子，积极参加学校组织的各项团员活动，在实践中学习，努力提高自身思想素质，弘扬社会主义道德风尚，严于律己，求实创，与时俱进，将优秀的中华民族传统美德发扬光大，完成组织交代的任务。我积极参加党课，学习党的二十大精神，不断提高自身的思想水平。在自身的不断努力下，大二下学期我顺利获得"入党积极分子结业证书"。我不断提升自己的思想觉悟，提高政治思想水平，坚定政治立场，同时充分使用学习强国等平台，学习时政知识，了解国内外形势、国家政策及时事热点，跟上时代的步伐不掉队。

## 在实践中感悟，在锻炼中成长

我从来不相信什么懒洋洋的自由。我所向往的自由是通过勤奋和努力实现更广阔的人生舞台，可以在其中肆意展现自己。我利用暑假在绵阳一家体育机构担任助教，将自己所学知识运用到实践中。虽然面对的是初中学生，但我觉得自己更应该认真对待，因为他们即将参加体育中考。随着体育的不断发展，体育中考的分值也不断增大，越来越受大家的关注。在我所带的学生中，有一位特别腼腆的小女孩，她比较内向，连基本的热身活动都要在与大家有一定距离的地方独自进行，平时也不怎么说话，几乎不跟男教练沟通。我接受了开导和指导她的任务。平时，我会主动、热情地跟她交流，她也慢慢会跟我表达自己的想法了。虽然只带了他们一个暑假，但我收获了很多，也看到了自己的缺点，我的教学知识基础不够扎实，也没能更好地转换到教练的身份上。在外实习能够让自己学习到在校内学不到的东西，也能让视野变得更加广阔。

我坚信天道酬勤，勤能补拙。虽然齿轮会有卡住的时候，但我相信，只要不断努力、顽强拼搏，定会成为自己梦想中的人，超越半山腰的人群，最终到达山顶，绽放璀璨的光芒。

除了学习专业理论知识，为了塑造缜密的思维，巩固所学并将其与实践更好地结合起来，我还利用课余时间积极投身于校内的志愿服务活动中，帮助新入学的同学做好到校后的准备工作，引领他们熟悉校园。在工作上，我始终秉承"协助老师，服务同学"的宗旨，始终以严谨认真的工作态度，尽心尽力协助辅导员处理各项班级事务，全心全意为同学们服务。

大海不择细流，故能成其深；泰山不让寸土，故能就其高。任何人都在不断地为了自己的使命努力着，为了理想奋斗着。而学生的使命是搞好学习，奉献社会。新时代是奋斗者的时代，奋斗是青春最亮丽的底色。当代中国青年生逢其时，施展才华的舞台无比宽阔，实现梦想的前景无比光明。我坚信只要努力拼搏就能收获成功。我一定不会停下前进的脚步……

# 路漫漫其修远兮　吾将上下而求索

成都文理学院◆李华倩

> 李华倩，汉族，共青团员，成都文理学院外国语学院商务英语专业2021级专科生。获国家奖学金、校级一等学习奖学金；获第六届"亿学杯"全国商务英语实践技能大赛三等奖、2021年全国英语听说能力测评大赛一等奖、第二届全国高校大学生外语水平能力大赛一等奖。担任校英语学习协会学习部部长，参与策划和主持英语角、英语演讲比赛等活动。

日月忽其不淹兮，春与秋其代序。时间的车轮滚滚向前，须臾间大学生活已走过了一年半的时光，不知不觉我已是一名大二的学生。在这几百个精彩纷呈的日夜中，我一直以高标准、严要求规范自己的行为。行胜于言，这是大学生活教会我最重要的一课。从大一的懵懂，到大二的奋进，生活的方式与重心一直在变化，但是对于自己行胜于言的要求从未改变。凡·高曾言："首先是疼痛，然后才是欢乐，唯其如此，则真理可喻，功业可就。"浮生若梦，任疾风牵引梦想的金丝绒，怀坚毅的心奔跑于蓝天白云之间。

## 明确目标，厚积薄发

一年半，不过是五百多天而已，却昭示着我已经悄然走过了我大学生活一大半的旅程。进入大学以来，我始终把学习放在第一位。"学而不思则罔，思而不学则殆"是我们小时候就从《论语》中汲取到的思想。儿时，我并不知道学习对于我的意义，只是听着父母、老师的教诲，亦步亦趋地往前走。直到慢慢长大，经历过人生的重要分岔口，尤其是进入大学后，我才终于对学习有了更深刻的认识。我抓紧每分每秒，不断提高学习能力与综合素养，始终端正学习态度、改进学习方法，见识外国语学院老师们的专业博学，体悟外国语学院学子们的精神气度，热情拥抱专业知识，拓展了自己在学海之中的探索。

曾几何时，我对理科相关的知识一窍不通且带着"破罐子破摔"的想法。进入大学，作为英专生，学习经济学导论这门课时就像是我的"世界末日"。花样繁多的数据曲线满眼乱爬，我在惶恐中不断向同学请教，上这门课时甚至连呼吸都不敢用力，生怕一不留神听漏了什么要点，课后更是神经高度紧张地完成作业，对自己发誓绝不能挂掉这门课。对其他学科，我也秉持着同样严谨、热血的态度。当朝阳的第一缕光辉洒向教学楼时，我已经端坐在教室内开始早自习；每当进入图书馆，我总是在知识之海中流连忘返，日暮时分才踏上归途；每当疲惫沮丧，大学开学典礼那天优秀学姐的讲话言犹在耳："你要记住你的大学生活。大学是你起飞的地方。"我认为坚持学习是必要目标，在思想与意志的游走中要带着质疑和独立思考的精神学习。在大学校园中，我结识了学识渊博、和蔼可亲的老师，结交了努力拼搏、真诚友善的同学。他们让我更加坚信不断学习对于我的人生有着至关重要的作用，使我认识到永远不可以消磨自己的意志，僵滞自己的学思。这也是令我保持不断前进的思想基石。天道酬勤，大一至今的三个学期，我的成绩始终保持在专业第一，我也两次获得校级一等奖学金，获校级优秀学生等荣誉称号。

## 学以致用，实践出真知

在学习期间，我也同样注重专业知识的运用。我敢于沟通，尽可能把握住每次锻炼口语的机会。在不懈的努力和无数次的练习下，我目前已经能和英语母语者无障碍交流。这也让我认识了来自世界各地的朋友，收获了探索的喜悦与语言学习的乐趣。

时至今日，我已经参加过大大小小众多的比赛，而参加的第一场比赛始终在记忆之海中闪耀着。进入大学后，原本胆怯的我决心让自己走出舒适圈，便报名参加了第二届全国高校大学生外语水平能力大赛。从报名的那一刻起，我成了寝室里最早起床、最晚休息的人，就连去食堂的路上，耳机里都播放着英语听力。我在繁杂的现实中为自己创造出了一个"与世隔绝"的学习环境。犹记得比赛是在一个金色的下午，不知是因为紧张还是兴奋，我答题的手有些颤抖，全世界似乎都安静了，我能听见的只有自己呼吸的声音。回想起自己日积月累的努力，自信和坚定从胸腔中喷涌而出，我一往无前地往下答题。赛后公布结果时，我紧张地从最底下开始找我的名字，很久都没有找到，以为自己落选了，抬眼一看竟然在一等奖里面。那一刻，我心跳如擂鼓。那是我第一次品尝成功，我一生都会铭记当时的感觉。

成功让我越战越勇，我学会了不打没有准备的仗，更加积极地参加各大赛事，也因此有幸在第六届"亿学杯"全国商务英语实践技能大赛、2021年全国英语听说能力测评大赛等比赛中获奖。在参与"亿学杯"全国商务英语实践技能大赛期间，我与同专业的学姐学长一同埋头苦干，常常到了后半夜还在反复练习稿子。无数次的改进与调整、无数次的推翻重来，最终才结成凝聚所有人辛苦的成功果实。当然，比赛更重要的是过程。一路走来，我收获了宝贵的友谊与值得铭记一生的经历。比赛结束后，我会诚恳地向评委老师请教不足之处并加以改进。到最后，结果如何已经不再重要了，我不再害怕所谓的失败。我为比赛付出的努力，让我成为更好的人。

## 柔柔细雨，暖暖春情

"随风潜入夜，润物细无声。"杜甫笔下的春雨亦是我担任学习委员与同学相处时所追求的姿态。作为21世纪的新青年，我自小便立志成为一名为人民服务、报效国家的人，希望自己可以化作春雨滋润这片土地。我始终保持着积极向上的心态，妥善处理着学习和工作的关系，努力做到全面发展，做祖国未来的接班人。担任班级学习委员期间，我积极配合学校相关事务，与班长、团支书等其他班委努力为班级做出应有贡献，架起老师与学生之间沟通的桥梁。不管是为同学们搜集老师课上提到的资料，还是整理全班同学的各项文件，学习委员的工作极大强化了我的信息检索能力和对办公软件的驾驭能力。我在短暂的时间内获得了快速的成长，在为集体服务中成就了更好的自己。是外国语学院使我得到了前所未有的进步，涉及知识、能力、眼界、思想……我坦诚乐观，以一颗真挚的心与人相处，用宽广的胸怀去包容万事万物，乐于帮助身边的人，建立了良好的人际关系。

"不忘本来，面向未来。"面对今后的人生，我深知要发出青年的光和热，就要以奋斗定义人生，并在奔跑中抵达新的远方。无论路途遥远还是艰难，追梦的孩子哪怕跌跌撞撞都会以百倍的信心和万分的努力去迎接未来！

# 永葆先进本色　争当时代先锋

四川工业科技学院◆雷斯雅

> 雷斯雅，汉族，中共预备党员，四川工业科技学院体育与健康学院护理专业2020级专科生。获国家励志奖学金、五四红旗标兵、优秀共青团干部、30期党校优秀学员、31期党校先进工作者等荣誉，获"笔墨中国"汉字书写大赛三等奖、第13届护理技能文化节礼仪大赛二等奖、大学生讲思政课公开课三等奖等。

古人云："天行健，君子以自强不息。"这句话强调了君子应该效仿天，刚强劲健，奋发图强，不可松懈。这也是我一生的追求。回顾过去的两年，我没有停下脚步，努力将所学运用到实际工作中，力求自我进步，逐步铸就刚毅坚卓、不屈不挠、不可懈怠的品格。

## 博学慎思　问道而求索

"书山有路勤为径，学海无涯苦作舟。"做学问，要勤奋，要刻苦，要潜心才能学有所得，学有所成。与其说学习是学生的天职，倒不如说学生最需要的便是学习。而学习并不只是上好课、背好书那么简单，只有广泛学习、谨慎思考，将来才能使自己有一片立足之地，更好地为社会主义现代化建设添砖加瓦。在深谙此道理之后，我便更加努力地学习，即使身处在丰富多彩的大学生活中，也并没有迷失前进的方向。我坚信，抱着不怕困难、不被外界干扰的信念去学习并加以思考，终有一天我也会迎来成功!

如今已不再是过去学一技而用终生的时代,时时更新自我的知识体系才是新时代的新标准。为了更好地学习,我经常上网查阅有关护理专业的信息,拓宽视野的同时也丰富了自己的知识储备量。在此过程中,我还学到了独立思考、分辨是非的本领。在我看来,越学习就越有信心、越有盼头,在今后的工作中学到的东西终会发挥出关键的作用。学习注定是要吃苦的,但不怕吃苦是我的特质。我坚信,遇到难题就放弃不会得到知识,遇到挫折就退缩也不会有进步。在以后的工作中,我亦是更加坚定这一信念。

## 宁静以致远　实践出真知

"纸上得来终觉浅,绝知此事要躬行。"我认为实践不仅是检验真理的唯一标准,更是检验理论知识储备以及自身能力的重要途径。大学生应该全面发展,在保证学习质量的同时,积极参加实践。我积极加入学生会,组织并参加各项活动,这使我在人际交往和团队协作方面积累了较多的经验,锻炼了自身的组织能力,也加强了自身的团队合作和社交能力。我有着高度的热情和责任感,常常以身作则,积极主动地为同学们服务,经常与同学们交流沟通,尽力为需要帮助的同学解决问题。我配合老师的各项工作,做好师生之间的桥梁,营造良好的学习氛围。我总是保持一份乐观向上的心态去做好各项工作。

我曾担任学院学生分会组织部的干事,经过不断地学习和锻炼,从一名不起眼的新生干部成功竞选成为组织部部长。升为部长后,我并不满足于"现状",因为这并不是我真正的目标。我真正的目标是,自我学习和锻炼的同时让更多的同学加入进来,让一个人的进步变成一个部门甚至一个学院的进步。正因如此,我积极带领大家完成多项党团工作,从中不断学习和摸索,大大提高了自己的办事能力和处事能力。此外,我还积极组织课外文体活动、外出实践活动,在工作中用心体会办事方式,认真改进不足之处,凭借着为同学们办好事办实事的态度,成功成为院团总支副书记。

任职以来,我能够做到工作作风严谨,密切联系广大同学,在同学中有较大的影响力和感染力。我努力工作,积极带领学生会成员共同进步,是同学们的榜样,也是老师们的骄傲。能够站在这个位置上,是我莫大的荣幸。雄关漫道真如铁,而今迈步从头越。荣耀就好比圆形赛道，终点亦是起点。不管多高的荣誉，只能说明过去，不能代表将来。掌声终会消失，奋斗的脚步还要继续，不懈的学习和进步才更加适合我。

## 人格如金　贵在自知

古人云："吾日三省吾身。"只有不断地反思才能看到自己的不足。看到自己的不足就要正视自己的不足并且加以改正，这是我一直以来的追求。我遵循简朴大方、严于律己、宽以待人的原则，不与同学比吃穿，而是比学习、比进步。我能够真诚地指出同学的错误及缺点，也能够正确地对待同学的批评和意见。面对同学的误解，我选择一笑而过，不会因为被批评而耿耿于怀，而是诚恳地接受，努力改进自己、提高自己。遇到难题，我绝不退缩，知难而上；遇到错误，也不姑息迁就，阐明错误缘由，做到知错就改。

我态度温和，平易近人，从不高高在上。要是那样的话，我会觉得自己脱离了人群，就像鱼离开了水，失去了生命的活力。这就是我，固然并不完美，可富有热情和活力，会不停地学习，发现自我的缺点和不足，扬长避短，超越自我。我自信能凭借自己的潜力和学识在以后的工作和生活中克服种种困难，不断实现自己的人生追求。

回首过去的两年，汗与泪，苦与乐，喜与悲，交织在一起，不知不觉铸就了即将破茧而出的我。成熟与自信代替了以前的青涩和稚气，不变的是梦想与志向。两年来，我一直按照自己当初的规划朝着目标前进，用真挚的热情丰富每一天，尽量让自己的青春不留下遗憾。一路走来，历练出来的是成长，磨炼出来的是品行，坚持不懈的是信念，永不言弃的是追求。世事我曾努力，成败不必在我。无论结果怎样，我都将微笑着面对人生中的一切喜悲，同时，在今后的学习以及工作中继续拼搏奋斗，创造一个无悔而精彩的美丽人生！

# 藏一粒种子让理想开花

四川电影电视学院◆孟乐

> 孟乐，汉族，共青团员，四川电影电视学院播音主持学院播音与主持专业2020级专科生。获国家奖学金、国家励志奖学金、校级一等奖学金；获四川省优秀大学毕业生，第九届中国网络视听大会优秀志愿者，校级优秀毕业生、三好学生、优秀新闻工作者、优秀传媒工作者等荣誉称号；获2022年全国大学生新媒体大赛摄影组二等奖；2022年6月获初级新媒体运营师职业技能证书。曾参与四川广播电视台《非常话题》的实习编导工作，参与成都新闻广播《嗨，医生》的嘉宾配音工作。

在我读初中的时候，我看到了杨澜在莫斯科进行2008年北京夏季奥运会的申奥陈述。她用流利的英语向世界介绍了中国历史悠久的体育文化和新时代的北京，展示了与众不同的东方文明。她的端庄、自信、从容给我留下了深刻的印象。那一刻，我幼小的心灵里便种下了一颗种子——长大之后一定要成为主持人。怀揣着对梦想的热爱，我开始了漫长的求索之路。

## 因为热爱，所以执着

理想很丰满，但现实往往很残酷。第一次高考的失利，让我的梦想受到了重重的打击。凭着对专业的热爱，我重整旗鼓，开始了复读之路。2020年9月，我如愿开启与四川电影电视学院的故事，朝着自己的梦想又前进了一小步。

奥斯特洛夫斯基说过，"生活赋予我们的一种巨大的和无限高贵的礼品，这就是青春：充满着力量，充满着期待志愿，充满着求知和奋斗的志向，充满着希望信心和青春。"在踏入大学校门的时候，我告诉自己：我的大学生活不是安逸舒适的。为了实现自己的梦想，我严格要求自己，做好时间管理，夯实专业基础。三年来，我的学习成绩在年级一直名列前茅，我也多次获得校级一等奖学金以及三好学生等荣誉。我还获得了2021学年国家励志奖学金、2022学年国家奖学金，被评为2023届四川省优秀大学毕业生、校级优秀毕业生。

"不经历风雨，长不成大树；不受百炼，难以成钢。"成绩是对过去的肯定，未来的路还很长。我相信，因为热爱，我会更加执着，更加努力，用心去呵护那颗小小的梦想种子。

## 因为热爱，所以奋发

白日去如箭，达者惜分阴。大学的时光过得很快，通过校内的扎实学习，我的专业知识储备和实践能力都有所提升。为了践行"学以致用，知行合一"，2022年4月，我参与了成都新闻广播《嗨，医生》的嘉宾配音工作。这是我第一次真正意义上接触电台广播节目，因此倍感兴奋和珍惜。实习虽然短暂，于我而言却意义重大，让我第一次感受到所学有用武之地。

实践出真知，有了第一次的实践经历，我更加积极地寻找实习机会，想要到真正的工作岗位上去历练、提升。大二暑假，经老师推荐，我前往四川广播电视台《非常话题》节目组担任实习编导，负责节目前期流程策划、节目亮点创新，协调现场的当事人、观察员、特邀嘉宾与主持人之间的互动配合。麻雀虽小，五脏俱全，制作一个节目涉及各个方面。对我来说，这无疑是一次挑战。面对挑战，我没有畏难情绪，带着初生牛犊不怕虎的拼劲，争分夺秒地编排节目，确保每个环节归堆抱团，节目主旨明确，内容丰富，画面流畅。

功夫不负有心人，在指导老师的帮助下，我完成了人生当中的第一个节目，节目片名为"折翅女孩的美丽人生"，节目中的主人公给我留下了深刻的印象。她是一个全身烧伤面积达80%的残疾人，双手严重畸形，但用那双手制作出了精美的芭比娃娃，每天靠摆地摊、网络直播维持生计。上天给她关了一扇门，却为她打开了一扇窗。她那种不屈不挠、不向命运屈服的精神感动着我。这次实践，让我感受到

了世间冷暖，尝尽了酸甜苦辣。在今后的道路上，我会不断迎接新挑战。

## 因为热爱，所以无悔

以青春之我，投身志愿服务。在繁重的学业之余，我会去参加丰富多样的社会实践活动。在校期间我通过选拔，入选为第九届中国网络视听大会首席接待官，负责接待大会嘉宾、安排嘉宾的会程，协助大会的实施。在这次活动中，我被评为"优秀志愿者"。让我印象较为深刻的是一群彝族小孩，他们来自四川凉山，带着大山赋予他们的音乐天赋来到了中国网络视听大会。主持人问："有多少人想成为音乐家？"孩子们几乎都举起了小手。今日，他们站在梦想的聚光灯下，明日便会追随光，成为光。我把他们闪闪发光的样子用相机记录了下来。在2022年全国大学生新媒体大赛中，我提交了自己的摄影作品《他们的深山彝歌音乐梦》，荣获摄影组二等奖。这群天真的孩子，因为对音乐梦想的热爱，便有了前行的无穷力量。普里尼说："在希望与失望的决斗中，如果你用勇气与坚决的双手紧握着，胜利必属于希望。"

能给国家和社会带来正能量的事情，我都欣然去尝试、去践行。大二的寒假，我又开启了我的"志愿之旅"。当时正值新冠肺炎疫情期间，我所在的社区招募返乡大学生志愿者。闻讯，我便立即参与其中，协助社区做着居民健康码、行程卡、疫苗接种情况检查及防疫知识普及等工作。在筛查的过程中，我发现有很多的居民都是老年人，带着孙子读书，他们中的多数是不太会用手机的。这为我们的筛查工作带来了很多困难，于是我就一遍又一遍地耐心教他们使用相关应用程序。一家学会了，我才放心地去下一家。我收到了很多人的感谢和祝愿，被社区评为"杰出志愿者"。

央视主持人邹韵曾说："生命见证过多少真实，付出过怎样的努力，我希望就会有怎样的底气。"通过这次实践，我认识到这种底气来自为百姓发声，关心百姓所关心，聚焦百姓所聚焦。作为新时代的青年，我们更要激扬青春，挥洒汗水，尽职尽责，无怨无悔！

## 因为热爱，所以坚定

大三上学期，我通过选拔如愿进入学院电视新闻播音提高班，这对我来说是一份莫大的鼓励和鞭策。我十分珍惜这来之不易的机会，在演播室练习坐播、站播、评论，与搭档相互配合，不断试错，也在不断地进步。这样高强度的训练，不仅使我的专业能力得到了提升，也锻炼了我的心理素质。与优秀的人同行，我相信自己也会变得优秀。

习近平总书记曾说："当代中国青年是与新时代同向同行、共同前进的一代，生逢盛世，肩负重任。广大青年要爱国爱民，从党史学习中激发信仰、获得启发、汲取力量，不断坚定'四个自信'，不断增强做中国人的志气、骨气、底气，树立为祖国为人民永久奋斗、赤诚奉献的坚定理想。"我们正值青春，期待未来可以有更多机会去讲中国故事，让更多来自不同国家的人了解大美中国。我会更加扎实地学习，提升自己的专业能力，在攀登知识高峰中追求卓越，在肩负时代重任时行胜于言，立志成为一名合格的新时代媒体人。

# 循梦而行　向阳而生

川南幼儿师范高等专科学校◆陈文丽

> 陈文丽，汉族，中共预备党员，川南幼儿师范高等专科学校学前教育系2020级专科生。获国家奖学金、新芽奖学金、四川省大学生综合素质A级证书；获2020年度内江市无偿献血先进个人、四川省优秀大学毕业生，校级优秀共青团员、"文明在幼专"文明细胞创建活动"情系内江"十佳标兵、课件特长生等称号；获全国大学生英语词汇能力大赛全国决赛高职组二等奖、校第三届学生职业生涯规划大赛二等奖；发表教育类论文2篇。

三年，川南幼专的生活让我学会了做人、学会了求知、学会了做事。这是我人生中的三件大事。我想，不管是现在还是将来，不管走到哪一个高度、哪一个位置，我都会重复做这三件事情。感谢当初坚持本心、勇毅前行的自己，更感恩川南幼专塑造了如此坚韧的我。

## 坚定初心如磐，扬帆奋楫笃行

初抵校园，"两代师表，仁爱笃行"的校训便映入眼帘，像是母亲的手温暖地安抚着我激动的内心，又像是父亲坚实的臂膀给予我力量勇敢前行。不比别人聪明，那就比别人更努力。作为一名学生，我深知学习是学生的天职；而作为一名专科学生，我更深知这是一段需要不断努力钻研和不懈探索的求学之旅。我带着对学习浓厚的兴趣，秉持着"学习如逆水行舟，不进则退"的理念，对自己始终保持高标准、严要求。我注重学习效率，不骄不躁，稳扎稳打，本着"一步一个脚印"的学习态度掌握本专业理论知识和应用技能，报名专升本考试，提高学历，积极参加技能比赛和考试获取相关技能证书。因此，我每天都在教室、办公室、社团之间穿梭，每每深夜才返回宿舍。陪伴我的是漫天的星辰……在这样始终如一的坚持、日复一日的努力下，我的学习成绩始终保持在年级前列，综合素质名列班级第一，我也获得了二十余项荣誉。

学习之余，我还会参加各种比赛，以提升自己的综合素质。我参加过职业规划大赛，它赋予我激情，使我的思维灵活，也让我对未来有了明确的认识和规划；也参加过英语词汇能力大赛，它赋予我能力提升的机会，激发了我的学习欲望和热情。

## 艰难方显勇毅，磨砺使得玉成

作为一名中共预备党员，我认真负责，兢兢业业，以身作则，发挥榜样作用，严格要求自己，用合理高效的方式和方法认真完成各项工作。作为一名学生干部，我关爱同学、与人为善，时刻关注班级同学的健康状态，主动与同学交流谈心，带领班级荣获优秀班级称号。作为学生会主席，我发扬积极进取的工作精神，树立良好的工作作风，统筹协调好学生会各类事务，组织数次集体活动，如道德讲堂、百年校庆、技能大赛等，带领同学们积极投身于献血活动、除草活动等公益事业中。"急老师所急，想同学所想"，在工作中，我用自身的亲和力感染着身边的人，得到了领导、老师和同学的一致认可，被学校评为"身边的榜样"。

从善如登，从默默无闻的干事到学生会主席，我一直深有体会，想要做好一件事，成为优秀的人是不容易的。刚刚加入学生会时，不熟悉工作流程与办公软件带来的挫败，让我愈发意识到我更需要磨炼。于是，我放弃了很多休息时间，开始学着写策划书、学习计算机知识，总结工作中的得失。其间，我学会了如何有效地架起老师和同学之间的桥梁，如何提高工作效率，如何处理突发情况。"付出甘之如饴，所得归于欢喜。"一路走来，风雨兼程，历练出的是成长，磨砺出的是品行，坚持不懈的是信念，永不放弃的是追求。

## 怀揣希冀与温情，肩扛责任与使命

自入校以来，我一直端正思想，提高思想觉悟，时刻关注国家方针政策，了解国家有关思想道德建设的最新要求，不断围绕时政动态来实现个人思想道德的不断完善，以"吃苦在前、享受在后"的思想积极向党组织靠拢。独自在外求学，我遇到了很多善良的人，有默默等待失主的烧烤店老板，有免费送我一程的司机师傅，有悉心指导和教诲我的老师。十分感谢学校为我创造了一个安宁稳定的求学环境，为我提供了实现梦想的舞台。我非常幸运遇到这群可爱的人。作为一名预备党员，我也勇担大义，在一次又一次的社会实践与志愿服务中，以满腔热血践行自己在党旗下的誓词。

我利用课余时间积极投身于志愿服务，先后参加校招生宣传工作、单招学生到校考试志愿者工作、新冠肺炎疫情防控志愿服务，获校级优秀共青团员、"情系内江"十佳标兵、内江市无偿献血先进个人等荣誉称号。假期，我主动联系社区，协助完成返乡人口排查、物资发放等工作，为社区的抗疫工作贡献了自己的力量，志愿服务时长达七百余小时。在今后的生活中，我将继续发挥党员的先锋模范作用，尽自己所能去帮助别人。

## 长风破浪会有时，直挂云帆济沧海

岁月不居，时节如流，站在学生生涯的尾端回顾三年大学生活，内心百感交集。从最初的学妹成长为后来的学姐，从刚入校时的懵懂无知和手足无措到如今即将步入社会的从容淡定和意气风发，这三年里我收获了很多，也成长了很多。我受学弟学妹邀请做经验分享时，会告诉他们，越努力越幸运。我希望自己能感染和带动身边的每一个人，向他们传递正能量。

采得百花成蜜后，虽是辛苦亦是甜。时间还在流逝，生活还在继续，我将加倍努力、扬长避短，化成绩和荣誉为动力，争取在各个方面全面发展，再创佳绩。未来可能会充满荆棘，但我会向阳而生，循梦而行，一路高歌，披荆斩棘，与祖国的发展和人民的幸福同频共振，谱写属于自己的美丽人生！

# 逐梦技能强国　绽放出彩人生

成都航空职业技术学院◆王毅

> 王毅，汉族，共青团员，成都航空职业技术学院航空维修工程学院飞机机电设备维修专业2020级专科生。获国家奖学金、国家励志奖学金；获2022年四川省"大学生年度人物"，2023届四川省优秀大学毕业生等荣誉称号，为四川省高校学习宣传党的二十大精神师生巡讲团成员；获2022年全国职业院校技能大赛高职组飞机发动机拆装调试与维修赛项一等奖、2022年四川省职业院校技能大赛飞机发动机拆装调试与维修赛项校内选拔赛一等奖。在任班级团支书期间带领班级荣登2022年度四川省高校"活力团支部"最具改革味TOP榜第一名，并参加2022年度全国高校"活力团支部"风采展示活动。

2020年9月，我怀着憧憬与希望踏入了成都航空职业技术学院的校门，校门口树立的"航空报国、追求卓越"八个大字让我刻骨铭心。从那时起，我便立志要为自己的梦想插上航空报国的翅膀，让它在祖国蓝天中自由翱翔。

### 不忘初心立志技能强国，努力奋斗初成 "拼命三郎"

入校伊始，当我面对着学校"服务航空、服务国防、服务区域经济"的办学定位，感觉那么新奇，又有些许迷茫。入学教育、专业介绍、"精英人才培养计划"这些词汇不断地涌向我。如何快速转变角色、学习新知、提高自我，实现技能成

才，是我当时面临的"难关险隘"。

"千淘万漉虽辛苦，吹尽狂沙始到金。"不怕困难，逆流而上，我始终坚信"只要思想不滑坡，方法总比困难多"，于是努力找对策，想方法，勇实践。我注重理论联系实际，全面掌握与专业相关的知识和技能，始终保持学习成绩位列年级前3%、班级第一，综合测评成绩位列年级前2%、班级第一。我从积极参与校级、院级、班级组织的各类活动开始，竞选学生干部、参与干部培训、参加党校学习、入选"青马工程"、被确定为入党积极分子、当选学院学生会干部，累计组织参与活动和专题学习100余次。一次又一次的努力，一天接一天的拼搏，更加坚定了我技能成才、航空报国之梦。我也被同学们称为"拼命三郎"。

## 勇于实践学习"核心"技能，精益求精锻造"技能先锋"

"纸上得来终觉浅，绝知此事要躬行"，追风逐月，逆水争流。"精英人才培养计划"是成都航空职业技术学院培养高素质、高技能人才的重要项目，是为行业、国家输送解决"卡脖子"核心技术难题的重要人才储备。成为其中一员是我坚持追求的目标之一。为此，我惜时如金，躬行不辍，成功入选2020级世界技能大赛飞机维修项目精英班，并在世界技能大赛专项培训考核成绩中始终位列班级第一，被选入世界技能大赛飞机维修项目进行培养。其间，我在飞机发动机——飞机的"心脏"、技术的"核心"板块进行了为期近500天的训练、实践、模拟竞赛、技术分析。日月其迈，岁律更新，每每训练完后，面对美丽的黎明校园，我想自豪地说："黎明的成航如此美丽，而我见证了500个成航的黎明。"

"宝剑锋从磨砺出，梅花香自苦寒来"，持续努力，厚积薄发。全国职业院校技能大赛是目前规模最大、影响力最强、技能水平最高的全国性、综合性大赛，党中央和国务院高度重视。2022年，我作为成都航空职业技术学院代表队飞机发动机拆装调试与维修赛项的队员参与了本次比赛，与来自全国21个省、市的37支代表队共计111名选手同台竞技，经过3天的激烈角逐，以总分第二名的好成绩勇夺大赛一等奖，创造了四川省在该项目的最好成绩。这次比赛不仅是个人和团队能力的体现，更是成都航空职业技术学院在飞机发动机维修技术实力的展现。我也被同行和参赛老师赞誉为"技能先锋"。

## 综合发展实现德技并修，服务大众绽放出彩人生

"长风破浪会有时，直挂云帆济沧海"，踔厉奋发，笃行不怠。"德技并修，能工巧匠"是我逐梦的理念。我积极参与国家级、省级、市级、校级的各项活动与项目建设，成为"全国党建工作样板支部"项目组成员，获得国家奖学金、国家励志奖学金，获评四川省"大学生年度人物"、校级三好学生等荣誉称号。此外，我还担任了航空维修工程学院第十二届团总支、学生会易班分工作站负责人、世界技能大赛飞机维修项目精英班团支书。我所在的团队获得了成都市 2020 年度优秀院系学生会、成都市大中专学生志愿者暑期文化科技卫生"三下乡"社会实践活动先进典型、2022 年度四川省高校"活力团支部"最具改革味 TOP 榜第一名及优秀组织奖。

奉献无止境，宗旨在心中。服务大众，绽放出彩人生。在学习技能的同时，我始终不忘为民服务，积极组织航空文化宣传队伍，响应国家精准扶贫和乡村振兴号召，将党和国家的政策传递到民族地区、贫困地区，累计 100 余人次受益；积极投身于"三下乡"社会实践活动，开辟网络展览、实地走访服务，累计服务时长 1200 余小时。我将自己出身农村的本色铺垫为服务大众的底色，最终实现人生出彩出色，被身边人称为"出色的小王同学"。

"海压竹枝低复举，风吹山角晦还明"，航空报国，未来可期。吾侪青年不忘初心，精益求精，航空强国，方能蹄疾步稳，为个人和时代共赢迈出铿锵步伐。乘着新时代职业教育的东风，我将在职业教育中继续奋进，逐梦技能强国，绽放出彩人生。

# 吾志所向　永不停歇

绵阳职业技术学院◆邓思旭

> 邓思旭，汉族，中共预备党员，绵阳职业技术学院旅游与管理学院文秘专业2020级专科生。获国家奖学金、校级一等奖学金、四川省大学生综合素质A级证书；获四川省优秀大学毕业生，绵阳市优秀学生干部，绵阳市优秀共青团员校级优秀毕业生、优秀学生等荣誉称号；获第八届四川省"互联网＋"大学生创新创业大赛铜奖，多次获得校级演讲比赛、主持比赛、辩论比赛一等奖。主持省级大学生创新创业训练计划项目2项。

2020年9月，我踏入校园，正式成为绵阳职业技术学院的一员，开启了我宝贵的大学生涯。大学的一切对于我来说都是新奇的。在这里，我的视野变得更加广阔，学到了更多知识，也交到了更多的朋友。好学不倦的氛围、负责尽职的老师、百花齐放的社团、可亲可爱的同学使我的大学生涯变得丰富多彩，同时也让我更加坚定了立志成才的决心。

## 心怀热爱　艺专而精

"爱而不敬，非真爱也；敬而不爱，非真敬也。"大量的事实证明，对专业的热爱是敬业的深层动力，会燃起人们巨大的学习热情，是激发人们将专业学好学精的强大动力。如果当下用一个词语描述我与所学专业的关系，那我认为最贴切的便是"热爱"了。

在填报志愿时，出于对语言文字的喜爱，我选择了绵阳职业技术学院的文秘专业。自小，我便十分热爱语言文字，从古今中外的名著再到街口巷道的交谈，语言文字似乎都在发挥着它的独特魅力。进入大学后，在认真负责的专业老师何老师的教授下，我更是接触到了"公文写作"这一专业领域。在没有上这门课程时，我只是单纯觉得公文写作是一门写作方面的课程，对其内容一无所知。最开始，我还是以普通写作的心态来写公文，写出的内容简直"四不像"。从通知公告到推文通讯稿，我了解得越多越是激发出极大的兴趣。原来在我们的生活中，公文无处不在！终于，在经过老师多次批阅、指正下，我也能独立完成一篇公文。甚至有时我会因为写出一篇好的公文而激动，会立即排好版发送给老师审阅，而后和老师一同进行讨论，并将学到的、思考到的细节问题与同学们在课上课下进行分享。

在学习的过程中，我从不感觉枯燥。我会为准确选出了一篇最适宜的公文文种而喜悦，会为格式正确的排版而舒心，会为看到一篇好的范文而雀跃。保证课堂上的听课质量，课下的多练多写、查漏补缺，主动涉猎有关的文献书籍，留意生活中所接触到的有关内容，成了我的学习秘籍，也是我的乐趣所在。

我很珍惜自己成为"文秘人"，保证好专业知识的学习才不辜负自己的热爱。带着这样的信念，我一步一个脚印踏实地走下去，大学期间专业成绩稳居第一。

## 乐于奉献　体现价值

"人只有为同时代人的完美、为他们的幸福而工作，自己才能达到完美。"诚如马克思所言，我所认为的人生价值是自我价值和社会价值的统一。

我始终坚信萤火之光亦可发光发热。我出生于一个普通家庭，父母用质朴的言行给我最大的影响就是学会感恩，懂得回馈。国家的政策好，有了从初中的学杂费减免到大学时期的奖助学金，我才得以完成学业。即使在我最苦最难的时候，我也没有感觉到孤独，因为在我的背后，总有许许多多好心人在支持着我，鼓励着我。国家政策的出台，党和政府的关心关爱，父母的不断鼓励，绵阳职业技术学院给我提供的机会，身边的老师同学给我的无私的爱，无一不是我坚持下去的理由。我决心做些什么来回报这个社会。

于是，从小学的敬老院活动，到初中的美化景区，再到中专时期慈航义卖中筹得 900 余元善款并全部捐给贫困山区的孩子们，在学校和社会举办的公益活动中总是少不了我的身影。进入大学后，我的志愿服务时长为150多个小时，我曾获得校级优秀志愿者称号，寒暑假也积极投入家乡抗击新冠肺炎疫情工作及人口排查工作，并受到区团委表扬。

成为一名青年志愿者，参与家乡的疫情防控志愿服务，这不仅是一种难得的经历，更是我义不容辞的责任和义务。2021年12月，国内多地病例突增，中国再逢疫情"大考"。作为绵阳职业技术学院的学子，作为一名入党积极分子，我积极响应学校号召，毫不犹豫地参与这场疫情防控志愿服务活动。一到家，我便在沿滩区团委报了名，成为沿滩区的一名青年志愿者，成为一位参加防控疫情阻击战的战士。加入抗疫志愿者家庭，叔叔阿姨对我表示欢迎，热情地给我介绍了疫情防控形势，并安排了任务。来参加这项工作的还有不少大学生，都是志愿者。我们的工作主要是宣传疫情防控知识，回答居民对于疫情防控政策的疑问，积极督促居民做核酸检测等。从志愿活动中，我学会了相互合作，学会了找准定位，学会了自我提升。

习近平总书记曾指出："志愿服务是社会文明进步的重要标志，是广大志愿者奉献爱心的重要渠道。"奋斗新时代，青春正当时。青春的风帆已经扬起，我们所能做的便是乘风破浪、踏浪而行。有一种力量叫"众志成城"，有一种信念叫"爱满人间"，有一种期待叫"守望相助"，作为青年一代的我们微光汇聚、积极担当，也能焕发出蓬勃向上的生命力！

## 不负韶华　不惧风雨

"道阻且长，行则将至；行而不辍，未来可期。"三年的大学时光即将接近尾声。到现在，我依旧坚定地朝着我心中的目标前进着，努力从一棵不起眼的小草逐渐成长，开出绚丽的青春之花。

"欲穷千里目，更上一层楼。"人生的每个阶段都有着自己的烦恼，或许在数次尝试后仍会经历失败，也或许就会在下个路口柳暗花明，我们要拒绝"躺平"，以知识为路，以技能为梯，以思考为灯，去山顶领略一番独属于自己的大好风景。

时光易逝，我仍然在路上，永不停歇。

# 奋斗青春　无需等待

四川工商职业技术学院◆袁培坭

> 袁培坭，汉族，中共党员，四川工商职业技术学院轻工工程学院材料工程技术专业2020级专科生。获国家奖学金、国家励志奖学金、校级奖学金、四川省大学生综合素质A级证书；获"徕卡杯"第十一届全国大学生金相技能大赛铜奖、四川省第四届"恒宇－麦克奥迪－威尔登"杯大学生金相技能大赛三等奖；获四川省优秀大学毕业生、四川省一星志愿者、校级十佳大学生、优秀志愿者、优秀学生干部、三好学生等荣誉称号。

莎士比亚曾言："青春时代是一个短暂的美梦，当你醒来时，这早已消失得无影无踪了。"青春很短，它存在于我们记忆里，我们只有去经历、去创造，才能把它慢慢展开，像电影放映一样留在我们的脑海，供我们回味。

约·肖特豪斯曾说："青春的幻想既狂热又可爱。"热爱生活，热爱青春，热爱奋斗，在点滴经历中去奋斗，就是我这三年简单、平凡、真实的青春缩影吧！

## 热爱生活，则需感受

生活本身就是一部电影，需要我们自导自演，每经历的一步，都是一帧美好的画面。2020年10月初入大学的我对一切充满了好奇，看着一切陌生的人、陌生的事物，"电影"至此拉开序幕。

"既来之则安之。""少回头看之前！不管你怎么样，好的坏的，那都是过去式。

现在起就是一个新的开始,后面的路怎么走就看你自己了,记得多去感受!"这是开学时和李枭学长聊天时对我影响很深的两句话。

"积极""主动"几乎贯穿了我的大学生活。大一时,我进入了轻工工程学院团总支学生会外联设备部,成为部门里面的一名干事,尝试接触新鲜事物。大二时,我又成为主席团的一员,不断去尝试、去改善。我也积极参加学校的各种活动,在我校红色心理情景剧会演中获得最佳表演奖,带领团队获得一等奖。虽然经历的时间长,过程也很累,但现在去感受、去回味,我认为那是甜的,是美好的。同时,我也热爱志愿服务工作,喜欢为他人服务,主动报名参加家乡社区的战"疫"志愿服务活动、2021成都双遗马拉松志愿服务活动、"三下乡"志愿活动等校内外40余场志愿服务活动,在其中感受了人间的温暖。正因为热爱,才会去生活中感受这些事物;正因为热爱,生活才更有奔头!

## 热爱奋斗,必需坚持

恽代英曾经说:"只有奋斗可以给你们的生路,而且亦只有奋斗可以给你们的快乐!"在某一天下课和邱春丽老师谈论专业知识时,我得知2022年会有材料专业的金相技能大赛。经过层层选拔,我踏上了奋斗的"金相"旅途。

这是一个考验耐心的比赛。由于我们学校是第一次参加金相技能大赛,没有前人的指导,我们只有在黑暗中一步步行走,寻找光芒,一步一步去改善我们成品的不足。每天,我利用自己的休息时间,去训练,去寻找不足。日复一日,周末和暑假,我都留在实验室训练,目的就是能在省赛中取得好成绩。好在通过不断的训练,我在四川省第四届"恒宇－麦克奥迪－威尔登"杯大学生金相技能大赛中获得三等奖。我本以为比赛旅途到此为止,但其实这是一个"中转站"。老师告诉我们在省赛中获奖的同学可以有资格参加国赛。

能参加国赛固然是好事,但接下来的日子才是最考验人心智的时候。我又开始了枯燥的练习。主办方黄冈师范学院与黄冈市防疫指挥部经过再三沟通协商,终于同意大赛在2022年11月11日至15日举办。在看到盼头的时候,我们却又迎来了重大的打击。由于疫情原因,本届大赛取消了线下集中决赛,改为分赛区决赛的方式,最终在攀枝花学院举行决赛。得知最终消息后,我们训练得更加卖力。在一切都准备好的前一天,我们又遭遇了一道晴天霹雳——我们被困在了校园。看着长达

8个月的奋斗无法有所收获，我们心灰意冷。但奋斗总会有希望。在老师的不懈努力下，我们进行了线上比赛，如愿获得了"徕卡杯"第十一届全国大学生金相技能大赛全国铜奖。奋斗中难免会有坎坷，我们需要做的就是坚持，继续奋斗！

## 热爱青春，更需努力

习近平总书记在2023新年贺词中提道："年轻充满朝气，青春孕育希望。广大青年要厚植家国情怀、涵养进取品格，以奋斗姿态激扬青春，不负时代，不负华年。"青春因为热爱而坚持，内心闪着灼热的光，有着沸腾的温度。青年人在风中奔跑，喜欢张扬的速度和激情。当代的中国青年，在速度和激情之后，开始看向了更高的山峰。青春是可以选择的，我们应该选择去努力。每个人的生命长短不一，但是在青春的这段时间里，我们可以选择如何努力，朝着自己的目标去奋斗。我曾经看到这样一句话：我们一定要树立远大的理想，因为太小的理想往往并不足以振奋人心。作为新时代青年，我们的理想是和祖国、人民同呼吸共命运。只有心里装着祖国和人民，我们的胸怀和格局才能更加宽广。

奋斗的青春需要坚定的意志，理想也不应该超脱实际而行，这就需要我们做好每一个阶段的计划。这样，我们前进的步伐也会充满动力。

青春是李白"长风破浪会有时，直挂云帆济沧海"的永不言弃，青春是孟郊"春风得意马蹄疾，一日看尽长安花"的慷慨激昂，青春是林伯渠"白首壮志驯大海，青春浩气走千山"的豪爽洒脱。每个人对青春都有自己独特的见解，而我们的青春，需要用自己的行动去诠释。我们需扬起青春之帆，努力奋斗。

# 梦想从勤学开始　事业靠本领成就

成都农业科技职业学院 ◆ 江晓雅

> 江晓雅，汉族，共青团员，成都农业科技职业学院风景园林学院园林技术专业2020级专科生。获2022年国家奖学金、2020年全国行业职业技能竞赛——首届全国插花花艺职业技能竞赛初赛西南赛区学生组二等奖、2021年全国行业职业技能竞赛——第二届全国插花花艺职业技能竞赛初赛西南赛区学生组一等奖、2021年成都市百万职工花艺技能大赛第一名；获四川省大学生年度人物、四川高校优秀女孩、成都市技术能手、四川省优秀大学毕业生等荣誉称号。

"晓雅，你入选大学生年度人物了！"辅导员略带兴奋地发了语音信息，并把文件转给了我。我很开心，此刻正在毕业实习岗位上认真地制作着我的插花作品。回望四年的辛劳付出、师长的培养、亲朋的支持，诸多感慨和感恩油然而生。这一刻，我真正体会到努力奋斗带来的幸福滋味是多么的甜美！

## 青春遇迷茫，确定目标助我踏上成才之路

2019年秋季，带着些许兴奋，我踏进了成都农业科技职业学院的大门，不断构想着在大学的三年里自己能变得多么优秀、生活会多么充实。然而，2020年初的新冠肺炎疫情打乱了我的步伐。所有的一切似乎被按下了暂停键，我变得有些迷茫了，不断问着自己：读大学，到底读什么？我的目标是否需要调整？然而机会总

是眷顾有准备的人，正当我不知道何去何从的时候，学校的蒋老师在线寻找花艺竞赛学徒。这仿佛是黑暗中的灯塔，指引我一下子找到了大学的目标：我要成为一名花艺学徒！作为职业院校的学生，我应该掌握一门专业技能。

我积极报名，联系老师，将自己以往的一些手工作品拿给老师看，和他分享我对美的看法和感受，在学习的空余时间恶补花艺基本知识。很幸运，我的真诚和努力打动了老师，成为一名正式的花艺学徒，开始了用双手创造美的成长之路。

## 困难与瓶颈　学习实践助我突破创作瓶颈

"玉不琢，不成器；人不学，不知道。"花艺需要对美学、植物学和不同文化等有一定的了解，要求具备深厚的美术基础，因而我的备战过程并不轻松。我先要学习花艺的各种理论知识，再学习基础花材的处理，每天基本上都在和花材、花杆子打交道。花材选择、修剪造型、铁丝固定、花器搭配……我不仅处理到双手发麻，受伤也是常有的事。看着自己"饱受摧残"的双手，我却感到无比充实。我希望可以通过自己的技艺让花材在拥有自然美的同时，更具艺术美。在蒋老师的指导下，我逐步完成了一件又一件精致的花艺作品，赋予了鲜花无限的灵性与生命力，将花材最纯净自然的美展现得淋漓尽致。在这些作品的背后，是反复的修正、打磨。

求学的道路上，我也遇到了诸多挫折，比如对于花材的养护特性不熟悉，导致作品的呈现效果不理想。通过反复思考琢磨，我才恍然大悟：没有坚实的理论基础，就算创意再好，也无法展现作品最灵动、完美的一面。于是，我开始巩固理论知识，逐一翻阅浏览老师推荐的专业书，了解植物的特性、特征。半夜未熄的灯陪伴着我，笔记本上写满了密密麻麻的知识点。这为我今后的实践操作打下了扎实的理论基础。我坚信：办法总比困难多，没有努力解决不了的困难，只要坚持就一定能看到花开的那天。

不经一番寒彻骨，怎得梅花扑鼻香。两年的基础训练，我对我的职业方向和人生规划都有了重大的调整。还记得第一次比赛的时候，我只是一个基本功还不扎实的普通选手，对自己的水平没有一个全面的认识。于是，老师针对我的弱点进行了专门训练。比赛时，面临的干扰是多种多样的，我不会去强求自己一定要超常发挥，只要能保持好原来训练的竞技状态，不失误、不犯错、不气馁地去完成作品。带着这样的信念，让我从一个普通学生逐步成为一名专业选手。

## 竞赛与成长  不断备战助我追寻成就舞台

2020年8月，我踏上了专业竞赛之路，第一次参加了成都市公园城市建设管理局主办的"爱成都·迎大运"成都市插花艺术大赛并获得了三等奖。这次经历更加坚定了我继续精进自己专业技能的信心。从此，我开始了以赛代训、以赛促学的过程。从2020年8月至今，我陆续参加了成都市、四川省和全国性质的专业花艺比赛，均取得不错的成绩。2021年我被成都市总工会、成都市人力资源和社会保障局授予成都市技术能手称号。我也陆续出现在了各大公众号推文中。在"四川教育"公众号上，我被评为四川高校优秀女孩；我的比赛事迹被报社采访、编制成册。当然，这些荣誉并没让我喜而却步，我继续朝着目标奋斗。2022年6月我再次荣获四川省职业院校技能大赛高职组花艺赛项一等奖，同年8月代表四川省参赛，斩获了全国职业院校技能大赛高职组花艺赛项个人二等奖。

回首两年来的参赛旅程，我曾有幸开阔视野，在恩师的指导下与花艺界的选手们同台竞技、交流学习，这真的是难能可贵的体验！凡是过往，皆为序章。荣誉只是一时的，学到的本领才是永远的。作为主修园林专业的新生代成都市花艺技术能手，我坚守"精于工，匠于心，品于行"的信念，怀揣着一颗纯质的匠心，继续秉持老一辈的工匠精神，用我的双手装扮生活，传递美的生活态度，主动肩负起乡村振兴的重任。今后的人生路上，我将脚踏实地，在提高自己的同时，也会利用所学专业知识帮助下一届选手，带领他们学习专业技能，让职业院校的学生都能用精湛的技艺回报社会，致力于城乡综合环境打造，为构建美丽乡村贡献力量。

铅刀虽软，却不失磨砺成为锋利宝剑的志向；萤火虽弱，亦希望与日月之光并肩；水滴虽小，但也能做到滴水穿石。提升技艺是没有捷径的，想要创作出一份精美的作品，没有一份坚定的信念也是做不成的。没有那么多的天赋异禀，优秀的人总在翻山越岭。征程万里风正劲，重任千钧再奋蹄，我会继续让接下来的路开出更加绚烂的花。

# 追风赶月莫停留　平芜尽处是春山

宜宾职业技术学院 ◆ 叶恒

---

> 叶恒，汉族，中共预备党员，宜宾职业技术学院建筑与环境学院建筑装饰工程技术专业2020级专科生。获国家奖学金、国家励志奖学金、宜宾市奖学金、四川省大学生综合素质A级证书、四川省青年志愿者星级证书；获四川省优秀共青团员、广汉市优秀青年志愿者等荣誉称号；获四川省"互联网+"大学生创新创业大赛铜奖、第十一届四川省高校环境设计大展暨首届美丽乡村文旅创新设计大赛三等奖，"中国创翼"创新创业大赛宜宾赛区三等奖。授权8项国家外观设计专利，参与四川省级科研项目2项、校级科研项目4项。

## 有目标，才有远方

"大学"这个带有青春色彩的词，让高中毕业的我感到既兴奋又焦虑！大一时，与大多数同学一样，我还没有想清楚当初为什么选择这个城市、学校、专业，对自己的未来也没有清晰的规划，但很快就找到了属于自己的那份答案。

在步入校园之前，我便在心里暗想："在大学期间，不要当班委，不要参加学生会，更不要加入各种社团。"各种躺平的声音在我耳畔萦绕，但在踏入校园一个月后的观察与试错下，我的"躺平梦"逐一破灭。我渐渐发现，大学生活中没有专门监督你学习的老师，也没有对你嘘寒问暖的宿管阿姨，但大学时期的"内卷"远远超乎你的想象。因此，大学时期的生存方式一定不能是"躺平"。

怀着"从心出发、重新出发"的心态，我开始学习主动、独立、自律。我想：是时候做出改变了！于是，我立下了第一个短期目标——竞选班长。但我很清晰地记得，在竞选班委的前一天班会上，我是唯一一个被点名批评的学生。在班会结束后，我与辅导员交谈甚久。也正是这次谈话影响了我的整个大学生涯。竞选班委的当天，我写了一封自荐信并站在讲台上演讲，出乎意料的是我成功当选了。在那之后，我认识了许多品学兼优的同学，也加深了专业老师对我的印象，慢慢地适应了大学生活的节奏，深刻意识到大学的目标是什么、将来的方向在哪里。我不再焦虑、迷茫，深知明确奋斗目标和规划大学生活，是一次充满生机、活力、激情的青春之旅的开启。

## 有目标，才有奋斗

我的大学生活步入正轨，我开始追逐目标之一——国家奖学金。我认为它不仅仅是一笔奖金，更是对自己在大学时期的努力的最高标准的回应。从网络上，我了解到往年国家奖学金获得者的青春励志故事，深受感染，立志要成为他们中的一员。在听取了师兄师姐的经验与指导后，我明白了四川省大学生综合素质A级证书是国家奖学金的"敲门砖"。因此，我将获得这个证书作为我的短期目标。在关注公众号之后，我发现它有一套十分全面的评分细则。我将评分细则打印出来，将自己目前的成果与评分标准一一对应，发现实际的分数与目标分数相差甚远。我便开始做相应的规划，如积极参加各类竞赛、志愿活动、社会实践，不断地积累、进步。在完成这些小目标的过程中，甜和苦交织着，但我能明显地感受到努力之后的幸福与快乐。

在大二上学期，一次偶然的机会，我被专业老师选中作为负责人带领团队参加中国"互联网＋"大学生创新创业大赛。正是这次"偶然"让我找到了除专业以外感兴趣的知识点。然而，毫无经验的我在撰写项目策划书和演示课件上遇到了大麻烦，没有一点头绪。但好在我曾经有相关的比赛经验。我和团队成员一步一个台阶慢慢地往上攀爬，一起克服困难。"雄关漫道真如铁，而今迈步从头越。"我知道前方道路坎坷，但仍选择迎难而上。在这期间，我承受着前所未有的压力，无数次将项目方案推翻重来，终于在规定期限里定稿并提交。

从校赛到市赛，再到最后的省赛，历时5个月，横跨2个学期，多方意见的否定、项目发展的瓶颈、团队意见的分歧、长期作战的疲惫、考试与比赛的冲突……各种意想不到的困难接踵而至。这一年的竞争也是出奇的激烈，有很多优秀的项目"半道杀出"。我不止一次产生放弃的念头，但想到和"战友们"熬夜奋战的场景和老师的悉心指导、全心付出，还是坚持了下来。"功夫不负有心人"，最后我们取得了省赛铜奖的好成绩。我们的项目还参加了"中国创翼"创新创业大赛、"挑战杯"大学生创业计划竞赛、"科教杯"在宜高校大学生创新创业竞赛、"智汇宜宾·共创未来"知名高校创新创业项目路演邀请赛等大学生创新创业大赛，并斩获 10 个奖项。

在追逐目标的过程中获得的成果远远超出我的预期，不仅让我获得了奖项，更让我拥有了志同道合的伙伴和亦师亦友的老师。

## 有目标，才有现在的自己

"日积跬步，方至千里。"在宜宾职业技术学院的三年，我一直都在追逐目标，用自己的"脚印"去丈量大学的生活。从四川国际航展优秀青年志愿者到疫情防控优秀工作者，我明白了青春的意义；从国家励志奖学金到国家奖学金，我实现了青春的价值；从参加"互联网＋"大学生创新创业大赛到授权 8 项国家外观设计专利，我获得了青春的财富；从军训优秀学员到四川省优秀共青团员，我看到了青春的颜色。

这一路坚定理想信念、苦练本领、锐意进取，我始终牢记"鼎承大同，钵传天工"的校训，继续秉承"以德为魂、以能为本、特色鲜明、质量一流"的学校精神，用奋斗点亮青春，以更好的自己拥抱未来。

大学是一个五彩缤纷的大舞台，同时也是一个充满竞争和挑战的小型社会。我们都拥有各自的目标，扮演着不同的角色，演绎着自己的人生，只有在永恒的前进中不断取得新胜利，才能成长为更好的自己，做自己人生的主角。

我非常喜欢电影《星际穿越》中的一句话："不要温和地走进那个良夜，白昼将尽，龙钟之年仍应该燃烧咆哮。怒斥吧，怒斥光的消逝，虽然在白昼尽头，智者自知该踏上夜途，因为他们的言语未曾迸发出电光。"我不断超越自己，就像电和光不断冲破黑夜一样；我向着黎明奔跑，实现着自己一个又一个的小目标和青春梦想，做与自己赛跑的追梦人。

# 青衿之志　履践致远

四川铁道职业学院◆陈龙

陈龙，汉族，中共预备党员，四川铁道职业学院机车车辆学院铁道机车专业2020级专科生。获国家奖学金、校级一等奖学金；获第十二届全国大学生红色旅游创意策划大赛西南地区二等奖、2022年"挑战杯"四川省大学生创业计划竞赛铜奖、第五届四川高校大学生讲思政课公开课展示活动二等奖、2022年成都市青年志愿服务项目大赛金奖；获四川省优秀大学毕业生，成都市学生会组织优秀工作人员，校级优秀学生干部、优秀三好学生、优秀共青团干部等荣誉称号。曾任校级学生会主席团成员、班级班长，带领团队荣获2022年成都市优秀学生会组织。

《汉书》有言："青衿之志，履践致远。"年少时的远大抱负，要靠自己的努力实践才能实现；一步一个脚印地夯实根基，才能走得更加长远。三年前，我怀着对铁路的热爱来到了四川铁道职业学院，对大学生活充满了好奇与憧憬。长路漫漫，我不断成长，不断充实自己，朝着自己的理想不断前行。

## 求真学问，练真本领

奥斯特洛夫斯基曾说："生活赋予我们一种巨大的和无限高贵的礼品，这就是青春：充满着力量，充满着期待、志愿，充满着求知和斗争的志向，充满着希望、信心的青春。"回首大学时光，经历的挑战让我懂得——一个人的成功并非来自偶然，而是由一滴滴汗水与一次次坚持所铸造。

我生在四川的一个普通家庭，从小在铁道边长大，耳濡目染之下，梦想成为一名火车司机。现在回忆起，年少的铁路情结便是我人生的灯塔，引领着我不断前行。

步入大学，我深知学习是大学生的天职。作为一名轨道交通类专业的学生，我更深知交通强国的路程漫漫，自己将开启一段努力钻研、不断实践的求学之旅。在对交通强国战略强烈的认同下，我努力求学，奋发上进，认真学习各类专业知识，积极参加各种技能实训和考试。我践行着"厚德力行、博道通术"的校训，修养自己的德行，在学习中将理论与实践融会贯通，课余时间主动到实训室锻炼自己的动手能力，把每一门专业理论课与实践结合，并深刻于脑海之中。此外，我还不断优化自己的学习方式，探索多元知识。功夫不负有心人，通过不懈努力，我的学年成绩名列前茅，连续两学期获得年级专业第一，连续三学期综合测评成绩专业第一，大一学年课程平均成绩达到 91.96 分，课程成绩优秀率达到 93.3%。我也获得了校级一等奖学金、校级优秀三好学生等荣誉。不断进步的成绩和获得的肯定便是对我"求真学问，练真本领"最好的见证。

在学习之外，我还热衷于参加学科性竞赛，并斩获佳绩。2021 年，作为主讲人，我投稿的《不负人民　践行初心》获第五届四川省高校大学生讲思政课公开课展示活动二等奖。2022 年，我作为项目负责人带领团队参加四川省教育厅举办的"挑战杯"四川省大学生创业计划竞赛。我们花了 100 多个日夜打磨作品，前前后后修改项目策划书六万余字，成功让团队作品"你就是我，我就是你——VR 带你穿越百年"在 24900 件作品中脱颖而出，斩获铜奖。同年 6 月，我参与拍摄的"红色精神微讲解"短视频获第十二届全国大学生红色旅游创意策划大赛西南地区二等奖。当真正领悟到学习是一种通过自我思考、提问总结而不断提高的过程时，所获得的成就、快乐与满足早已远远超越其中的艰辛。正是这一份领悟，让我在学习的道路上冲云破雾、勇往直前。

## 立鸿鹄志，做奋斗者

李大钊先生曾说："以青春之我，创建青春之家庭，青春之国家，青春之民族，青春之人类，青春之宇宙，资以乐其无涯之生。"人若无伟大思想的指引，就如无源之水、无根之木，无法长久发展。从小接受的马克思主义教育，让我深以出生在新中国、成长于红旗下为荣。成为一名优秀的共产党员，一直是我人生的梦想。因此，我很早便坚持以共产党员的标准严格要求自己，用实际行动努力向党组织靠拢。

我于2015年成为共青团员，2020年递交入党申请书，2021年被确定为入党积极分子，2022年被党组织发展为一名预备党员。这七年中我从未忘记自己的初心。通往未来的道路难免会充满迷雾与坎坷、诱惑与挑战，但党员这一崇高的身份，就是我人生的明灯，始终照亮我前行的方向，让我牢记初心、不忘使命。

在我的学习生活中，成为志愿者回报社会是一件让我难忘且富有意义的事。在校期间，我的志愿服务时长累计超过400小时，校内外大大小小的志愿服务活动都留下了我的身影。2020年，我初次参加志愿服务活动便受《四川日报》采访，我的事迹还被发布至"川观新闻"。这是我首次感受到自己的绵薄之力也能为城市绿色发展作贡献。随后，我相继参加"三下乡"暑期社会实践、"返家乡"暖冬春运社会实践、成都市马拉松志愿服务、"爱在社区"大学生进社区等志愿服务活动，被授予"三下乡"优秀个人、年度优秀志愿者等荣誉称号。因此，我的鸿鹄志便是让自己的青春在实干与奉献中闪闪发光。

## 知行合一，做实干家

在新的学习阶段、新的环境中，人更需要全方位充实自己，才能为明天积蓄更加充沛的前行动力。因此，我在初入大学时，就希望能够抓住一切可以抓住的机会让自己成长，为明天赋能。从青年志愿者协会到学生会办公联络部，从一名干事到学生会主席，我始终如一，从未停下脚步。近三年来，我创新工作方式，积累工作经验，参与举办校级活动五十余项。2022年，我代表本校学生会参加成都市优秀学生会组织的参选答辩。写稿容易讲稿难，我站在团市委的舞台之上无比紧张，与其说是答辩不如说是展现我和团队这三年的工作成果。最终，我带领团队荣获成都市优秀学生会组织的荣誉称号，自己也获得成都市学生会组织优秀工作人员、校级优秀学生干部、校级组织优秀干部等荣誉称号。在这三年期间，我懂得了"热烈的青春属于我们"的真正含义。

"星光不问赶路人，时光不负实干者。"我们把握不了未来，但只要用心坚持去做自己想做的事，那些奋斗的时光一定不会辜负我们的努力。未来的日子，我将继续努力，不忘初心，不负理想，用自己的青春与热情拥抱更美好的明天，也希望凭借着一个年轻人的热血与努力，为祖国更美好的未来添砖加瓦。

# 当我追寻光　便与光同航

四川财经职业学院◆范中荻

> 范中荻，汉族，共青团员，四川财经职业学院大数据与会计专业2021级专科生。获国家奖学金、校级一等奖学金、四川省大学生综合素质A级证书；获四川省大学生年度人物提名；获四川省优秀毕业生、成都市防疫小卫士等荣誉称号；获"科云杯"全国职业院校技能大赛一等奖、全国大学生算法设计与编程挑战赛银奖、国家艺术基金大型舞台艺术创作资助项目原创民族歌剧《卓文君》荣誉奖、四川省大学生毽球比赛个人一等奖。积极投身志愿服务，累计志愿服务时长达1000余小时，参与疫情防控志愿服务累计服务10000余人次。

辛丑之秋，我初遇四川财经职业学院是在高三毕业之际。落日的余晖穿透地平线，洒满课桌，阵阵清风吹开了我的专业书，起身去整理的我，看到了四川财经职业学院的老师前来我们高中，对即将进入大学的我们进行相关宣讲。那时，我与许多同龄人一样，除了兴奋和憧憬外更多的是迷茫和胆怯，对于全新的生活抱着一种敬畏的态度。自强不息的精神、努力拼搏的毅力与永不言弃的信念不断激励我砥砺奋进、勇攀高峰。经过时光的洗涤，我在各方面全面发展，实现了一系列突破，展现了自己美丽而生动的青春风采。

## 扎根破土寻找光

"游目八荒，河清海晏。我们生于盛世，长于盛世，未来的盛世更将由我们谱写。"今日之盛世中国并非凭空而来，而是由无数先辈靠一双双手打下基石，后由无数爱国志士添砖加瓦，才得以铸就。我自2018年12月成为一名共青团员后，便将成为一名共产党员作为奋斗的目标。很荣幸步入大学后，经过系统、扎实的理论学习，2022年4月18日我被确定为第一批入党积极分子，完成了入党积极分子培训班的课程并顺利毕业。我对于党的光辉历史、党的职责等有了更加清楚的认识，这更加坚定了我想要成为一名正式党员的决心。"星辰在银河中因辉映而璀璨"，正是无数党员的汇聚，中国共产党才如同太阳般耀眼，而我自愿地去追寻这束光。

## 发芽积蓄追逐光

优秀的学习成绩是我一贯的追求。在刚入大学时，我就暗下决心根据实际情况制定明确清晰的学习计划，并将计划落实到每一天。我始终相信努力的意义，相信终有与勤奋刻苦、脚踏实地相匹配的收获。课堂上，我争前坐排，认真听讲；课下，及时回顾课堂知识，整理笔记，定期进行知识的整理归纳，博观约取，厚积薄发。长此以往，我的学习成绩在年级名列前茅，综合素质测评达170.40分，是年级与学院的最高分，让我连续荣获校级一等奖学金。这正印证了：当一个人铆足劲踮起脚去靠近太阳时，全世界都挡不住他的阳光。

我在注重理论学习的基础上，还积极参加各类技能竞赛，希望能学以致用。其中，让我记忆最深刻的是2022年暑假接到朋友的邀请，一起参加第三届全国大学生算法设计与编程挑战赛。对学习会计专业的我而言，这无疑是一次跨领域的挑战。从方案设计、代码编写、不断试错到最终提交结果，在此过程中我们互相支持、互相帮助，在823所大学中脱颖而出，一举斩获全国银奖。此次比赛成果是我校在全国大学生算法设计与编程挑战赛上的历史性突破。经过学校层层选拔，我还代表学校参加2022年第十七届四川省大学生年度人物评选活动，荣获提名的荣誉，这也是学校自2007年升为高职院校后在此项目上获得的最高荣誉。在有幸接受四川省教育融媒体中心的采访时，我曾说："学习于我而言并不是一蹴而就的。求学之路，最慢的步伐不是跬步，而是徘徊；最快的脚步不是冲刺，而是坚持。只有一步一脚印地坚持，根才会扎得深，未来的路才会走得更平稳。"

"夜色难免黑凉，前行必有曙光。"我逐渐敢于尝试各种曾经自己认为不可能完成的事情。我参加了各级各类的比赛，获得的奖项不计其数，考取了各类技能证书，不断扩宽自己的知识边界……这些不仅是一个个挑战，更是积聚力量的过程。我很感谢其间遇到的各位良师益友，是他们在我迷茫、不知所措时推了我一把，给予我前进的方向和动力，让我更加坚定地朝着自己的目标努力。

## 茁壮成长成为光

"实现中华民族伟大复兴的中国梦，需要一代又一代有志青年接续奋斗。广大青年要以国家富强、人民幸福为己任，胸怀理想、志存高远，积极投身中国特色社会主义伟大实践，并为之终生奋斗。"这是习近平总书记对于青年人的殷切希望。我也一直以此为训，奋力拼搏。长期以来，作为一名学生干部，我严于律己、宽以待人，主动承担各项工作，多次荣获校级优秀学生干部标兵、优秀团干等荣誉称号。身为团支书的我定期组织班上的同学开展主题团日活动，时刻跟进社会热点，积极宣扬党团思想，传承红色文化。

"奉献精神不是与生俱来的，离不开经年累月的修身正己。"我热衷于各种社会实践及志愿服务活动，想要尽自己的绵薄之力为这个社会做力所能及的事，回报社会，奉献社会。我积极参加各类志愿服务上百次，累计志愿服务时长 1000 余小时，受到省直机关、志愿协会、社区等的一致表扬与好评。新冠肺炎疫情期间，我主动请缨参与疫情防控志愿服务，累计服务 10000 余人次，受到"川观新闻"等媒体报道。作为我校禁毒防艾大使，我通过现场宣传防艾与禁毒知识，提高全民禁毒意识，产生极好反响，累计服务 3000 余人次。在引领奉献的过程中，我结交了许多志同道合的朋友，也遇到了身处困境的人。我一直尽自己所能帮助空巢老人，聆听他们那个年代的种种，感叹如今的盛世繁荣。我深知自己做得还远远不够，但我希望在我们这一辈人的参与下，善意的火苗能持续燃烧，温暖到每一个处于寒冷、孤寂的人；希望世界因我们的挺身向前而更加美丽，岁月因我们的慨然以赴而更加静好。

"寻找光，追寻光，成为光"是我对自己的要求。人生的路很长，未来也将如星辰大海般璀璨夺目，你我不必纠结于眼前或过去的半亩方塘。那些未曾得到的遗憾，或许是另一种成长；那些受过的伤，终会化作最坚硬的铠甲，为你抵挡万千风雨，让你坚定前往。心中的种子，历经扎根、破土、发芽，循着阳光，才会茁壮成长。扎根的过程固然长，甚至可能是一段付出努力却不一定有结果的时光，但我仍相信"积极向上、执着生长，总有一日馥郁传香"。

# 心怀梦想　踔厉奋发

四川城市职业学院◆沈军

> 沈军，汉族，中共党员，四川城市职业学院信息技术学院大数据技术与应用专业2020级专科生。获国家奖学金、国家励志奖学金、四川省大学生综合素质A级证书；获首届四川省中华职业教育创新创业大赛三等奖、全国高职院校信息素养大赛四川赛区学生个人赛三等奖。取得国家外观专利1项、计算机软件著作权1项；志愿服务累计时长743.5小时。

奥斯特洛夫斯基说过："生活赋予我们一种巨大的和无限高贵的礼品，这就是青春；充满着力量，充满着期待、志愿，充满着求知和斗争的志向，充满着希望、信心的青春。"是的，我对此深信不疑，故选择心怀梦想、踔厉奋发。在四川城市职业学院学习的三年时间里，我始终心怀梦想，用努力和汗水谱写属于自己的无悔青春。

## 目标明确，奋发向上

不勤于始，将悔于终。在踏入大学校门的那一刻，我满怀憧憬，尤其是经过学校精心组织的入学教育后，更有了一丝明悟。辅导员循循善诱，提出了几个问题：大学的书怎么读？路怎么走？是想尽办法逃课违纪、贪图安逸舒适，还是认真学习、披星戴月，努力充实地生活？他告诉我们，需要自己做好选择和规划，不同的选择将会在三年之后产生完全不同的结果。班导师谆谆教诲：三年之后，你们是淹没于求职市场，还是被各大优企相互争抢？是每天为生计奔波劳碌，还是有一技傍身从容生活？请深知学习的重要性，知道如果是自己的选择，那么就请为它买单。

这些话，振聋发聩，让我深谙接下来的三年异常宝贵，我须制定出清晰的奋斗目标，专业学习、技能比赛、个人素养、服务同学等一项都不能落下，而且要协调统一、合理规划，做到忙而不乱、井井有条。

每当我坚持不下去、目标动摇的时候，都会叩问初心、查摆自身。幸而在四川城市职业学院这片沃土上，不仅有时刻关心我们成长的老师们，还有一群志同道合的同学，一路伴我茁壮成长。

## 博闻多识，不负韶华

从大一下学期开始，我多次获得校级一、二等学习奖学金及优秀学生干部、优秀团干部等荣誉称号。大二下学期，在专业导师的鼓励和指导下，我频繁参与各项专业比赛，先后获得了首届四川省中华职业教育创新创业大赛三等奖、全国高职院校信息素养大赛四川赛区学生个人赛三等奖。同时，我在综合能力方面也获得了提升，大二取得了四川省大学生综合素质A级证，大三上学期荣获国家奖学金。课余，我也在不断尝试写文章、做专利等。功夫不负有心人，大三上学期，我获批国家外观专利1项、计算机软件著作权1项。

专业学习上取得的成绩虽然使我信心倍增，但我始终认为充实、有意义的大学生活不应该只有专业学习，从大一进校开始，我就通过班级竞聘当上了副班长、辅导员助理。我从不推脱班级事务的管理，组织了各项有声有色的班级活动，得到了老师和同学们的认可。我在生活和学习中坚持正确信仰，认真学习党的理论、方针、政策，思想和行动上积极要求进步，努力提高自己的理论修养和政治素养。大一，我便递交了入党申请书，大三上学期成为一名正式的中共党员。作为一名光荣的共产党员，我深感使命在肩、责任重大，要求自己在今后的工作和生活中做好榜样，为党争光，为党旗添彩。在申请入党、接受组织培养和教育的过程中，我切身感受到党组织培养入党积极分子、预备党员的良苦用心——它为所有积极要求进步的有志青年设计了系列培养、考察计划和培训活动。在老师的指导下，我申请加入了党建中心，大三被推选为党建中心工作部部长。在这充满阳光的温暖集体里，我有幸更好地为同学服务，也得到了更多的锻炼机会，感受到了更多的责任与担当。

## 责任担当，乐人乐己

"奉献、友爱、互助、进步"是志愿服务的精神。新冠肺炎疫情期间，我和党建中心的小伙伴、志愿者奔走在抗疫一线，积极参与学校组织的核酸检测组织、隔离寝室值守等工作，坚持走入寝室、走入教室为同学们测体温、宣传防疫知识，热心为隔离同学送饭、送水等。在老师的带领下招募志愿者2861人次，累计服务10281小时。在学校的组织和老师的指导下，我们用责任心和汗水构筑起了一道牢固的校园抗疫防线。

身在其中的我，心境也再一次得到了升华。我还将志愿服务的爱心也带到了自己的家乡——大竹县，连续几年都积极参与共青团大竹县委所组织的"青春志愿行·温暖回家路"的志愿活动。我和我的140余个小伙伴，累计服务群众5万余人次，累计服务700余小时，极大地方便了春运期间群众的出行，获得了群众的好评。到目前，我的个人志愿服务累计时长达743.5小时，但我认为这还远远不够。未来，我仍会时刻秉承"奉献、友爱、互助、进步"的志愿精神，不断参与到各种社会志愿服务工作当中，继续发光发热。

我想我的青春应该是：因为热爱而争取优秀，因为优秀而不息奋斗；因为奋斗，而青春无悔！在今后的人生道路上，我将随时以党员的标准要求自己，夯实专业基础，苦练职业技能，积极参与多元社会实践活动，立志让自己成为服务乡村振兴、推动地方经济发展的优秀人才。

# 奋斗驱萧索　不惧少年时

阿坝职业学院◆徐智垚

> 徐智垚，汉族，共青团员，阿坝职业学院经济与管理系电子商务技术2020级专科生。获国家奖学金、中国大学生自强之星、四川省综合素质A级证书等荣誉；获第七届四川省"互联网＋"大学生创新创业银奖、第八届四川省"互联网＋"大学生创新创业大赛铜奖、"挑战杯"四川省大学生创业计划竞赛银奖、阿坝州第二届"岷众动力"创新创业大赛一等奖。志愿服务累计时长530.5小时，获四川省首届高校志愿服务项目大赛实践项目赛道银奖。

　　白驹过隙，时光荏苒。转眼间我已经是一名大三的学生了。回想刚刚进入大学那会儿，我对一切都充满好奇，也对第一次离开父母有许多不适应。面对陌生的人群、环境，我满是迷茫，甚至在很长一段时间内都没法从消极的情绪中逃脱出来。在和室友、辅导员进行沟通后，我才慢慢觉得自己的这些烦恼都太多余了，甚至是浪费时间。既然不能改变现状，为什么不换一种态度去对待它呢？当我摆正自己的心态以后，便觉得自己应该去努力成为学习上的"强者"。

　　我一直都觉得自己是幸运的，虽然出身于一个普通的家庭，但父母教会了我怎样去独立、去拼搏。因为父母的付出，我觉得自己应该更加努力，不辜负他们对我的期望。我从来都没有觉得普通的家庭会给我带来阻碍，反而觉得它是我的动力来源。在我看来，努力学习是为了给自己和家人构筑一个美好的未来。因此，我尝试以积极乐观、坚强自立、热心奉献的状态面对生活，以严于律己、勤俭节约、努力奋斗的标准要求自己，妥善处理学习、工作和生活之间的关系。

作为一名专科高职生，我深深知道当今社会竞争如此激烈，要努力成为一个品学兼优、综合素质过硬，且拥有专长的人，才能被称为一个对社会、对国家、对人民有用的人。也正是如此，进入阿坝职业学院以来我在各方面严格要求自己，向着既定目标不断努力奋斗，获得了四川省综合素质 A 级证书。

"学而不思则罔，思而不学则殆。"自大一入学以来，我始终严于律己、刻苦钻研、态度认真、目标明确，我的成绩一直名列前茅，专业课平均分保持在 90 分以上，获得了 1 次校级二等奖学金、1 次国家奖学金。但是，我也并不是一帆风顺的。回想起大二刚开学评选奖学金的时候，我本以为我可以以第一名的成绩获得国家奖学金，但并非如此。大一时，我一直以为成绩好就可以得到所有奖励，便没去参加课外活动，导致综测分排到专业的中后。因此，我与奖学金失之交臂，也丧失了自信心，颓废了一个星期，上课昏昏欲睡。偶然间，我看见了一句话"努力不一定成功，不努力一定不会成功"，便重新振作起来，积极参加各类活动，并在学习专业课之余考取了计算机一级和普通话等级证书。功夫不负有心人，在大二一整年的努力下，我如愿获得了国家奖学金。

"恰同学少年，风华正茂；书生意气，挥斥方遒。"大一时，我便怀着锻炼自己、服务同学的初心积极参与班委的竞选，也成功担任了班长一职。在三年的班级工作中，我成长了许多，在认真完成学院、班级安排的每一项工作的同时还积极组织团体活动。大一第一学期，同学们因为刚来到一个陌生的环境，因想家、没朋友、不适应而感到无助。在了解这些情况后，我作为班长便和其他班委商量组织了一场"羌城游"的团建活动。在我的带动下，同学们放下了腼腆，一起跳起了锅庄，相互交朋友，感受到异地求学的温暖，班级凝聚力也得以增强。我的工作受到了老师及同学们的认可。

"冀以尘雾之微补益山海，荧烛末光增辉日月。"21 世纪的大学生，是祖国的未来与希望，承担着十分重要的使命。在步入大学之日，我就加入了志愿者的行列，在学校普法宣传、迎新、运动会等各种大小不一的活动中积极参与志愿服务，并和学校志愿者团队在四川省首届高校志愿服务项目大赛实践项目赛道中荣获银奖。暑假期间，我也会到县团委报到参加各种志愿活动，如泸定县抗击疫情志愿活动、"青春志愿·爱在旅途"春运志愿服务活动、返家乡大学生"暖冬行动"等，更是在"9·5"泸定地震发生后，积极响应团委号召，参与灾区志愿服务。通过参与这些志愿活动，我不仅锻炼了自我，还向社会传递了正能量。

"大众创业、万众创新。"在过去的两年时间里，我带领其他同学积极参加各种创新创业活动，通过团队的不断努力和指导老师的悉心指导，在省、市、州举办的创新创业大赛中均取得较好的成绩，获得了第七届四川省"互联网＋"大学生创新创业大赛银奖、第八届四川省"互联网＋"大学生创新创业大赛铜奖、2022年"挑战杯"四川省大学生创业计划竞赛银奖。

"不忘本来，面向未来。"拿破仑说过，胜利永远属于坚持不懈者。雏鸟要飞翔于苍天，需要振翅的勇敢；幼马要奔驰于旷野，需要跌倒又爬起的毅力。也许不是每个人都生来具有这样优秀的品质，但我们可以学习。两年多的大学生活很充实，我不仅收获了知识，同时也收获了成长。现在，虽已是毕业生，但我依旧会保持积极乐观的心态，继续努力，不断进步。

# 越努力越幸运

四川体育职业学院 ◆ 金婷婷

> 金婷婷，汉族，中共预备党员，四川体育职业学院运动人体科学系体育保健与康复专业2020级专科生。获国家奖学金、校级一等奖学金；获校级新生军训优秀标兵、三好学生、优秀共青团干部等荣誉称号；志愿服务时长总计86小时。

我来自一个普通的农村家庭，父母用质朴的言行教会我无论做什么，都要凭借自己的努力去奋斗。我相信，奋斗来的生命是美丽的，美好的未来是需要自己去创造的！

2020年10月，我迈着坚定的脚步、满怀着对大学的好奇与憧憬，怀揣着自己的梦想步入了四川体育职业学院的大门。对我来说，四川体育职业学院的一切既熟悉又陌生。熟悉是因为我曾是四川省举重队后备队的运动员，这里是我训练的地方；陌生是因为如今的我即将在这里开始崭新的大学生涯。对于一名退役运动员来说，考上一所体育院校是我的理想，因为我热爱体育，热爱体育事业。

大一刚进校，我就递交了入党申请书。从小，我便在父母的影响下，坚信没有共产党就没有新中国，是党的领导让中国一步一步向前发展。我的心中有党，非常想成为中国共产党中的一员。在学校和老师的培养下，我的思想变得更加成熟，信念更加坚定。我也始终以党员的标准严格要求自己，从身边的一点一滴做起。经过了党组织的层层考验，在2022年12月，我终于成为中共预备党员。

我深知，作为一名青年学生，学习是我们的首要任务。在进入四川体育职业学院后的两年中，我刻苦学习，求真务实，抓紧每分每秒的时间努力学习知识。虽然专业理论课有时会有点"枯燥"，我仍然刻苦学习、钻研，遇到问题时先独立思考，如果解决不了便主动向同学、老师请教。我的勤奋换来了老师和同学们的肯定。两学年中，我的专业成绩和综合成绩均排名班级第一，我先后获得了2次校级三好学生，1次校级一等奖学金，1次国家奖学金等荣誉。这些荣誉更加激发了我对知识的渴望，让我对自己有了更高的要求和目标。我认为大学是孕育全面发展的综合性人才的沃土，学习成绩绝不是衡量当代大学生的唯一标准。因此，学习之余，我充分抓住每一次机会锻炼自我，不断提高自身综合素质。两年来，我考取了普通话二级甲等证书、羽毛球二级裁判证、小学体育教师资格证书等职业技能资格证书。

　　郭沫若说："读活书，活读书，读书活。"因此，我始终保持着积极向上的心态，时以以高标准要求自己，同时妥善处理学习、工作和课外活动之间的关系，努力做到德智体美劳全面发展。在大一期间，我积极参加了院团委工作，积极与同学交流沟通，向学长学姐学习，争取为同学们做表率，向优秀前辈看齐。我在青年发展部的工作得到了认可，我被评为校级优秀共青团干部。这让我无比开心又充满了干劲儿。在生活里，我朴素节俭，富有爱心，并坚持"以心换心，将爱传递"。平日里，我善于和同学沟通，也乐于帮助同学。在校期间，我积极参与各类公益活动、志愿服务。让我印象最深刻的一次活动是"环保夜徒·城市无烟头"志愿服务活动。我走在喧嚣的街头清理烟头，听到路人的夸奖与赞美，心里不由地感到开心，觉得自己所做的事情是有意义的。两年来，我的志愿服务时长累计86小时，我收获的不只是陌生人的感谢，还有更强的沟通能力、动手能力。正因为有这些经验的加持，我才顺利通过了"青马工程"的培训与考核。

　　大三时，我们进入了实习阶段，到了检验课堂学习成果的时候。实习也是每位大学生需要经历的重要阶段，是连接校园与社会的桥梁。我很幸运有机会留在学院科研康复中心实习，能拥有和不同项目的专业运动员近距离接触的机会。跟队实习期间，让我记忆深刻的是，有一次我在为运动员推拿放松时，因手法不熟练，欠缺对力道的掌握，让运动员的皮肤受到了轻微损伤。虽然我得到了运动员的谅解，但还是自责没有做得很好。通过这次经历，我深刻认识到自己专业技能的不足，便更加刻苦地钻研，勤加练习。这个过程虽然艰苦，但很充实。我加速奔跑，感觉萦绕在眼前的迷雾渐渐散开，展现在我面前的是一条通向未来的职业之路。虽然这条路可能曲折蜿蜒，但我相信只要保持热情，坚持自我提升，一定能行稳致远。

  时间还在继续，生活还在进行，我会依然拼搏并且努力着，不断提高，不停挑战，争取全面发展。不休地锻炼，勤奋地学习，认真地工作，我相信明天会更加美好和绚烂！

# 仰望星空　也要脚踏实地

天府新区通用航空职业学院◆帅亚琼

> 帅亚琼，汉族，中共预备党员，天府新区通用航空职业学院空中乘务学院空中乘务专业2020级专科生。获国家奖学金、国家励志奖学金、四川省大学生综合素质A级证书、第八届四川省"互联网+"大学生创新创业大赛铜奖。积极投身服务事业，志愿服务时长共计133.5小时。

迷茫、无助，仿佛是一些人的青春代名词。但在如花般热烈的青春里，我很庆幸自己能够找到理想的方向，也没有错过沿途的风光。努力的汗水沁润着花蕊，眼角的泪水也早已被风干，或深或浅的脚印在告诉我来时的方向。再回头看时，清澈的眼睛变得更明亮，一切都仿佛不一样了。

## 乘风破浪，扬帆起航

高三时，班主任曾问我："对什么专业感兴趣？未来想要做些什么？"当时的我什么都不了解，原以为大学也会像高中一样浑浑噩噩地度过，直至某天周日妈妈带我去看电影，那部影片叫《中国机长》。观影结束后，我的内心受到了很大的触动。在紧张危急的时刻，机上工作人员依旧肩负着责任，用尽全力维护乘客的生命安全。这种为人民服务、为人民奉献的精神深深震撼了我，因此我的心里萌发出了以后要从事乘务工作的想法。当天晚上，我与父母沟通，父母表示理解并支持我的选择。由于乘务专业的特殊性，我开始在高三的课余时间参加各大院校的面试。在经

历了一次次的失败和挫折后，我总结经验，以更加符合空乘专业学子的形象去面试。最终，我顺利考上了天府新区通用航空职业学院的空中乘务专业，并于2020年9月入学，开启了人生新的篇章。

## 三更灯火五更鸡，正是少年读书时

大学与高中的学习方式截然不同，需要我们有很强的自制力及自主学习能力。课上，我认真听讲；课下，我自主完成作业、预习及复习功课。每学年期末考试的成绩单就是对我最好的回报。除了理论类的学习任务外，我们还有其他任务，其中让我感到最困难的就是800米长跑。我是一个不太喜欢运动也比较缺乏"运动细胞"的人。800米对我来说无疑是一项巨大的挑战。为了战胜它，我和我的室友一起，坚持每天跑步。在日复一日的努力下，我们的速度越来越快，耐力越来越好，最终我成功通过了考试。在我的刻苦努力下，大一、大二两年我的专业成绩都名列年级第二、班级第一。在校期间，我还曾获得国家奖学金、国家励志奖学金、校级三好学生等殊荣，考取了普通话二级甲等证书、英语新三级证书。在看到成绩的同时，我也深知自己还存在许多不足，如实践经验不够充分，不能很好地将理论和实践相结合。在以后的日子里，我会更加努力，积极向上。

## 礼让助人、乐于服务

礼让助人，是我们中华民族的传统美德。作为新时代的青年，我始终保持着一颗乐于助人的心。在大学期间，我积极参加学校、学院组织的各项志愿服务活动，志愿者服务时长累计133.5小时。清洁校园、整理图书、打扫教室……学校里的每一个角落都留下了我的身影。除此之外，我还担任了院系学生会副书记，以全心全意为老师和同学服务为宗旨，努力做好本职工作，组织开展了各项活动，带领大家积极参加各项实践，不仅锻炼了自身的能力，提高了自身的综合素质，还丰富了同学的课余生活。在此过程中，我与同学们结下了深厚的友谊。大家一起在实践中进取，在逆境中成长，一起成为更好的我们。

## 立志高远，坚持到底

在进入大学的三年里，发生了许许多多的事情，或是开心，或者难过，或是辛苦，都给我曾经空白的"素描纸"留下了绚丽的色彩。其中，让我印象比较深刻的就是国家奖学金答辩。

2021年，大二的我有幸与大三的学长学姐一起参加国家奖学金答辩，争夺宝贵的名额。在准备期间，我刻苦练习发言，修改幻灯片，积极参加各种各样的活动来丰富自己的履历。在我觉得稳操胜券时，演讲彩排给我带来了巨大的打击。讲台上，学长学姐不骄不躁，持续稳定地高效输出，各种各样的奖项、研究、活动，看得人眼花缭乱。再反观我自己，害羞、扭扭捏捏、眼界狭窄、缺乏活动经验、积累不足……最终的答案可想而知。答辩结束后，我沉下心，进行了深刻反思，并在接下来的一年内积极改正。扭扭捏捏、害羞，我就去学习演讲，让室友当听众，反复练习；眼界狭窄，我就去参加比赛，去别的学校参观学习，眺望更大的舞台；活动经验缺乏，我就去竞选学生会干部，向老师学习，再与学生会成员们联合开展各项活动，解决各种突发性事件，提升自己的综合素质；积累不足，我就去阅读报刊，读名著，观看各式各样的舞台剧、话剧、歌剧，关注时事，尝试与优秀的同学分享自己的见解，全方面提升自我能力。

一年的时光稍纵即逝，国家奖学金答辩如约而至。从最开始争取答辩名额，到确定参赛后的准备，我都十分用心。制作幻灯片时，许多老师、同学都给我提出了宝贵的建议。答辩当天，我的朋友更是早早来到现场为我加油打气。我站上台后，不骄不躁，认真、全面地向评委们介绍自己。最终，我终于圆了这场名叫"蜕变"的梦。

大学是人生中极为宝贵的时光，与其在逝去后万般叹息，不如趁现在努力奋斗，改变自己。坚持和耐心是这条路上最不可或缺的伙伴。不积跬步，无以至千里；不积小流，无以成江海。大学时光已然进入尾声，我会在接下来的日子里，继续努力，成为一个更好的自己。试炼的终点是花开万里，我们以渺小启程，愿以伟大结束。

# 穷且益坚　不坠青云之志

达州中医药职业学院◆周冰林

> 周冰林，汉族，共青团员，达州中医药职业学院护理学院护理专业2021级专科生。获得国家奖学金，校级三好学生、优秀运动员等称号；积极投身志愿服务，累计志愿服务时长125个小时；曾任"5·12"国际护士节节目负责人，参演《只要平凡》励志歌舞表演。

"穷且益坚，不坠青云之志"出自《滕王阁序》，也是我的外公希望我牢记的一句话。我出生在一个小村庄，日子虽然过得比较清苦，但好在家人们一直维护着我和弟弟精神上的富足。我们家前年才装上空调，全因前年夏天我问外公："为什么我们家这么热还不装空调呢？省一省应该能买一个空调吧！我们家都这么穷了，为什么不去申请低保呢？"外公从不对我发脾气，可这次却对我厉声道："我是不是跟你说过，人穷志不穷，要吃得苦？低保是给特别特别困难的家庭。只要我们的双手还能劳动，就万万不能动这个念头，能不给国家添麻烦就不给国家添麻烦。昨天还在背《滕王阁序》，今天就丢了，马上再去重新读两遍。"第二天，家里就有人过来装空调了，500块买的二手定频空调。我知道那钱外公存了很久。我那时才真切切地明白，贫穷并不可怕，可怕的是缺少自强自立的精神，是遇难而退或甘愿平庸、贫穷而导致持久贫穷。意志上对贫穷的妥协，会导致行为上对改变贫穷的放弃，最终贫穷便会伴随一生。

## 亡羊补牢，未为晚也

我懂事较晚，直到高三才幡然醒悟，明白认真学习的重要性，摸索到适合自己学习的方式。马克思主义经典理论是我始终信仰且为之实践的理论。"事物的发展是前进性和曲折性的统一"让我明白要充分做好思想准备，不断克服前进道路上的各种困难，勇于接受挫折与考验。我不认为专科学历是我的终点，我要将它变成我新的起点。

2022年的暑假，我给妹妹煮红枣银耳汤喝。她突然被一颗红枣核咯住了，小脸涨得通红，挣扎着喊："大姨、姐姐，救救我！"我看向妈妈，她也急得没有办法。我知道等到120赶到就来不及了，只有冒险一试，用我未亲自实践过的海姆立克急救法给妹妹急救。那一刻，我是多么悔恨自己对急救方面的知识掌握得不够充分，但好在方法有用，帮助妹妹及时把红枣核咳了出来。看到她嘴唇的紫绀慢慢消退，我才长舒一口气。这个时候，我才明白"生民何辜，不死于病而死于医。是有医不若无医也。学医不精，不若不学医也"。护理专业是一个需要万分严谨的专业，从事护理工作的人要对每一位患者的生命负责。从大学的第一堂课开始，我始终坚持坐在第一排的正中间。我逐渐养成了认真听课的好习惯并坚持至今。我认真对待每一门专业课，牢记每一个知识点，做好每一次操作练习，为我的护理生涯打下最坚实的基础。功夫不负有心人，我以优异的学习成绩获得了校级三好学生的称号。

## 一枝独秀不是春，百花齐放春满园

人们用"六边形战士"来形容我国的乒乓球名将马龙，我也一直期望将自己培养成护理界的"六边形战士"。国家真正需要的是综合发展的高素质人才，所以我们光学习好是远远不够的。从上大学开始，我在确保学习不受影响的前提下，致力于对思想道德、身体素质、个人才艺、工作能力等的全面培养与提升。我参加学校举办的业余团校并顺利结业，紧跟党的步伐，学习党的先进理论；不断提升护理能力，参加达州市红十字救护员培训，并取得红十字救护员证，为保护人民的生命安全积蓄力量；积极参与公益事业，践行志愿者精神，在校期间参与二十余次志愿服务活动，志愿服务累计时长125.5小时；加入校学生会文体部，参与组织学校各大体育、文艺类活动，如足球篮球校队日常训练、校运动会、第111个"5·21"国际护士节文艺汇演、第二届校学生代表大会等，兢兢业业，全心全意为同学们服务；坚持每天锻炼身体，提升身体素质，在第一届校运会上摘取女子800米、1500米金牌，成为校内唯一的女子项目双金牌得主，荣获校级优秀运动员称号；认真履行班级文体委员的职责，带领同学们参与护理学院"5·12"国际护士节文艺汇演，表演歌舞节目《只要平凡》……我广泛发展兴趣爱好，充实自己的灵魂和生活，大一期间参加各类社会实践活动共计33次，其中文体类活动12次、文学交流类活动7次，如参加第二届校园歌手大赛并入围决赛，以负责人兼领唱的身份参与了国际护士节歌舞表演、护理学院红歌会、班级红歌会。

"俭以寡营，可以立身"，我明白家里的不容易，所以每天的午饭和晚饭时间我都在学校食堂勤工俭学，并将每月兼职的300元工资转给外公外婆，希望在我离家求学的这段时间里可以让他们过得好一点。日子虽然比较拮据，但我从不羡慕旁人。我清楚一家人都健健康康、精神富足、相互珍视便是最珍贵的。

"图功易，成功难；成功易，守功难；守功易，终功难。"我的偶像是羽生结弦，他以自己的坚毅与决绝为我解读了这句话。感谢他在我最迷茫的时间里给予我力量，让我冲破阴霾，寻得方向。

## 君子戒自欺，求自谦

高中阶段的我并没有埋头苦读，也不擅长应试，因此高考考得一塌糊涂。我是到了大学才真正变得懂事的。我十分感恩国家、老师对我努力的认可和对我的鼓励。我从不觉得到大学再出发就是晚了。在大学期间，我认真努力、孜孜不倦，获得了国家奖学金。我可以自信地说这是我的荣耀，但不会吹嘘或是骄傲。我明白我与其他高校的优秀人才存在着巨大差距。但我也充分相信自己，只要一直努力下去，不断提升自己，朝着他们的方向追赶，总会有同他们齐头并进的那天。知不足，然后能自反也；知困，然后能自强也。我想，我应当是锐意进取、迎难而上、勇于挑战不可能的有志青年。

# 竹子定律

南充文化旅游职业学院 ◆ 龚越

> 龚越，汉族，共青团员，南充文化旅游职业学院经济管理系市场营销专业2020级专科生。获国家奖学金、国家励志奖学金、校级一等奖学金、四川省大学生综合素质A级证书；获中国大学生自强之星，校级三好学生、优秀学生干部、优秀共青团员、学习标兵、实践能手、养成教育先进个人等称号；获社科奖第十三届全国高校市场营销大赛策划案一等奖、"挑战杯"四川省大学生创业计划竞赛三等奖、企业管理挑战赛一等奖。积极投身乡村振兴，带领项目团队参加四川省大学生暑假"三下乡"社会实践活动，所负责项目"乡村振兴——朝阳村直播营销支农实践"获四川省优秀品牌项目。

我来自川南农村家庭，家中有两姐妹，父母都是普通的农民，以卖菜为生，起早贪黑，收入微薄。在我上小学的时候，父亲一招不慎，走了错路，负债累累，让原本就拮据的家庭又蒙上了一层寒霜。债务的压力和上学的开销，让父母决定带上年幼的妹妹远赴他乡打工。十余年间，只有过年的时候我们一家才能团聚。虽然我在成长的过程中缺少了亲人的陪伴，却学会了勇敢坚毅、自立自强。

上了中学后，我在寒暑假会打零工来减轻家里的负担。随着知识储备和社会阅历的增多，我才深刻体会到父母的不易，也意识到"知识就是力量，知识改变命运"。我想：知识就如绿竹，稳扎稳打，总会成林；只要坚持，再贫瘠的土地，竹子也可以扎根。我立志用纸笔去开垦，埋下理想的种子，坚信只要努力学习，就有成长、有希望，就一定能绽放自己，改变生活。

## 初　生

来到大学，我心底隐隐有一棵初生的竹笋在抽芽，渴望成长，渴望变得更好。我坚信唯有知识才能改变命运，所以努力抓住每一次机会。刚进大一时，我便制订计划，刻苦学习，积极参加各项活动。那股积极向上的劲儿如同初生的竹笋般勇敢无畏、势不可挡。军训队伍中，我是练得最勤的一个；大课小课上，我是到得最早的一个；各项活动，我是参加得最积极的一个。努力终见成效，综合成绩测评中，我位列专业第一名；党史征文比赛中，我荣获一等奖；社会实践中，我荣获实践能手称号。这些荣誉没有让我停下，反而激励着我像绿竹那样节节生长。父母为了我和妹妹能够生活得更好些，积劳成疾，落得一身的病。我能做的只有好好努力，不负自己，不负父母心。

## 破　土

时间的长河永远向前，转眼我就进入了大二。我明白成功是留给有准备的人的。为了紧跟老师的思路，我每堂课都抢第一排的座位。上课节奏太快跟不上，我就在课后向老师和同学虚心求助。我每天都在努力超越昨天的自己，追求不断地进步。星光不负赶路人，大二学年，我的专业综合成绩为年级第一，学分绩点达到4.18。同时，我还在学生与心理健康征文比赛中荣获二等奖，学院"文旅英才"榜样人物评比中荣获学习标兵称号。为了检验自己的职业技能水平，我还考取了专业证书，为未知的将来多铺就一条可供选择的道路。沐浴着父母的养育之恩、学校的教育之恩，我已经冲破了"泥土"，再也不是以前那个怯懦的自己。今天的我永远比昨天的更自信更努力。一切都在往好的方向发展……

但是意外还是来了。妹妹身体每况愈下，却为了省钱，拖了又拖，实在坚持不了了才去医院检查，却被告知疑似白血病。一场接一场的狂风暴雨，像是要摧毁我们家这艘小船。得知这个消息后我想快一点、再快一点，让自己成长为可以为家人遮风挡雨的硬竹。

## 坚　韧

　　家人是我的软肋，更是我努力的动力和坚实的后盾。我担心妹妹的病，也担心自己哪一天会面临父母生病却无能为力的状况。我很快调整了自己的心态，不让"狂风暴雨"阻止我成长。我知道，一个合格的高职学生不能将学习局限于课堂，还必须提升实践能力，就像竹子一样，一定要经历风雨，才能坚韧筋骨、扎实基础，才能成为可用之材！在大二暑假，我参加"三下乡"社会实践活动时，带领一个五人小组，分析当下的新媒体发展热点，通过直播营销帮助村民销售农产品。从想话术、写脚本，再到实战，与其说是教村民们直播带货，不如说是自我锻炼提升。我们在营销课堂上学习的理论知识在实践中得到了检验。这次的实践经历让我学会了坚持，也锻炼了我的毅力，让我收获颇丰。更为幸运的是，我们的实践项目也获得了2022年四川省大学生暑假"三下乡"社会实践活动优秀品牌项目的荣誉。在校期间，我一直担任班长一职，认真带领班干部们，认真听取老师和同学的工作建议，与大家共同探讨班级管理问题，合理分配任务，主动承担责任。我经常在班级中开展各种班团建设活动、主题教育班会等。我的班级规章制度严明，学习气氛浓厚，先后荣获文明班集体和先进班集体的称号，我个人也因此荣获优秀学生干部的荣誉。不论是学习，还是生活和工作，我都不轻言放弃，努力做到最好，不让自己后悔。

　　一路走来，也不是一帆风顺的。在快要坚持不下去的时候，我便想想自己熬夜学习的模样、克服困难的模样、不甘贫穷的模样、积极向上的模样……这些曾经的模样都化作心中一棵棵坚韧的绿竹，让我成长得更加坚挺，在暴雨倾盆而下时也能无畏无惧。

## 成　林

　　竹子用了4年的时间仅仅长了3厘米，但从第5年开始，每天以30厘米的速度疯狂生长，仅仅6周的时间就能长到15米。努力亦是如此，可能此刻的付出没有立刻得到回报，但如不放弃，便会扎根、积累、沉淀，终有厚积薄发的一天！

　　经过父母多年的灌溉，依托国家、社会和学校提供的土壤以及自己的努力和坚持，我冲破了桎梏，让理想的竹笋迎风生长！我逐渐成长为一名综合素质全面发展

的新时代青年，成长为一棵强大的硬竹！

在这充满希望的时代，每一个心怀理想的青年，都不要轻言放弃。愿我们都能生如翠竹，扎根向下，努力向上，成为一棵千磨万击还坚劲，任尔东西南北风的硬竹！

# 步履不停　追梦不止

绵阳飞行职业学院◆李玉琴

> 李玉琴，汉族，共青团员，绵阳飞行职业学院民航服务与管理学院计算机应用技术专业2021级专科生。获国家奖学金、"非遗羌绣传承大使"等荣誉；获评绵阳飞行职业学院优秀大学生、学生会优秀干部、优秀志愿者。现任学院学生会主席。

## 抓住机遇，突破自我

"海阔凭鱼跃，天高任鸟飞。"大学是展示自我、锻炼自我的舞台。从进入校园那一刻，我的目标就是锻炼自己各方面的能力，实现自我的全面发展。一次偶然的机会，我成为辅导员小助手，开始尝试做一些服务同学的工作。在班委竞选时，我鼓起勇气参与了竞选，在同学们的信任和支持下，成功当选为班长。作为一名学生干部，我认真勤恳地做好本职工作，经常帮助遇到困难的同学；积极向辅导员请教问题，协助辅导员策划一系列班级活动，积极开展为同学们服务的各项工作。在辅导员和所有班委的共同努力下，我们的班级被评为优秀班级。班长这个职务给我带来了能力的全方位提升，教会了我怎样与人交流沟通、怎样约束自己、怎样锻炼自己、怎样做得更好，也让我从青涩的学生慢慢地成长为能独当一面的学生干部。

## 勇于挑战，改变自我

2021—2022学年的第二个学期，我成功当选绵阳飞行职业学院第二届学生会主席，这对我来说既是一次锻炼的机会，更是巨大的挑战。学生会是学校与学生的桥梁和纽带，以服务师生、促进全体学生全面发展为工作宗旨，开展有益于学生身心健康的学习、创作、文体、社会实践、志愿服务、社会公益等活动。在担任学生会主席期间，我积极配合老师策划开展校园活动，掌握、监督、指导各部门的工作，带领学生会全体成员积极为同学们服务。作为学生会主席，我深知肩膀上的重任，在继承和发扬学生会优良传统的同时，搭建新的舞台，开创新的局面。

## 勇于尝试，丰富自我

人生虽短，但要多姿多彩。在学校里，从没学过舞蹈的我，积极参与各种表演活动。因为没有舞蹈基础，练舞的时候，我会跟不上节奏、记不住动作，但这并没有让我放弃。每次排练我都认真看老师跳，多看几遍总会记住。很幸运，我在学校提供的平台上学习到了非物质文化遗产——羌绣。羌绣不只是一种装饰品，也是独具民族特色的艺术品，是羌族人民生活的重要组成部分，是羌族妇女聪明才智的承载，也是她们寄托自己情感和美好愿望的重要方式、羌族青年男女表达美好爱情的信物。它集艺术品与生活品于一体，是羌族人民追求真善美的物化和象征。通过学习羌绣我感受到了羌族文化的美好。这种独特的传统艺术让我深深爱上了北川。我还学习了羌族舞、现代舞、T台走秀等，在丰富我的校园生活的同时，也让我获得了许多技能。在生活中，我谨记"静以修身，俭以养德"。我是一个来自农村的孩子，父亲常年在外务工，母亲在家照顾正在读高三的弟弟，家里收入不高。深知父母的不易，为了减轻家庭负担，寒暑假我都会去做一些兼职，赚的钱虽然不多，但是也可以补贴家用。每当结束兼职时，我总会很愉悦。打工的日子，有喜有忧，有欢乐也有苦累。这些经历既锻炼了我的意志力，也让我积累了社会经验和工作经验，成为我所拥有的"无形资产"。我相信，到了关键时刻，它们的作用就会显现出来。

## 勇于提升，与时俱进

大学是人生的重要阶段，我特别关注在这一阶段中自身思想的发展和成熟。我不断培养正确的人生观、价值观和世界观，提高自己的思想政治觉悟。我时刻以共产党员的标准要求自己，时刻以党的先进思想理念武装自己的头脑，永记党全心全意为人民服务的宗旨。青年的理想信念关乎国家未来，是一个国家、一个民族无坚不摧的前进动力。我作为新时代青年，会努力在真学、真信、真用上下功夫，努力以实际行动落实党的二十大精神，争做有志、有德、有为的新时代青年，让青春在新时代的广阔天地中绽放，让人生在实现中国梦的奋进中展现英姿。

  坚持自己的热爱，坚定地追求梦想，明灯会指引追梦人的方向，奋斗的脚印会落在奔赴热爱的道路上。

# 中职篇

# 航天学子　立青年誓言

四川航天职业技术学院◆唐虎

> 唐虎，汉族，共青团团员，四川航天职业技术学院计算机应用技术专业2020级中职生，学制五年。获第五届全国大学生预防艾滋病知识竞赛优秀奖、全国高校传统文化系列活动之爱国诗词大会知识竞答四川省一等奖；获《中国漫画》杂志社"国漫之星"、四川省优秀青年志愿者、四川省最美抗疫志愿者等荣誉称号。2022年获得中等职业教育国家奖学金。

2020年，怀着对未来的美好期待，我踏进四川航天职业技术学院的校门，成为一名光荣的航天学子，立志投身祖国航天事。从初入校园青涩、迷茫、彷徨的少年成长到今天四川省四星志愿者、成都市微光青年、2022年中职国家奖学金获得者，离不开老师们的谆谆教诲、同学们的默默帮助、党和国家对万千学子的关心关爱。

出生农村的我，深知父母供我上学的不易，在校期间克勤克俭，利用假期兼职补贴生活。班主任赵丽萍老师在知道我的情况以后，告诉了我中职国家奖学金的相关政策。在那一刻，我深深感受到党和国家对我们万千学子的厚望和关爱。从那时起，我就暗下决心：在求学的路上不管遇到什么困难，一定要发扬"特别能吃苦、特别能战斗、特别能奉献"的航天精神，在学业上追求不断进步，在技能上永远虚心学习，在生活中乐于奉献，做一个能回馈社会、报效祖国的有用之人，用志愿行动践行自己的理想信念。

## 励学善行，筑自强之舱

作为一名中职学生，我始终没有忘记学习是现阶段的首要任务，只有把本领学扎实，才能让自己成长成才。回顾自己的学习历程，我深知学习路上最大的阻碍就是惰性思想、畏难情绪。为了克服这个障碍、夯实基础，我给自己制订了晨午晚读的学习计划，坚持同惰性思想做斗争，并请老师、同学督促自己。在这个过程中，我一度怀疑自己的学习能力，想要放弃。倍感吃力的时候，我常常反问自己：就这样放弃了吗？所幸我遇到了一群可爱的同学、一个如灯塔般的老师。在他们的鼓励和耐心指导下，我坚持下来了。回首过去的三年，常伴我的是图书馆和自习室。勤奋踏实努力地学习，换来的是成绩始终保持在全班前三名，我因此获得了 2022 年中职国家奖学金。站在领奖台上，脑子里闪过的是过去三年的点点滴滴，心里澎湃的是对未来的无限期待。一生的路很长，我将牢记老师的谆谆教诲，永远保持对学习的热爱。

## 励学强技，做时代工匠

"文行忠信，严慎细实"是学校的校训，也是我作为一名中职学生对所从事职业的不断追求。敬业、精益、专注、创新是工匠精神的时代内涵，也是在三年技能学习过程中实训老师对学子的言传身教。在钳工的操作过程中，我认真学习倒角、划线、钻孔、锉配等专业技能，并努力将其与理论相结合，比较不同的装配方式，分析模具发生故障的原因，对结构进行合理优化……我深知只有比别人更努力、更勤恳、更积极，才能成为一名合格的技能标兵。做一个具备良好职业素养、崇尚技能、有较强就业能力和社会适应能力，能够在生产服务第一线从事电子设备焊接、应用、安装、调试、维修与检测等工作的高素质技能人才是我的学习目标。

## 励学明德，展志愿担当

"予人玫瑰，手有余香。"从家庭到校园，从校园到社会，成长的路上我深刻感受到来自社会各方的关心帮助。这一路的风雨陪伴也滋养了我想帮助他人的志愿之心。入学之初，我就加入了学院青年志愿者协会和系部学生会。在过去的三年里，我所在的青年志愿者队伍出现在社区、敬老院、孤儿院、市运会等地；在新冠肺炎疫情期间，先后组织志愿者 700 余人次在市场、车站、医院、社区等区域开展防疫劝导、物资运送、消杀等工作。2022 年，四川地区出现百年难遇的极端高温天气，为鼓励所有坚守在抗疫一线的医务人员和志愿者，我利用晚上休息时间与团区委志愿服务团队共同努力在本地青志协官方公众号累计发布 18 篇抗疫正能量文章，阅读量超 8000 次，用文字为他们带去温暖，书写城市的青春力量。

三年来，我的个人累计志愿服务时长超 1400 小时，志愿服务人次超 5 万人。我的事迹被"川观新闻"、川教新风采、今日头条、网易新闻、龙泉驿发布等媒体报道了 15 次。我也获得了四川省"争当河小青·守护母亲河"研学护河优秀青年志愿者，龙泉驿区团区委 2023 年"7·15"疫情防控优秀青年志愿者，龙泉驿区文明办 2020 年度优秀抗疫志愿者，学院优秀青年志愿者、优秀学生干部、三好学生等荣誉称号。

"凡是过往，皆为序章。"过去三年的努力，夯实了我的知识基础，提升了我的思想境界，锻炼了我的工作能力，坚定了我前行的方向。回顾来路，我的成长和进步离不开老师的悉心教导和同学们的携手鼓励。国家的资助政策让我倍感温暖，教会我感恩社会，在我心里种下一颗回馈社会、报效祖国的信念火种。前行的路上，我将时刻不忘红旗下的铮铮誓言。作为一名航天学子，我将以一代代航天人传承下来的航天精神为指引，更加坚定不移地听党话、跟党走，踔厉奋发，埋头苦学，扎实学识，练就本领，用实际行动践行初心使命，展现青年的责任担当，让青春在奋斗和奉献中绽放绚丽之花！

# 遇见光　追随光　成为光

四川省旅游学校◆杨惠淋

> 杨惠淋，汉族，共青团员，四川省旅游学校旅游餐饮系西餐烹饪专业2021级中职生，学制三年。获中职国家奖学金，四川省第二届中华职业教育创新创业大赛中职组二等奖，校级优秀共青团员、优秀学生干部、优秀学生等荣誉称号。现担任校学生会主席团执行主席，2022—2023年度志愿服务时长133小时；多次参加学校大型文艺活动，热衷于新媒体运营，独立制作发布推文37篇。

2021年的秋天，我走进了四川省旅游学校。那时的我满怀热爱，心向阳光，眼里有诗，志在四方，想要朝着理想奋进。入校后通过老师宣讲相关文件，我知道了我们能享受减免学费、国家助奖学金等一系列国家学生资助政策，凉山部分地区的学生还可享受州外就读补助。

## 扎根破土遇见光

还记得中考那一年，我考了496分，与当年的普通高中录取分数线还有很大的差距。父母费尽了心思给我联系了好几所高中，最终因为种种原因，我就读普高的心愿未能成行。父母劝我放弃读普高的想法，去读职业学校。那天，不甘心的我哭了，依然渴望在前行的路上发掘理想之光，指引我升上大学。

考虑到家里的实际情况，最终我听了父母的建议。在选择学校的时候，我十分志忑，父母也有所顾虑。他们带着我去了好几所学校认真对比。最终，我们选择了四川省旅游学校。没进职业学校前，我也对职业学校存在偏见，以为那里管理混乱、学生学习散漫。但是，在来到四川省旅游学校之后，我发现其实不是我所认为的那样。四川省旅游学校曾被誉为"最美职校"。我可以用"始于颜值，忠于才华"8个字来诠释我认识它的整个过程。这里的一花一草皆育人……"把学生培养成有技能的素质型人才"，这句话深深地印在了我的脑海里。班主任曾对我们说："不要随意给自己贴标签，也不要给他人贴标签。成为中职生，并不代表你们低人一等。你们不比任何人差，上中职也并不代表着失败。反之，自我放弃才是失败人生的开始。"这一番话，让我感受到了被关爱、被尊重。渐渐地，我有了自己明确的目标与规划，并为之而努力着。

## 积蓄能量追随光

开学以后，我见到了很多优秀的学长学姐，听说了他们的故事和经历。那一刻，我多么希望有一天自己也能像他们一样优秀，一样有作为。于是，我暗下决心，以我身边的学长学姐为楷模，以他们的事迹为目标，督促自己奋发向上。我从中考失利的沮丧中走了出来，一改懒散的态度，课堂上认真听讲，课下及时回顾课堂知识，定期进行知识的整理归纳。长此以往，我使用过的草稿纸累了一大摞，笔芯也不知道换了多少根，去往实训室的路来来回回走了无数次。好在努力过后的"彩虹"还算耀眼，我的综合成绩连续两学期排名本专业第一。经过不断的努力，我最终荣获了2021—2022学年中职国家奖学金。这次的获奖不仅是一项荣誉，给我带来了经济上的帮助，更是学校领导、老师和同学对我的一种肯定，是对我莫大的鼓励与支持，使我更加有信心、有动力去学习。很感谢入学以来遇到的良师益友，感谢他们给予的指导和帮助，让我不断成长和进步。在今后的道路上，我将不负众望，继续努力。

"奉献精神不是与生俱来的，离不开经年累月的修身正己。"校园里总有一群"红马甲"吸引着我，他们有爱心、有热情，更有奉献精神。他们有一个名字——志愿者。这不正是我所向往的吗？于是，我加入了他们。在2022年，我参加了校内外的志愿服务活动，去幼儿园做六一活动志愿者，在周末维护校园环境，还参加了2022年"中行杯"四川省职业院校师生技能大赛志愿服务。在一次次活动中，

我真正地感受到了"助人为乐"这四个字的含义。第一学期快结束时，我主动向团支部提交了入团申请书，参加入团积极分子培训班的学习。在戴上那枚闪闪的团徽时，我的内心无比激动。此时的我，深知自己做得还远远不够，只会更加严格地要求自己，希望在我们这一辈人的努力下，善意的火苗能持续燃烧。

## 茁壮成长成为光

为了有更多的平台锻炼自己，我加入了校团委新媒体运营中心。从"小白"到现在可以独立运营公众号，这一年，我一直在"被迫"学习：学会了撰写新闻报道、拍摄图片、编辑制作公众号推文，学到了无数课本上没有的知识。经过一年的磨炼，我独立编辑发布的推文已有37篇，有了一定的经验，语言表达和写作能力得到了很大提升。此刻的我仍想再进步一点，于是便去竞选校学生会主席团成员。老天爷总是眷顾努力的人，我顺利成为主席团的一员。从那一刻起，我想做的事情更多了，想学的东西也更多了。因为学生会就是要真正服务于同学、服务于学校，作为主席，我不想辜负老师和同学的信任，更要做到从同学中来，到同学中去。在奋斗的岁月里，我要对得起每一寸光阴。

2022年的9月，学校要组织学生参加四川省第二届中华职业教育创新创业大赛。我向老师表达了想要参赛的意愿，老师接受了。对我来说，这不仅是一次挑战，更是一个积聚力量的过程。从最初的想法，到落实文字计划，再到成果展现，从无到有的过程，包含了老师的用心良苦、悉心指导和团队成员的积极努力。我们成功了，团队顺利完成比赛并且荣获二等奖！我更加相信努力的意义，相信勤奋刻苦终有与之匹配的收获。

"遇见光，追随光，成为光"是我人生信条。人生路漫漫，未来也如星辰大海般璀璨夺目。心中的种子，历经扎根、破土、发芽，循着阳光，才会茁壮成长。扎根的过程固然很久，是一段付出努力却不一定有结果的时光，但我时刻相信："在暗处执着生长，总有一日馥郁传香！"

# 点燃信仰的明灯

川北医学院附属医院护士学校 ◆ 许美娟

> 许美娟，汉族，共青团员，川北医学院附属医院护士学校级护理专业2020级中职生。获2021年四川省护理技能操作大赛二等奖、2021年校级第一届"学宪法，讲宪法"知识竞赛二等奖、2021年校级"护理技能大赛"二等奖；获2022年南充市三好学生、2022年校级三好学生等荣誉称号。2022获评中等职业教育国家奖学金。

我出生在单亲家庭，从小就没有妈妈的疼爱与呵护。我儿时的玩伴很少，每天都是奶奶接送我上下学并照顾我的生活起居。爷爷和爸爸经营一家小卖部，生意时好时坏。我清楚地知道，我就是来自一个普普通通的务工家庭，也无法改变自己的家庭环境，但家人给我的爱有多无少。人的成长，归根结底还是要靠自身的努力，想缩小和别人的差距，获得和别人同样的自信，就应该充实地度过每一天，培养自己积极的情感体验和正确的价值观，敢于面对自己。我深知，如果甘于落后，不求上进，则意味着后退，不自信的心态将永远困扰自己。孔子说："天行健，君子以自强不息。"我暗暗提醒自己，要敢于面对，敢于付出；要自强自立、奋发图强。我坚信，通过不懈的努力，成功一定会到来。

## 唯有拼搏，方能致远

求学的道路漫长而又艰辛。在踏上这条征途之前，首先要做的就是下定决心，努力拼搏。我从小生活在河南省，只有过年的时候才会回四川老家探亲。对一个人而言，家乡永远是一个会时刻牵挂的地方。我一直梦想成为一名白衣天使。因此在初三时，我决定回四川就读中等职业技术学校的护理专业。在此之前，我已从电视上了解到，就读中等职业技术学校可以享受国家免学费的政策，同时，家庭经济困难的学生可以申请国家助学金，特别优秀的学生还能参评国家奖学金。这些都是我学习职业技能的支持与保障，更带给我努力拼搏的信心与力量。

2020年9月，我带着大包小包的行李迈入了川北医护校的大门。学校、老师、同学，甚至是这个城市，对我来说都是陌生的。我首先要面对的困难就是语言。整个宿舍都回响着四川口音，说普通话的我显得格格不入。开学第一天，我过得出奇安静。晚上睡觉时，我想：既然选择来这里学习，可不能浑浑噩噩地把时间荒废了，人生能有几个三年呢？那一晚，我在自己心里种下拼搏的"小火苗"，等待着它熊熊燃烧的那一刻。

习近平总书记曾说："一个人必须学习一辈子，才能跟上时代前进的脚步。如果我们不努力提高各方面的知识素养，不自觉学习各种科学文化知识，不主动加快知识更新、优化知识结构、拓宽眼界和视野，那就难以增强本领，也就没有办法赢得主动、赢得优势、赢得未来。"医学知识枯燥乏味，所以我明白勤勉、坚定是我在学习中必须保持的品质。每一堂课我都认真听讲，勤于练习，不遗漏任何一个知识点。性格内向的我开始勇敢地回答老师提问，答对了，是喜悦，答错了，是修正后的进步。记得在一次英语课上，老师要求脱稿演讲，紧张的气氛下无人举手，我也有点犹豫。这时了解我的同桌一把抓住我的手举了起来。果不其然，我被老师叫到了讲台上。演讲的过程还算顺利，虽然中途停顿了一次，但总体效果不错。老师给予了我肯定，同学们也用掌声给予我鼓励。这次的经历给了我很大的信心，渐渐地，我和老师的课堂互动越来越多。在第一次月考中，我拿到了班级第一名并开始担任学习委员，之后又担任团支书，全班同学都认识了这个本在人群中不起眼的女孩。

## 天生傲骨，不甘平庸

转眼来到了二年级。我面临一个选择，那就是是否报名参加学校的技能大赛。最终，我决定去试试。既然选择了，当然要全力以赴。备赛时正值冬天，当其他同学还躺在暖和的被窝里睡懒觉时，我已到了实训室。练习的过程虽然辛苦，却很充实。校赛的时候，因为有些紧张，我没能呈现出最好的表现，获得了二等奖。我有些失落，回宿舍后默默地哭了一场，哭过之后，便开始琢磨当时比赛的场景、手法、台词，找到问题并改进，为第二轮的省赛选拔做准备。

第二轮的选拔定在了第二年年初，被选上就能代表学校参加四川省护理技能操作大赛。训练时间很紧，练习内容却包括四个操作项目和两千多道理论题。我开始忙碌于教室、实训室、食堂、宿舍四点一线。整个备战过程是辛苦的，却是无可替代的。2022年5月，大赛如约而至。因为有了之前的经验，我的发挥沉稳了许多。比赛前，我就告诉自己：无论结果如何，我都会坦然接受，因为在这个过程中，我已经收获了很多。在比赛现场，我干净利落地操作着，将经过上百遍练习熟练得不能再熟练的动作，呈现得淋漓尽致。最终，我成功了，获得了省赛二等奖。比赛结束后，我感觉轻松了不少。站在领奖台上，我激动地表达了此刻的感受："母校培养了我，不光让我学习到了护理专业知识，为今后继续学习奠定了坚实的基础；更让我真切地感受到，世界的美好与希望是由一双双被汗水浸透的双手、一个个逆向而行的身影守护住的。医护人员是逆流而上的勇者、最美的英雄。我将继续努力学习，以自己的实际行动践行医者初心、牢记守卫使命。未来，我一定会成为一名优秀的护理工作者。"

## 心存感恩，勉励笃行

2022年10月，我获评国家奖学金。当得知这个消息时，我有喜悦，更多的却是感谢。首先，我要感谢党和政府支持职业教育发展的好政策，对品学兼优的中职学生的激励与鼓舞。其次，我很感谢母校领导和老师对我的培养。因为你们的辛勤工作、默默付出，我才有今天的收获。

"乘风破浪会有时，直挂云帆济沧海。"获奖不是终点，而是起点，承载着老师们的殷切期望和深情嘱托。我愿做一个胸怀大志并脚踏实地的人，做一个富有责任并敢挑重担的人！今后，我会更加努力，踏实勤奋，以更加饱满的热情投入学习和生活中，一步一步向理想高峰攀登。我坚信，只要用努力拼搏点燃信仰的明灯，我的未来，一定会更美好！

# 脚踏实地追逐针灸梦、健康梦、中国梦

成都中医药大学附属医院针灸学校◆黄琦

> 黄琦，藏族，群众，成都中医药大学附属医院针灸学校中医专业2020级中职生。获中职国家奖学金2次、校级甲等奖学金；获校级优秀学生干部、学生社会劳动实践先进个人等荣誉称号；获"远志杯"中药传统技能大赛中药性状鉴定一等奖、全能二等奖、中药有效成分测定三等奖。在校学习期间各学年成绩在同专业中排名第一。

## 心怀梦想砥砺前行

我叫黄琦，是成都中医药大学附属医院针灸学校2020级中医专业的一名医学生。我的名字恰好与中草药里一味极其重要的补益药"黄芪"同音，冥冥之中似乎注定我要与中医结下不解之缘。我从小身体孱弱，一直深受疾病的困扰。凉山彝族自治州的医疗条件相对落后，我不得不奔走于各个大城市的医院。在小学、初中乃至高中阶段，我都不敢有梦想，不敢想未来，觉得人生的道路晦暗迷茫，仿佛治病就是我生命中唯一一件大事。最后，是中医药挽救了我的生命，照亮我的人生路。生病时健康是追求，康复后人生便有了梦想。自此，学中医的念头便悄然萌生。

缘分和机遇有时候真的是妙不可言。我是一名来自凉山彝族自治州一个小县城的藏族女孩，能走出大凉山，踏入学校学习中医是我人生中一次重要的机遇。凉山彝族自治州是成都中医药大学附属医院针灸学校的定点帮扶对象，成都中医药大学附属医院针灸学校为凉山彝族自治州设立了委托定向培养班，搭建了中医学生委托培养平台。得益于此，我有幸成为学习中医药的委培生。学校通过组织开展国家资助政策宣讲会，让我充分了解了国家的资助政策，切实感受到党和政府对我们的关心。我按程序申请享受到了国家免学费的政策和学校的冬衣补助，点亮了我的梦想。在党和政府的关心下，我踏上了这片培育人才的沃土，在"厚德、精技、求真、笃行"的校训引领下，在"勤奋、求实、博爱、开拓"的校风熏陶中，滋养灵魂，完善心智，提升能力。我要努力践行"请党放心、强国有我"的青春誓言，将刻苦写在青春的旗帜上，用勤奋谱写美妙的生命乐章，感恩前行、回报社会，做对社会有用的栋梁之才。

## 孜孜不倦读书求学

初进学校，像所有的热血青年一样，我满怀热情，信心十足，誓要开启一段激情迸发的美好征程。但紧接着的军训便给我当头一棒。军训的体能训练是身体素质从小就不好的我难以承受的，连上体育课我都觉得极其艰难。即便困难重重，前路布满荆棘，我也绝不轻言放弃。我深知，坐在宽敞明亮的教室里学习的机会来之不易；深知身上的使命和责任，不敢有丝毫的懈怠，唯有认真刻苦学习，才能报答国家，才能更好地服务社会。于是，我开始静下心来，认真思考我的学习和生活。我意识到身体是革命的本钱，只有拥有强健的体魄，才能更好地学习。于是，我积极和体育老师沟通，根据自己的身体情况和学校的中医药特色，认真学习八段锦、太极拳等特色项目强身健体。正是这样，我才能健康地行走在中医药学习之路上。在学校老师的教导下，我学会给自己制定科学的学习计划，提前规划哪些是必须做好的，哪些是可以退后一步的，哪些是可以努力尝试的。我会尽力在规定的时间内，完成计划的任务。比如，每天用一个半小时的时间来背诵中药、方剂以及经络腧穴等；按照课表安排，认真学习每一门专业课程，按时完成课后作业；利用一些碎片化的时间，了解学习专业及其他层面的知识，用以累积知识量以及拓宽知识面。为了实现心中的梦想，我会在图书馆如饥似渴地学习知识；同时，积极参加校内的各种比赛、各项职业技能培训。我非常珍惜这些来之不易的学习机会，深知这些经历是对我的磨炼和考验。功夫不负有心人，经过不懈努力，在学校学习的两年时间里我收获颇丰，先后两次获得国家奖学金，还获得了校级甲等奖学金，优秀学生干部，中药传统技能大赛中药性状鉴定一等奖、全能二等奖等荣誉，取得了小儿推拿、中医康复理疗及"教育部1+X"职业技能证书。如今，看到自己取得的这些成绩，我不由得感谢那些奋斗的日子，让自己的青春无悔。

作为新时代党培育的新青年，我热爱祖国，拥护中国共产党，通过网络学习平台等学习大思政内容，了解国家时事政治，努力提高思想道德水平，树立正确的人生观、价值观和世界观。大凉山孕育了朴实无华的我，也使我始终保持勤俭节约的生活作风。但我坚信，只要有一颗吃苦耐劳、敢于上进的心，贫穷就不会是阻碍，而是我前行的动力。我有乐观的生活态度和良好的生活习惯，知晓劳逸结合的重要性，非常注重培养自身的兴趣爱好。我学习绘制铅笔画、摄影，会在周末走到郊区去欣赏美丽的风景、拍漂亮的照片；会听动听的音乐，让爱好点缀枯燥乏味的学习生活，组成我多姿多彩的人生。

## 认真实习实践求知

2022年7月，骄阳似火的夏天，我离开了热爱的校园来到医院开始了我的实习生活。由于小时候的求医经历使我对医院并不陌生。但是，我的角色发生了变化，以前我是一名需要帮助的病人，而如今是一名去帮助别人的实习医学生。治病救人，是一项神圣严谨的事情，来不得半点的马虎。在各科室实习期间，我自觉遵守科室规章制度和劳动纪律，尊重带教老师，虚心接受指导和帮助，努力做好力所能及的事情，认真巩固相关理论知识。在获得老师肯定的同时，我也会积极思考自己的不足之处，以便及时修正，努力进步。理论知识终要落到实处，才知可不可行，就好比温针的操作。知晓经络走势、清楚穴位定位、掌握用针要求是一切操作的基础。先在针下垫上锡箔纸板，再在针柄上给一壮艾炷，点燃两支浸泡过酒精的棉签，一左一右在艾炷底给火，直到烟雾缭绕。看起来很是简单，实际上手操作才发现诸多小细节。比如，锡箔纸板先弯折一下会更容易贴近皮肤，拿棉签时要注意角度否则火焰会把针烧弯。犯错不可怕，怕的是不停犯相同的错误。好在我善于发现问题，且能及时改正。实习多一天就多一天的获益。我正在不断学习，不断提升，不断进步，不断成为更优秀的自己。

感恩党和政府，我要让青春之花绽放，回报社会。追梦新时代正当时……

# 何惧荆棘载满途　唯奔梦想赴远方

成都铁路卫生学校◆张芯宇

> 张芯宇，汉族，共青团员，成都铁路卫生学校高职护理专业2020级中职学生。在校期间成绩优异，名列全年级第一，获中职国家奖学金2次、校级奖学金一等奖多次。作为校级优秀团员、业余党校优秀学员、三好学生、先进个人、优秀学生会干部，荣登中国教育电视台4频道（职教频道）《春风——探寻中职学校管理育人之路》系列节目。

## 凛冬明方向　未来定信念

曾经的我一直以为自己跟护理专业就是两条不会相交的平行线，但没想到2020年新冠肺炎疫情中的一场意料之外的遭遇、一个义无反顾的决定，让两条线交织在一起。

在单亲家庭长大的我，记忆里从未出现父亲这个角色，而母亲也长期在外务工，留给我的只是记忆中一个模糊的影子。我成长过程中最重要的存在，就是一把年纪还不辞辛劳地操持着整个家的外公外婆。2020年，印象中身体一直很硬朗健壮的外公竟然出现了肺部感染情况。幸运的是，外公并没有感染新冠。但不幸的，他却日渐消瘦，被剧烈的咳嗽折磨的身板迅速佝偻了起来。听着外公无休止的咳嗽，看着他面对我时强撑的欢笑，我万分煎熬，却束手无策。

在举国驰援武汉的关键时期，有一群美丽的人走进了我的视野。"鬓挽青云舞半空，解危剃度对寒风。"那些临危不惧、负重逆行的白衣天使们，让我下定决更多的专业知识与职业技能，更好地点亮自己、燃烧自己，用自己的光和热去温暖照亮更多的人。未来，我将继续把国家给予的爱，以我的成长、我的能力，再次反馈给社会。

最后，我想说："诗和远方都值得每一位学子去探索，山顶的风景值得每一个人去观望。加油吧！莘莘学子！"

# 青春向阳　不负芳华

四川省蚕丝学校◆苟菲

> 苟菲，汉族，共青团员，四川省蚕丝学校工艺美术专业2020级中职生。连续三年专业成绩排名年级第二，获得2021—2022年度中职国家奖学金；获四川省农业农村厅2021—2022年度优秀共青团员，校级三好学生、优秀学生干部等荣誉称号；获四川省大学生农业创意设计大赛平面广告类作品三等奖。

我叫苟菲，来自川北农村。正是上天独特的安排，让我在出生一天后有幸与现在的父母结缘。他们虽然都是普普通通的农民，但勤俭节约、淳朴善良，让我一直在温馨幸福的家庭氛围中成长。小的时候，由于身世的缘故，我也曾受到小伙伴们的嘲笑和奚落。但因为家人浓厚的爱，我始终保持着阳光的心态，每天开心地学习、快乐地成长。所以，今天的我是一个阳光向上、乐观豁达的女孩。我始终坚信：心若向阳，一路芬芳。在前行的路上，我不是只身闯天涯的"孤勇者"，而是向阳而行的"追梦者"。

中职国家奖学金是用于奖励中等职业学校特别优秀的学生。自打我入校以来，一直认真努力，勤恳学习，为获得该奖学金做着准备。世上无难事，只怕有心人。我终于获得了2021—2022年度国家奖学金。这笔不菲的奖金对我的家庭来说无疑是雪中送炭。我非常感谢国家的这项资助政策，让我的学习生涯更加绚丽多彩。

## 不畏艰难，向学而行

2020年9月，刚进入四川省蚕丝学校工艺美术专业五年制大专班学习时，我也对新的学习环境与学习模式不适应。尤其是在刚开始接触素描、色彩等美术专业课程时，由于没有绘画基础，我遇到了很多困难。一是素描结构画不好，二是色彩色调把握不准。我越画越不想画，心理压力很大，甚至怀疑自己是否具备学习这个专业的天资和禀赋。

经过思想斗争，脑袋里那个不服输的我很快占据了上风。于是，我积极在课堂上向专业老师请教，向比我学得好的同学请教。课余时间，当其他同学在休闲玩乐的时候，我不是在画室画画，就是在教室画画，甚至还会在寝室"挑灯夜战"。那段时间，我吃饭睡觉都在琢磨画画，每天都觉得时间不够用，每天也过得非常充实。

功夫不负有心人，汗水不负辛劳人。经过一段时间的勤学苦练，我的专业课有了很大的进步，受到老师表扬的次数也越来越多，期末考试成绩一次比一次好，绘画作品也在各类比赛中频频获奖。

正是由于一次次的历练，我成长了，目标更坚定了，志向也更高远了。

## 志愿青春，无怨无悔

在保证学习效果的基础上，我还积极参与各类志愿服务活动，弘扬青春激情，彰显责任担当。

2022年，新冠肺炎疫情反反复复，我们的学习生活节奏时常被打乱。记得当时学校官网上招募核酸检测志愿者参加社区服务，我第一时间报名。培训考核合格后，我正式上岗了。当穿上白大褂和防护服的那一瞬间，我感觉自己已是医护大家庭中的一员，一种神圣感油然而生。我当时负责的主要工作是量体温、分发试管、扫健康码，同时也要维持秩序、整理核酸试管。在服务过程中，我们也会遇到很多问题。譬如，有些老年人没有智能手机，还有听力障碍，我们要耐心询问其身份证号码，并做好解释工作；有些居民随意插队，我们要苦心规劝，做好情绪疏导。在连续三天的志愿服务中，为了不出差错，我们每天紧绷着神经，有些时候甚至忙到一天未喝一口水，午饭晚饭一起吃。从事这份工作已经超出了我的承受能力，我只感到身心俱疲。

现在回过头来想想,我很感激自己当时去做志愿服务。为社会贡献出自己的一份力量,体现出自己的价值,我感到很开心,很幸福。在今后的生活中,我将一直保持敢于奉献的精神和积极向上的心态,乐观地去处理生活中的琐事,去帮助更多需要帮助的人,去传递更多正能量。

## 坚定初心,砺行致远

作为班级和学生会的干部,我充分发挥自己的组织协调能力和沟通表达能力,努力完成各项工作任务,做好老师的助手,为班级和学生会增光添彩。

在担任校团委播音部部长一职时,我制定了严格的部门规章制度以及值日考勤制度。为了起到模范带头作用,我认真做好每天的时间安排,确保严格按照播音要求,准时准点进行播音工作。在工作中,我和同伴相互学习,每学期伊始,对相关工作提前作出规划,同时发现工作中存在的问题并及时改正。为了提高大家的播音水平,我积极组织开展业务培训,涉及设备操作、发音练习、诗歌朗诵、视频拍摄剪辑等,力求给全校师生带来最好的节目效果。

我是一个普通的女孩,既没有天才的智商,也没有天使的容颜,但有坚韧不拔的毅力和勇攀高峰的志气。一路走来,父母和老师常教导我"少壮不努力,老大徒伤悲""学习如逆水行舟,不进则退"。感谢老师和父母的支持,我有了永不言弃、超越自我的精神力量。

12年的学业生涯,没有硝烟,但胜似战场。我深知读书学习不进则退,最难超越的永远是自己,所以在面临各种困难时从不言弃,总是对自己说:"一定要坚持到底!"

一切的成绩终会过去,明日又是崭新的一天,我始终信守着"我不是最好的,但一定要努力做得比昨天的我更好"的青春箴言,始终坚信着"明天的我会更好",边思考边成长,边成长边领悟。通过三年来不断的努力,我离大学越来越近了。可能在通向梦想的道路上还会遇到很多风雨,但是我会一直迈着坚实的步伐,铿锵前行。

青春向阳,不负芳华。今天的我受恩于强大的祖国和党的温暖政策,明天的我将回馈社会!我将努力学习,不断超越自我,做一个新时代努力奔跑的追梦人!

# 游向远方

成都市礼仪职业中学◆黄沿博

黄沿博，汉族，成都市礼仪职业中学旅游服务与管理特教班2021级学生。获得2021—2022学年中职国家奖学金；获全国第十一届残疾人运动会暨第八届特殊奥林匹克运动会200米自由泳银牌、四川省第十届残疾人运动会暨第五届特殊奥林匹克运动会200米仰泳金牌。

## 折翅之翼，重新翱翔

"礼尚德华，仪范行雅"是成都市礼仪职业中学的校训。成都市礼仪职业中学特教班的我们不同于其他同学。我们来自不同的家庭，有着不同程度的残疾，但是身残志不残，在快乐的学习生活中你追我赶，绽放着不一样的青春色彩。

## 绝处逢生，另辟蹊径

我有一个令人羡慕的家庭。我的爷爷奶奶都是20世纪60年代入伍的军人，是曾为国防事业贡献青春的老一代革命者，我的爸爸妈妈是这个城市中普通工作者，他们都非常爱我。我一岁左右时，家人发现我和别家的孩子不一样，手脚的肌张力很高。经医院检查后，我被确诊为轻度脑部发育不全。这个结果让我的家人痛苦不堪，可是他们并没有放弃我，反而给了我更多的关爱。父母为了我的成长费劲了心力，而我一直自卑自闭，不愿与人交流，游离在正常生活的边缘。

直到2021年盛夏，家人怀着忐忑不安的心情带着我来到成都市礼仪职业中学这个温暖的大家庭里。在这里，老师同学的张张笑脸，对我来说是新奇的。我和妈妈说我喜欢这里。两年来，父母看到我每天都在一点点地进步，看到了我久违的笑容。我心中的太阳正在升起，属于我的那片天空亮了。五彩斑斓的校园生活驱散了我内心的阴霾，学校、老师、同学给我带来了从未有过的新体验。在大家的鼓励和帮助下我变了，变得自信、果敢、坚毅。

## 破茧化蝶，涅槃重生

成都市礼仪职业中学汇集了来自各个领域的专业老师。这个团队为身有残疾的孩子们搭建了一个非常难得的平台。所学专业对正常孩子来说是简单的，但对于我们来说是一项非常艰难、复杂的工程。虽然我们的认知水平低下，但是学校和老师们制订了适合我们的教育计划。因此，我们掌握了更多的专业技能。我非常喜欢校园生活，尊重老师，团结同学，遵章守纪，学习刻苦，文化成绩为同年级专业第一名。

在老师们潜移默化的影响下，我在文化学习、行为举止、文明用语、仪态仪表上有了长足的进步。这给我带来了从未有过的新体验、新生活、新希望。最让我和家人激动万分的是我获得了2021—2022年度中职国家奖学金。这份来之不易的成绩将不断激励我、鞭策我创造更耀眼的人生。

## 不断挑战，超越自我

父母一刻也没有放松对我的培养和锻炼。从一出生，我就一直体弱多病。在医生的建议下，我从九岁起学习游泳。这对于我来说是一个巨大的挑战。刚开始时，因为怕水、听不懂教练的口令，我打算放弃。每当这时，家人和教练都会主动找我谈心，并重新制订训练计划，帮我规范动作，及时纠正不良习惯，一次又一次地鼓励我重返泳道。我比常人付出了几倍甚至几十倍的努力。功夫不负有心人，十年的坚持和付出，使我小小的身体里积蓄了巨大的能量。我不断挑战自我，超越对手，取得了骄人的成绩：2016—2022年，6次参加国家级、省级、市级残疾人游泳比赛，共计获得个人金牌8枚、银牌5枚、铜牌5枚以及团体金牌5枚，甚至荣获了2022年四川省第十届残疾人运动会暨第五届特殊奥林匹克运动会个人200米蛙泳的金牌。

"宝剑锋从磨砺出，梅花香自苦寒来。"当站在领奖台上，看到自己胸前闪闪发光的奖牌时，我的心里无比灿烂。我终于能让关爱我的家人们、培养我的老师们引以为傲了。

所有的成绩只代表昨日的辉煌，未来的道路仍然漫长！希望我有着"而今迈步从头越"的顽强意志，能怀着感恩、感激的情怀，继续走在不断突破自我的道路上，游向美好未来！

# 不负青春　以梦为马

成都石化工业学校◆文一帆

> 文一帆，汉族，共青团员，成都石化工业学校计算机应用专业2020级中职学生。获2022年中职国家奖学金、校级奖学金；获校级三好学生、匠心青年、优秀学生干部等荣誉称号；获成都市中等职业学校师生技能大赛网络搭建与应用赛项一等奖、四川省职业院校技能大赛网络搭建与应用赛项中职组二等奖、全国职业院校技能大赛网络搭建与应用赛项中职组三等奖。

我们处于一个不断成长的过程，但成长的道路不会一帆风顺，也许会杂草丛生、荆棘密布，但只要勇往直前，所有的阻碍都将化为成功后的繁花。我就是在磨砺之中成长起来的典型例子。

我第一次接触计算机是六岁左右。电子屏幕上绚丽的图片和视频映射在眼中，使我对计算机产生了浓厚的兴趣。最初，我对鼠标和键盘上的每一个键位都有无尽的好奇心，如同久旱逢甘露，不停追问父亲这些英文字母、数字和横七竖八的符号组合在一起的意思和作用。可是键盘的吸引力是有限的。新鲜感消逝后，我看向了窗外，看向了那"乱花渐欲迷人眼"的世界，开始了叛逆又迷茫的时期。

青春期的我，叛逆调皮，无心学习，导致主科成绩不理想。但老师慧眼识人，挖掘了我的计算机特长。每当计算机出现故障时，老师第一个想到的便是我。我便会像医生诊断病情似的，打开机箱进行诊断，为老师的计算机排除了很多次故障。

这些小小的成就，让我更执迷于计算机的各种"秘密"。但这个特长并不能助我走过中考的独木桥。最终，我与普高失之交臂。但谁又能料想到，我会因此"失之东隅，收之桑榆"呢。盯着家里的计算机，我想我也许会在中职学校找到我的人生目标，并一往无前。

周围人对中职学校的差评，纷至沓来。但正如电影《哪吒之魔童降世》里说"人心中的成见是一座大山，任你怎么努力都休想搬动。"所以我们不要想着改变别人的看法，而是坚定信念走自己的路，让别人说去吧，我命由我。于是，我毅然踏进了成都石化工业学校继续我的寻梦之路。

进入成都石化工业学校后，通过学校和班主任的宣讲，我了解了读中职学校有免学费、国家助学金、国家奖学金等相关的资助政策。国家的这些资助政策犹如一缕春光，不仅照亮我前进的道路，还温暖了我们所有贫困家庭的心，使我更加奋力拼搏成为一位品学兼优的学生。

高一学期，我积极钻研专业课，最终取得了优异的专业成绩，让班主任发现了我的闪光点，将我推荐给了专业老师。老师们在经过深思熟虑后，决定让我加入学校网络搭建工作室。感谢老师们对我的肯定与鼓励，让我有幸成为工作室的一员，并全身心地投入工作室进行技能训练。虽然目前我的专业知识有限，但我并没有因此退缩。我努力学习专业知识，钻研专业技能，在老师耐心的指导和同学们的帮助下，终于成为学校"第一梯队"的选手。

此刻，我意识到自己爱上了计算机专业。我想参加比赛不再是单纯地追求物质奖励，而是为了让自己的计算机专业技能更加精进，不断突破自我。为了最大限度地提升自己的知识储备和操作水平，我每天早上6点起床，晚上12点才回宿舍，天天查阅和分析赛题，牢记控制服务端命令、服务步骤，苦练网线制作和线路连接，仔细观察故障现象，不断总结故障诊断方法及技巧。天才是1%的天赋和99%的汗水。我并非天才，所以踏实奋进才是我的"捷径"。

2022年6月，在成都市中等职业学校师生技能大赛网络搭建与应用赛项的比赛中，我和队友们奋力拼搏，终于荣获一等奖。比赛后，我和队友总结比赛过程中的失误和不足，并进行反思，然后对下一次比赛进行规划，被老师称赞为"最冷静的人"。经过了大约60天的刻苦训练，我以自己规划的流程成功完成了训练的内容，并且还针对赛场上可能发生的意外做了全盘的备用方案。2022年8月，在高手如云的全国职业院校技能大赛网络搭建与应用赛项中职赛场上，我沉着冷静，谨慎检查设备、检查工具、制作网线、配置网络、运行服务器、故障诊断、提交答题卡，所有指定子项目一气呵成，取得了全国的三等奖。

一步一步走过来，我没有辜负大家的期望，成功地实现了自我超越、精进技能的目标。我获得了中职国家奖学金、校级奖学金以及四川省中职类大学的免试保送入学资格。这一刻，那一张张证书不仅让我的父母自豪万分，也成为我追梦路上最好的激励。

或许曾经辜负了许多美好的时光，当拨开迷惘的云雾，我以梦为马，以热爱为底色，最终用拼搏和坚持谱写了自己在中职的华美篇章！

# 展青春风采　做励志青年

成都市工程职业技术学校◆黄馨瑶

> 黄馨瑶，汉族，共青团员，成都市工程职业技术学校建筑工程与施工专业2020级中职生。获2021—2022学年中职国家奖学金、青白江区优秀学生干部等荣誉；获2022年四川省职业院校技能大赛工程测量赛项中职组二等奖、2021年成都市中等职业技能大赛工程测量赛项三等奖、成都市青白江区2021年青少年科技创新大赛二等奖。

我生在四川，长在成都，和许多同龄人一样，活泼开朗，追求上进，唯一不同的就是性格比较倔强，只要认定了的事情就不会轻易放手，也因此常常被同伴们叫作"犟牛"。

2020年9月，中考失利以后，我没有如愿进入自己心仪的普高学习，但仍然选择相信自己，报读了成都市工程职业技术学校。这是一所国家级示范中职学校，跟我以前想象的完全不一样。这里有美丽的校园、亲切的老师、丰富多彩的课堂、扎实的技能训练……目前国家非常重视职业教育，出台了包括中职免学费、中职国家助学金、中职国家奖学金等在内的一系列资助政策，鼓励青年学生学习一技之长，成为大国工匠、能工巧匠，也给了和我一样的同学们更多的选择和机会。我希望在这里能开启一段新的征程。

我选择的是建筑工程与施工专业。家人都不理解我的选择，说这个专业不适合女孩子，劝我报考其他专业。但是，我认为男生能干好的事情女生也能干好，因此就在心里暗自下定决心，一定要在这个不被家人看好的专业里，做出别样的成绩来。

## 笃志不渝，夯实技能

高一时，面对从未接触过的专业知识，我深知，学习路上没捷径，知识的累积需要时间和精力的付出。在老师的引导下，日常学习中我注重良好学习习惯的培养，学习方法的改进，不断夯实理论基础，时刻为参加技能大赛做准备。同时，作为副班长，我带领全班同学在学校组织的各项活动中取得了优异成绩。

高二上学期，盼望已久的机会终于来临。我加入了学校建筑测量赛项集训队，并且担任了测量女队的队长。当时，集训队的教练对我们说："女生的力气与体能没有男生的好。参加测量训练风吹日晒，女孩子需要付出更多的努力。"教练的一席话，让我更加坚定了参加比赛的想法。我一定要在这条路上走到底，做出不一样的成就！

工程测量赛项包括水准测量、导线测量、理论测试等项目。训练队的男生完成训练下来，基本都累趴下了，就更别说作为女生的我。刚开始的时候，我连仪器、脚架都不知道怎样使用，内业计算也看不懂，操作流程老是记不住，脚架架不平，仪器拿不动，速度不够快，精度不合格。对我来说，处处存在挑战。我也曾对自己说："这么累，要不就放弃了吧，不要这么要强了。""又苦又累的，快要坚持不下去了……""要不就低个头，放弃这个比赛吧！"这些想法在我的脑海里出现过很多次，可是每次我都很快地打消放弃的念头，依然每天咬牙坚持，默默地向自己最初的梦想前进。

看起来很瘦小的我每天都是早到晚退，练得比别人苦，每一天都在战胜自我、突破自我。每次外业训练时，我都严格要求自己，时间、精度、操作规范都以最高标准来进行规范。我深知女生体力比男孩子弱，于是每天训练完后还会要求加练，以提升体能。不知不觉中，我的右臂明显比左臂更粗壮一些，纤纤的细手也已粗糙不堪，白里透红的脸蛋也变成了小麦色，足足瘦了10斤。

我的努力感动了队友，更打动了教练。教练为我开小灶，制订了专属训练方案。通过日复一日的重复训练，我也慢慢领悟到了工程测量赛项的精髓。

我每天在训练中不断地钻研，有不懂的问题就找教练问。虽说体力不如男生，

但我步伐轻快，动作也比男生更连贯；我心思细腻，总能在训练中第一时间找到错误并改正。功夫不负有心人，经过长时间的训练，我终于开始崭露头角。在模拟竞赛中，我的操作精度越来越高，竞赛用时越来越短。

## 坚强自信，勇攀高峰

2022年5月21日，经过学校的严格选拔，我终于来到了四川省职业院校技能大赛工程测量赛项中职组比赛现场。作为女生的我一出场，就引来了裁判和其他比赛选手的关注。

到了正式比赛，飒爽干练的我麻溜沉稳地架起脚架、调平仪器、照准棱镜、流利读数，整个竞赛流程一气呵成，直接成了赛场上最亮丽的风景线！最后，我荣获了省二等奖的好成绩，并通过了职业教育"1+X"证书的考试，赢得了裁判和对手的赞赏。

## 励志前行，不负韶华

我从一个"测量小白"慢慢地成为"测量老师傅"，用实力证明了女子并不比男子差，展现出"巾帼不让须眉"的魄力。父母也从不理解我的选择到慢慢接受、支持，这对我来说是莫大的鼓励。我一次又一次地接受挑战、战胜自我，在学习上精益求精，在外业训练时仔细严谨，在内业训练时一丝不苟，在赛场时淡定从容。正是这一次次的自我突破，使我不断走向成功，并获得了2021—2022年度中等职业教育国家奖学金。"儒有博学而不穷，笃行而不倦。"奖学金对我来说是一种肯定，但知识的积累是无止境的，不能因取得了好成绩而骄傲，心中要有更远的追求。以后，我会更加严格地要求自己，不辜负学校和老师对我的悉心栽培，不断努力不断进步，让自己成为一个优秀的人。

职业教育的创新发展，为我们"00后"提供了展现青春的舞台。作为职业教育的受益者，我非常感谢老师的关爱和同学的帮助。我将不断前行，拥抱新时代，创造新未来。

# 路虽远 行则将至

成都职业技术学校 ◆ 巫佳豪

> 巫佳豪,汉族,共青团员,成都职业技术学校建筑工程施工专业2020级中职生。获全国职业院校技能大赛装饰技能赛项中职组一等奖、"中行杯"四川省职业院校技能大赛(中职组)装饰技能赛项一等奖;获2021—2022年度中等职业教育国家奖学金。

我出生在一个普通家庭。虽然家庭并不富裕,但家人把全部的温暖和爱都给予了我。和同龄人一样,我爱玩爱闹,学习努力,健康阳光,勤俭节约,在力所能及的范围内积极分担父母的工作压力,养成了吃苦耐劳、艰苦朴素的好品格。我一直有一个信念,就是早日学有所成,报答父母的养育之恩。

小时候就喜欢和小伙伴用泥土、小石子"建房屋"、用树枝"搭桥梁"的我,2020年6月迎来了人生的第一次大考。中考结束后,我来到成都职业技术学校招生咨询处仔细地了解了学校、专业、升学途径和就业前景后,果断地选择了建筑工程施工专业,开启了我实现梦想的崭新人生。

新学期伊始,学校组织同学们学习了解资助政策。中职国家助学金,中职免学费、免书本费,住校生补贴,一项项优惠让我们进一步感受着国家和学校送来的温暖。我真的很感激,并深切体会到国家的资助政策就像一缕阳光,穿透了阴霾,照亮了我们的心,让我们能毫无顾虑地投入学习和生活中。

记得初入学校的时候,当看到学校表彰栏里那些获得中职国家奖学金的优秀的学长学姐时，我就暗自下定决心，要和他们一样积极努力，争取把这份荣誉记录在我自己的学习档案里。

我平时学习认真，思维灵活，严于律己。担任副班长时，我辅助老师管理班级纪律，在生活中热心帮助同学解决各种困难。不积跬步无以至千里，不积小流无以成江海。在校期间，我也积极参加校内技能比赛，在一点一滴的积累中提升自己。我目标明确，树立了自觉自强的意识，成为一名共青团员。

高二的时候，在了解到学校准备选拔参加全国职业院校技能大赛的选手后，我毅然报名，并通过了校内选拔。通过选拔只是开始，后面艰辛的技能训练才是通往成功的钥匙。技能竞赛的训练是枯燥的，我每天需要在电脑前坐上四五个小时训练绘图，不断重复着弹线、切割轻钢龙骨、镶贴瓷砖等实操训练。一天训练下来，我总是腰酸背痛、满身灰尘。训练期间，我吃在学校住在学校，虽然艰苦但咬紧牙关不叫一声苦，不叹一口气。由于我的专业基础薄弱，空间想象能力较弱，于是在每天训练结束休息时，我便常常在脑海中构思图形，遇到不懂的问题及时向指导老师请教。我始终坚信一分耕耘一分收获，勤能补拙。我知道每天进行强化练习，为的是形成有效记忆；每天寻找问题、思考问题、解决问题、为的是积累经验。装饰技能赛项的比赛内容多，对体力的消耗巨大，走完一个流程，我总是汗流浃背。经过了半年的艰苦训练后，我的图纸设计能力和实际操作手艺已经有了很大提高。我便带着满腔热血、坚定不移的决心奔向了决赛。

2022年8月全国职业院校技能大赛装饰技能赛项中职组比赛如期举行。来自全国的57支队伍都把目光投向了冠军。在设计环节中，我心思缜密，有条不紊地挪动鼠标、敲打键盘；在实操环节中，我沉着冷静，细心果断，和队友配合默契。比赛中，石膏板的排板与平时训练时有很大差别，我也能不急不躁，随机应变，灵活处理。

比赛过程异常激烈，切割机、搅拌器、铆钉枪等各种各样的操作声响彻整个场地。经历了两天的奋战，我怀揣着忐忑的心情，等到了公布成绩的时刻，我们获得了一等奖。知晓结果后，我与队友激动得和指导老师拥抱在一起。终于，我没有辜负自己的努力，没有辜负老师的期望，没有辜负家人的支持。要知道，我们获得的是此赛项西南三省的首块金牌，意义非凡。

2022年11月，我又代表学校参加四川省职业院校技能大赛装饰技能赛项，取得了一等奖的好成绩。2022年12月，当得知自己获得中职国家奖学金时，我内心除了激动，还有感激，感谢党和政府对我们的重视和培养，感谢学校领导的关怀和老师的辛勤教育。

尽管通过勤奋学习，已经获得了一些成绩，但学海无涯，我深知自己需要学习的东西还有很多。现在已经被建造工艺吸引的我决定在装饰技能上继续拼搏，争取在新的平台上做出新的成绩，成就属于自己的事业。我还想考入高职院校后再升本科，继续学习、追梦。与苦为伴，与勤相随，梦不停，奔跑的脚步更不会停……

回首这几年的学习历程，想起刚刚入学的自己，我的嘴角总会扬起一抹灿烂的微笑。每一个学生都经历过迷茫期，都有过或多或少的遗憾，而及时找准方向并且为之努力奋斗，以刻苦精技术，以勤学长知识，才是每个普通学生走向成功的捷径。我们应具备"择一事终一生""干一行专一行""偏毫厘不敢安""千万锤成一器"等专注执着、精益求精、一丝不苟的工匠精神。我要用自己坚持不懈的努力绘出一幅多彩的人生画卷，将来成为有用之才。

"天行健，君子以自强不息；地势坤，君子以厚德载物"，这是我始终坚持的信念。昨日已逝，来日可追。站在新的起点，我将继续以勤学长知识，以刻苦精技术，怀着"水利万物而不争"的胸襟，秉持"滴水穿石"的坚韧，砥砺前行！

# 珍惜机遇　砥砺前行

自贡职业技术学校◆张明鑫

> 张明鑫，汉族、共青团员，自贡职业技术学校工业机器人技术应用专业2020级中职生。获2021—2022学年中等职业教育国家奖学金、金砖国家技能发展与技术创新大赛工业机器人数字孪生技术应用赛项中职组（中国区）三等奖、金砖国家技能发展与技术创新大赛工业机器人数字孪生技术应用赛项四川省选拔赛二等奖。

## 选择中职　无怨无悔

金砖国家技能发展与技术创新大赛工业机器人数字孪生技术应用赛项中职组（中国区）三等奖、四川省选拔赛二等奖，2021—2022学年中职国家奖学金……一项项荣誉，一块块奖牌，见证了我的成长。

我叫张明鑫，出生在一个普通的家庭，从小成绩优异，墙上贴满了奖状，是大家眼中"好孩子"。初中毕业时，我不出意料地上了县重点高中，但因身体原因，不得不休学。一年后，准备复学的我却发现什么知识也学不进去，很难进入学习的状态，因而办理了退学。在家的每一天都觉得无聊，我被父母带到厂里打工。流水线上的日子枯燥乏味，我一天又一天做着重复的动作，干着机械而烦琐的工作。"这是我想要的生活吗？"我在心里默默地想，自己不能这样每天漫无目的、浑浑噩噩地活着，于是向妈妈诉说了重回校园的想法。妈妈非常支持。2020年，17岁的我从社会踏入中职校园。

珍惜机遇　砥砺前行

刚进入自贡职业技术学校时，在偌大的校园里，我连一个认识的同学也没有，于是又冒出了自暴自弃的念头，以为自己只能在这三年里形单影只，混够日子，拿个文凭，出去实习，找补家用。但是没想到，国家对职业教育高度重视，特别是对中职学生有一系列的支持政策，我们既可以升学，又可以就业，还能享受国家资助政策，免交学费，成绩好、品学兼优的还能获得国家奖学金。这么好的政策，为我增添了前行的动力，让我对当初的选择无悔无憾。我暗自下决心，要从现在做起，不负时代，不负韶华，努力学好知识和技能，争做品学兼优、德技双馨的技能人才，在技能报国的学习和实践中拥有自己的出彩人生。

重新回到校园后，学校大家庭给我带来了新温暖。老师的热情关心，同学间的互帮互助，让我倍感亲切、倍受鼓舞。年级和班上的同学没有另眼看待我，没过几天我就交到了很多的好朋友。我主动融入集体，严于律己，积极向上。特别是从学校和班主任老师处得知中职学生也可以参加高考、念大学、读专科、本科和研究生时，我坚信普高学生能行的事，中职学生照样能做到，我一定能通过努力考上大学，圆曾经的大学梦。

## 技能成才　点亮人生

出于对机械和电子方面的兴趣，我入校时选择了工业机器人技术应用这个专业。当得知这个专业会有参加技能竞赛的机会，我就暗暗地想，机会总是留给有准备的人的，我也要时刻做好准备，把握机会。平时在学习上，我勤勤恳恳，在生活中，与同学们互帮互助。活泼开朗的性格让我与同学们日渐熟络，很快适应了中职学校的学习和生活。终于有一天我连同其他几位同学被专业课老师叫到了教室外面。他告诉我们："经过班主任和几位老师对你们平时表现的考察，拟推荐你们参加明年的技能竞赛。"当我听到这个消息时，内心无比激动。老师反复强调："这个训练可能会很枯燥，很辛苦，你们一定要有心理准备，考虑清楚。"我不假思索毅然决然地答应了，因为明白这就是我等待已久的机遇。

刚进入机器人大赛训练队伍的时候，因为白天要学习专业课程，我只能利用晚自习的时间去学习钻研竞赛方面的知识和技能。刚开始时，难度不大，压力不重。第一次接触设备的我像小孩子一样对一切都是那么好奇。到了高二上学期，随着比赛的临近，我和队友们只能全身心投入训练，把大部分时间花在备赛上，每天都是早早到场开始训练操作。刚开始拧螺丝、绑气管、安装各个平台的时候，因为不熟悉，经常拧一个螺丝我都要花上好长时间，绑一捆气管也绑得歪歪扭扭，安装平台经常磕磕碰碰。但我没有因此而打消参赛的信心。拧不快，就使劲儿拧；绑不美观，就拆了继续绑；安装有磕碰声，就稳中求进。每天训练结束，我还要反思自己的训练，找出能改进、提升的地方，一天天总结，一点点进步。

随着训练的深入，老师发现我们虽然技术进步了，但速度慢，效率低。要知道在赛场上的每一分每一秒都异常宝贵，不能有丝毫懈怠。在老师的精心指导下，我逐渐改变了在装配单元时慢悠悠的毛病，习惯了在训练场上以跑代走。毕竟我们都是十几岁的孩子，无论是自己还是搭档，在训练实在太累、感觉枯燥的时候，偶尔也会有打退堂鼓的想法。每当发现我们萌生这样的想法，老师就给我们鼓劲打气。我也渐渐适应了这种训练生活，不时在心里暗暗鼓励自己："还没有失败，就不要放弃；就算是失败，也绝不能放弃。"

2022年的夏天异常炎热，当别人过着暑假，惬意地吹着空调，吃着冰西瓜的时候，我还在近四十度的训练场刻苦训练。天气炎热，身体不适，但为了梦想，我认为一切都可以克服，再拼一把又何妨。天道酬勤，我和搭档经过艰苦不懈的努力，终于在金砖国家技能发展与技术创新大赛工业机器人数字孪生技术应用赛项上凭借在四川省选拔赛上第二名的好成绩，代表四川省参加国赛，最终获得了国赛三等奖的好成绩，为学校争得了荣誉，为自己点亮了人生。

## 青春正当时　逐梦新征程

尽管获得了国赛三等奖的优异成绩，享受了国家奖学金的资助，我也没有骄傲，而是在前行的道路上不断反思自己哪里做得还不够好，哪些方面还要更加努力，因为知道只有这样才能在机会再次来临时做得更好，站得更高，走得更远。未来的路还很长，朝气蓬勃的我正继续努力着，期望在高考中考上自己理想的大学。青春就应该不负韶华，在磨砺中逐梦前行。

# 宝剑锋从磨砺出　梅花香自苦寒来

攀枝花市经贸旅游学校◆余晟铭

> 余晟铭，汉族，群众，攀枝花市经贸旅游学校信息技术专业部计算机应用专业2020级中职学生。获2021—2022学年中等职业教育国家奖学金、攀枝花市三好学生称号；获攀枝花市中等职业学校技能大赛网络布线赛项一等奖、办公自动化赛项二等奖，四川省中等职业学校技能大赛网络布线赛项一等奖，全国职业院校技能大赛网络布线赛项中职组三等奖。

坚毅是开山的斧，机遇是选择的路，无论选择怎样的路，都能逢山开路、遇水搭桥。我愿做开拓者，敢为先行人。我就是四川省攀枝花市经贸旅游学校计算机应用专业的学生余晟铭。

## 道阻且长，行则将至

出身普通职工家庭的我，从小成绩优异，是老师眼中的好帮手、同学眼里的好学生。由于种种原因中考失利，我一度对自己的未来感到迷茫，但骨子里的倔强让我一直憋着一股劲，一股不服输的劲。

2020年的那个夏天，我带着迷茫，带着遗憾，带着些许的不甘，跌跌撞撞地来到了四川省攀枝花市经贸旅游学校就读。选择来到中职后，我听到了太多怀疑的声音。大家都觉得我已经一蹶不振、自我放弃了，只有我知道路是自己走出来的，谁说职业教育不能给我远大前程？"莫愁前路无知己，天下谁人不识君？"我决定重

新出发，改变现状，改变自己，用成绩证明自己。

## 重拾信心，载誉前行

2020年9月1日，是一个难忘的日子。在开学典礼上，学校党委书记、校长所做的"劝君珍惜求学时，鹏程万里奋今朝"主题讲话，让我深深感受到职校生的前景广阔，领悟到"兴趣是最好的老师，适合自己的教育造就美好的未来"的内涵。入学教育期间，学校还专门举行了专业介绍会和中职资助政策宣传大会等活动，发放资助政策宣传资料，班级也开展了主题班会系统讲解中职资助政策。通过这些宣传讲解，我清楚了解到自己能够享受国家助学金、享受免学费就读，并且只要学习成绩优异、专业技能过硬，经评审通过，还能获得6000元的中职国家奖学金。于是，我有了信心和目标，暗暗下定决心，要学好文化知识和专业技能，并把获得国家奖学金作为奋斗目标之一。

"天行健，君子以自强不息。"我制作了一张"有志者，事竟成，破釜沉舟，百二秦关终属楚；苦心人，天不负，卧薪尝胆，三千越甲可吞吴"的书签激励自己，抓紧一切可以利用的时间学习理论知识、练习专业技能。见我平时话语不多，班主任老师主动找我谈心，鼓励我放下包袱，适应中职课程的学习节奏。我吃苦耐劳、认真学习的劲头感染了同学们，渐渐地，有我在的教室就有讨论问题的学习氛围，有我在的寝室就有挑灯夜读的小桌板。

一分耕耘，一分收获；几许汗水，几许成果。从进校时的默默无闻，到第一次年级前10名，到年级前5名，再到年级第1名，我相信付出不需对人言，坚持终会得人见。奋斗的过程，不仅让我树立起了信心，也增强了整个班级的自信和凝聚力，让大家相信，原来我们中职学生仍然可以怀揣梦想，学有所获。2021年5月，我以优异的成绩被评为校级三好学生。2022年5月，我代表学校参选攀枝花市三好学生，也顺利入选。

## 苦练技能，赛场追光

2021年9月，进入中职二年级的我第一次接触技能竞赛培训。一石激起千层浪，漫卷竞赛喜欲狂。虽然毫无基础、无所适从，但是对技能追求的那份执着、坚韧与专注，让我愿意"为伊消得人憔悴"。我利用专业课和课余时间刻苦钻研，从一众学生中脱颖而出。

技能大赛中赛的不只是技能，更是各方面的潜力。结果已经变得不那么重要了，重要的是在大赛中可以学到平时课堂上学不到的东西。我好像找到了人生新的方向，就像一道射入生命的光，让我成为那个不断追逐光的少年。所有的参赛选手都是千挑万选出来的，技术自然不在话下，但往往比赛比的是临场应变和心理素质，一个小失误就会导致与好成绩失之交臂。训练中，受伤对于我而言已是家常便饭。我都是在简单处理伤口后便又继续开始枯燥的训练。一次次的训练和比赛不断磨炼着我，让我学会冷静处理突发事件，学会稳住心态，减少失误，学会在团队中和队友默契配合。2021年11月，我代表学校分别参加攀枝花市中等职业学校技能大赛，获得网络布线赛项一等奖、办公自动化赛项二等奖。

经过紧张的训练，我与搭档的配合也越来越默契。2022年6月，我们代表攀枝花市参加了四川省中等职业学校技能大赛网络布线赛项，获得该赛项一等奖，并获得代表四川省参加全国职业院校技能大赛（中职组）网络布线赛项的机会。因为疫情的原因，全国职业院校技能大赛延迟到2022年8月。备赛期间，我和队友一直坚持训练，为了模拟山东济南的比赛环境，指导老师设计了酷暑、暴雨等天气状况，穿插了各种干扰训练，努力提高我们的竞技水平。每天，我们至少要进行8个小时的基础训练，还要安排时间和其他参赛学校的选手通过视频进行切磋，晚上再进行复盘总结，从而学习对手的优点，发现自身的不足，获得新的知识和经验。千淘万漉虽辛苦，吹尽狂沙始到金。2022年8月，我们获得了全国职业院校技能大赛网络布线赛项中职组三等奖。

## 汗水浸染，实至名归

2022年9月，学校公布了2021—2022年度中等职业教育国家奖学金评选政策及条件，我慎重地递交了参加评选国家奖学金的申请。当在学校公示的名单上看到自己的名字时，我激动之余不免忐忑。经过市级、省级和教育部专家的评审，2023年1月6日，教育部、人力资源和社会保障部在网站上公布了国家奖学金获奖学生名单。老师告诉我这个好消息后，我悬着的心才真正放了下来……

能拿到国家奖学金，不单单是我一个人努力的结果。饮水思源，首先，我要感谢党和国家的这项奖学政策，这既是对我的一种肯定，更是对我们中职生的一种激

励，让我们在今后的学习和未来的工作中找明方向，戒骄戒躁，一步步向梦想的彼岸接近。其次，我要感谢学校，积极向上的学习环境、严谨的教学制度、完善的技能训练设备，为我们中职生的学习提供了有力的支持。最后，我要感谢老师和父母，感谢他们的谆谆教导和无私奉献，是他们用双手托着我在追梦路上稳步前行。

获得国家奖学金既是我的荣誉，更是我母校的荣誉，将鼓舞着我不断地充实自己，完善自己，推动我向更高的目标进发。

## 青春无悔，行而不辍

落下的太阳定会冉冉升起，荒芜的大地也定会春暖花开，只要心底有光，则万物明朗。从中考失利到如今的魅力中职生，我就像一棵小树，在不断茁壮成长，向着参天大树的方向努力着，用汗水和勤奋书写我奋进的青春，以我自己的方式影响和感染着身边的中职学生。星光不问赶路人，时光不负有人心。我虽然是一名中职学生，但只要把技术做到精益求精，同样能成为祖国的栋梁，同样能成为对社会、对国家有贡献的人。心怀感恩，技能成才，强国有我。我决心向更高的山峰攀登，去看看人生更好的风景。

# 做无畏而有为的新青年

泸州市职业技术学校◆徐琴

> 徐琴，汉族，共青团团员，泸州市职业技术学校会计电算化专业2020级中职生。获得2022年全国职业院校技能大赛沙盘模拟企业经营赛项中职组二等奖、2021—2022年度中等职业教育国家奖学金。

我是来自泸州市职业技术学校会计电算化专业的一名积极乐观、坚强自立、勤奋上进的学生。在学习和生活上，我在做到品学兼优的过程中努力用自己的光照亮身边人，展现新时代青年有为无畏的良好精神风貌。

## 勤学苦练　无畏薄弱

在学习生活中，我秉承着"业精于勤荒于嬉，行成于思毁于随"的态度，每一天认真置身于学习中，力求在专业知识方面做到专精，在其他知识方面做到广博。保质保量地完成老师布置的任务之外，我还严格要求自己，坚持每天多学一分钟。量变产生了质变，经过踏踏实实、刻苦努力的学习，我的专业课成绩稳居专业前三。我并没有因此而沾沾自喜，更是利用课余时间重点攻克自己的薄弱学科。最终，我的成绩与努力成正比，在高二的学习之中，取得了文化课总分年级第十的好成绩，在高三的第一次联盟考试之中，又取得了专业课第一、总分第三的优异成绩。

在学习期间，我通过自己的努力，成为一名光荣的共青团员。"力量从团结来，智慧从劳动来，行动从思想来"，作为一名光荣的共青团员，我思想上自始至终与党保持一致，坚决党的领导，自觉遵守学校以及班级的各项规章制度，逐渐树立了正确的世界观、人生观和价值观。通过参加团课培训，我学习了党的先进理论知识，并将其践行到生活、学习之中，在不断加强自身素养的同时，牢记初心，为班级同学服务。

## 砥砺前行　无畏荆棘

进入高二年级，专业成绩优异的我被老师推荐参加沙盘模拟经营社团。沙盘模拟，是会计电算化专业的技能社团，听起来好似很有趣的活动，实际上却并非如此！在平常的训练中，社团成员每天一早就要到达训练场所，然后开始进行全天的"魔鬼训练"。每天训练的内容包括想方案、投广告、抢单、做下一年的决策、复盘。天天如此，月月如此，枯燥而乏味。在这些工作中，最累的就是复盘，很多成员往往对此避而远之，我却勇往直前，将这个重担揽到了自己身上。从此以后，披星戴月成为我训练的常态。早上 6 点，我便开始了一天的训练；晚上 10 点，其他的成员陆陆续续离开了训练室，而我却依旧奋斗在自己的岗位上，直到把这项工作做到极致。

起初，大家对我都持怀疑的态度，认为我年龄小，不能担此重任，况且日复一日地重复单调的工作，总是会有放弃的一天。为此，我憋着一股劲，每天除了吃饭睡觉，都坚持在训练室训练；除了做好自己的本职工作，还积极地帮助其他成员完成他们的任务。我凭借毅力和韧劲，渐渐地打破了大家对我的固有印象，老师和队员们都对我投来了敬佩的目光。在长期的坚持之下，我的技能也一步步提高，复盘速度越来越快。正因如此，我所在的团队，一路砥砺前行，取得了 2022 年全国职业院校技能大赛沙盘模拟企业经营赛项中职组二等奖的好成绩。

## 全面发展　无畏平凡

我清楚地知道，除了学习之外，真正的成长需要德智体美劳全面发展。因此，我积极参加学校组织的各项活动，带领班级取得了一项又一项的好成绩，与同学们一起共建优秀班集体。

不仅如此，我对待工作也很用心，一直坚持"任其职担其责"。在加入校学生会的三年时间中,我从普普通通的成员一步步走到了女生宿舍部部长的职位,得到了老师的肯定,荣获了校级优秀学生会成员、优秀学生会干部等称号。作为班级的心理委员,我是学校与同学们之间的桥梁与纽带。我总是对身边的同学格外关心,主动帮助有困难的同学,为他们排忧解难。同时,我还是班级的文娱委员,对班级中的各项活动都认真负责地准备,和同学们度过了一个又一个有意义的节日,融洽了班级氛围。我以强烈的责任感和使命感,获得了大家的信任和喜爱。

## 积极向上　无畏风雨

"少年负壮气,奋烈自有时。"在我对"父母"的概念还很懵懂的时候,我的父母便离异了。最初,我跟着父亲和姐姐生活,后来,父亲带着姐姐外出打工,我便被送到大伯家寄养。尽管大伯很疼爱我,但随着年龄的增长,我偶尔也会觉得寄人篱下、孤独拘束。虽然心情偶尔会沮丧,但我始终无畏风雨,保持积极向上的态度,以饱满的热情对待每一天,在成长之路中"长风破浪"!进入中职学校,学校考虑我的家庭情况,给了我助学金,一年之后,我把这个名额让给了班上更需要帮助的同学。通过学校宣传和班主任老师在班上的介绍,我了解到国家设立中职国家奖学金的目的和意义,便以获得它为目标,努力让自己各方面更优秀。在获得这个荣誉之后,我深受鼓舞和坚定信念!

父亲的关心,大伯一家的悉心照护,以及学校的激励帮助,让我感受到了温暖。我深知身边人的不易,于是常怀一颗感恩的心,并且更加努力地学习,用积极乐观的心态去生活、去感染身边的人,让身边的人也感受到温暖。

习近平总书记曾说:"青年一代有理想,有担当,国家就有前途,民族就有希望。"看不见的付出,看得见的成长。新时代的青年,当在奋斗、努力中实现有为,在拼搏、勇敢中展现无畏!在今后的学习生活中,我将以百倍的信心和万分的努力披荆斩棘,笃定前行,去谱写绚丽的青春华章,做一名更优秀的职校生!

# 设计成才之路　绘制多彩人生

德阳通用电子科技学校◆胡金涛

> 胡金涛，汉族，共青团员，德阳通用电子科技学校计算机平面设计专业2020级中职生。获四川省职业院校技能大赛虚拟现实（VR）制作与应用赛项中职组一等奖，金砖国家技能发展与技术创新大赛元宇宙教育虚拟仿真资源设计与制作赛项三等奖；2022年获得中等职业教育国家奖学金。

2022年四川省职业院校技能大赛虚拟现实（VR）制作与应用赛项中职组一等奖，金砖国家技能发展与技术创新大赛之首届元宇宙教育虚拟仿真资源设计与制作赛项三等奖。两次比赛获奖让我开启了新的人生之路，努力拼搏，认真学习专业知识，与时俱进开拓创新专业技能，向老师和同学学习，发挥自身优势，弥补不足，让自己成为一个德技并修的优秀学生。智慧源于勤奋，伟大出于平凡，我终在逐梦青春的大道上迈出了自己坚定的步伐。

## 咬定青山不放松

2020年9月，我还是一个"电脑少年"，怀揣设计梦来到德阳通用电子科技学校就读计算机平面设计专业。起初，父母反对我学这个专业，认为计算机这个专业是不可能取得成功的，计算机只会让一个学生慢慢颓废下去，觉得数控技术应用这种实打实的技术才是一个人立业的根本。但我偏偏喜欢且热爱计算机，在父母反对的情况下仍毅然决然地选择了计算机平面设计专业。现在回想起来，我不由感慨：

"如果没有选择计算机平面设计，我可能不会读书到现在，也不可能取得现有的成绩。"

初入学校，我便在学校的宣传橱窗和张贴的喜报上看到了 2020 年国家奖学金获得者。我就在想：中职学生也可以获得国家奖学金？他们是怎么获得国家奖学金的呢？后来询问了系上老师，我才知道要想获得国家奖学金必须要品学兼优，在技能大赛获奖。这时，我的心里已默默埋下了一颗奋斗的种子，要通过自己的努力参评国家奖学金。获得此项荣誉的学长学姐便是我学习的榜样。

## 路漫漫其修远兮

有了学习的榜样，我如梦初醒，主动找到班主任肖老师，请求他推荐我进入三维游戏建模组培训。我希望通过技能培训走向技能大赛。进入三维游戏建模组后，我便开始深层次的专业学习，接触不同的设计软件，从三维游戏建模，到游戏编程，再到虚拟仿真技术应用等。面对巨大的压力，我每日不断勤奋学习，有不懂的就问师兄师姐或指导老师，做到每日事每日毕。集中培训的这段时间，我坚持"吾日三省吾身"，不断纠正、改进专业技能操作，坚持完成每天的既定任务，甚至常常吃泡面来节省时间。如果想放弃了，我就会想一想橱窗中国家奖学金的获得者，他们的成功肯定也是日以继夜努力的结果。

虚拟现实（VR）制作与应用赛项包括游戏建模、UE4 游戏编程、IDVR 技术应用三项。对于这三项技术，我既熟悉又陌生。熟悉是自己经常琢磨游戏建模和编程，对其有一定了解；陌生在于大赛项目要求和自己现有知识水平差距巨大。但我仍迎难而上，通过现有培训掌握游戏建模、编程和 VR 技术应用技能，冲进决赛。省赛训练开始，我每天 7 点到训练室，晚上 12 点回宿舍，夜以继日对每一个项目进行反复训练，不懂就请指导老师讲解，来不及记住就用手机录下老师操作的视频反复训练和专研，使自己的技术有了质的提高。

2021 年 12 月，我很荣幸参加了学校举行的国家奖学金颁奖典礼，获奖的榜样再一次激励着我。我默默下定决心一定要夯实基础，苦练技能，获得技能比赛奖项，争获国家奖学金。

## 梅花香自苦寒来

终于，2022年我所在的团队在四川省职业院校技能大赛选拔赛中一路披荆斩棘，突破重重困难，获得了四川省职业院校技能大赛虚拟现实（VR）制作与应用赛项中职组决赛资格。在决赛中，经过4小时的激烈角逐，我们团队终以总分第一的优异成绩取得大赛桂冠，并将代表四川省参加该项目全国大赛！

省赛过后，我信心倍增，更加坚信技能成才，同时也收获得奖的喜悦。2022年11月20日，我们团队参加金砖国家技能发展与技术创新大赛元宇宙教育虚拟仿真资源设计与制作比赛。此次大赛，全国共有76支参赛队伍同台竞技。经过4个小时的激烈角逐，我们团队再获佳绩，荣获国家级三等奖。金砖国家技能发展与技术创新是习近平主席在金砖国家领导人第十四次会晤重要讲话中指出的重要活动。参加这次比赛，我深刻感受到国家对技能人才的重视，更坚定了技能成才、技能报国的信念，立志不断突破创新，为祖国事业添砖加瓦。

## 多彩人生　用心绘制

两次参加技能大赛，离不开国家对技能人才的重视、学校搭建的平台，我确信"人人皆能成才"，只要有坚定的信念，学习先辈吃苦耐劳、无私奉献的精神，践行精益求精的工匠精神，定会让自己的人生丰富多彩。

两次技能比赛获奖到获得国家奖学金评选资格，再到最终圆梦，是我这个"电脑少年"不甘平凡的倔强体现，也为我的人生画上了浓墨重彩的一笔。我将在此基础上，继续坚定信念，牢记初衷，刻苦训练专业技能，在奋斗中绽放青春光彩，为中国制造、中国创造贡献自己的力量。

# 不用自奋　青年逐梦正当时

四川省绵阳职业技术学校◆杜佳豪

> 杜佳豪，汉族，共青团员，四川省绵阳职业技术学校艺术科声乐专业2020级中职生。获中等职业教育国家奖学金、绵阳市涪城区三好学生、涪城区第18届校园歌手比赛中学组十佳歌手等荣誉；获2022年绵阳市首届中小学生个人才艺大赛声乐专业高中组一等奖。

时光知味，岁月沉香。依然清晰记得两年前的那一天，金秋九月的风将我送入了四川省绵阳职业技术学校的大门。我选择了心中热爱的声乐专业，开启了我追寻梦想的旅途。唱歌是我的梦想，带给我了希望和动力；是远方的灯塔，指引我前进的方向。

## 初心如磐　力学笃行

或许在大多数人眼里，没出息的孩子才上职校。起初，我也有迷茫和疑惑，但随着老师的谆谆教诲，逐渐发觉职业教育的优势。对于青年来说，接受职业教育不仅能够谋生，更能逐梦。每一位青年都能通过职业教育重新谱写自己的人生。

进校后，我了解到国家对就读中职学校的学生有很多资助政策，能免学费，有国家助学金，品学兼优的学生还能申请中职国家奖学金。我深刻地感受到，国家对于中职学生的高度重视。我在心里暗下决心，要不懈努力，学好文化课和专业课，成为一名品学兼优的学生，获得国家奖学金。

书山有路，学海无涯，我坚信"一分耕耘，一分收获"。我严格要求自己的一言一行，遵守学校各项规章制度，力求成为更好的自己。我不懈求索，掌握好的学习方法，课堂上认真笔记，课后及时巩固，保证能够有效吸收每天的学习内容。学习的过程中，我也会遇到困难和挫折，当不知所措时，习近平总书记说的"人生在勤，勤则不匮"以及老师的那句"勤能补拙"便激励着我，让我以积极向上的心态去面对困难。

## 履践致远　尽职尽责

志存高远，方能登高望远。除了把文化课和专业课学好，作为学生干部，我也充分锻炼了自己的管理能力、组织能力、策划能力、综合协调能力。

我坚持"一带三管"，带好头、管好人、管好课堂纪律、管好卫生。我积极参加学校组织的各项活动，自入校以来，组织班级参加校园文化艺术节、五四青年节纪念日、"12·9"纪念晚会等大型活动。作为班级带头人，我致力于构建班级核心、凝聚团队合力、打造班级特色，赢得老师及学校的一致好评。

当学生干部的三年，我学习了很多管理方面的知识，培养了高度的责任心和担当意识。感恩学校为我提供展示自我的平台，让我学会了落实各项工作的技能，掌握了与他人快速沟通的技巧。

## 追光而遇　沐光而行

当我追光时，光定与我同行。音乐是我内心的回响，专业课的学习之路，见证了我拼搏的模样。乐理的学习是很枯燥的，但乐理却是开启音乐大门的钥匙，每个知识点都要理清楚、学明白。因此，我会充分利用课余的时间抓住关键词进行背诵默写。除了基础知识的学习，听音和视唱也要每天不断练习。为了让自己听辨准确，我每天总是第一个到达琴房，从单音、音程、和弦、节奏、旋律五个方面练习。在练习中，我发现自己分析乐句的能力存在很大的问题，总是跟不上记谱。为此，我十分苦恼。老师告诉我，听与唱要结合，想要拥有敏锐的耳朵，除了每天重复地听写、测试，更重要的是结合着唱一起。之后我便养成了边听音边视唱的习惯，在视唱的过程中，背唱了许多民族民间音乐、国外优秀作品。日积月累下，我的听音视唱有了明显的进步。周末、节假日我也从不松懈，在琴房埋头苦练，常常忘记了时间，一抬头才发现外面的天已黑，灯已亮。

同时，我也通过参加各种比赛，在比赛中学习别人的优点来不断提升自我、完善自我。2021年12月，在学校专业老师的带领下，我参加了涪城区第18届校园十佳歌手比赛，并在比赛中获得中学组十佳歌手称号。2022年3月，我参加了绵阳市首届中小学生个人才艺大赛，取得了高中组一等奖的好成绩。虽然在赛前，有些紧张与彷徨，但当我走上舞台的那一刻，当聚光灯照在我脸庞的那一秒，父母的支持、老师的栽培、同伴的鼓励、自己的努力汇聚成一束光亮，为我驱散了内心的迷茫，找到了心中的方向。

每一次比赛都是很好的锻炼机会，可以让我清晰地知道自己的水平以及不足之处、未来的努力方向。努力的人不只我一个，比我优秀的人还有很多，所以我更要明确奋斗目标，挖掘自身的闪光点，增强自信心，不断提升自己的综合能力。

## 心怀感恩　所遇皆温柔

每一段路，都有一些领悟。历经千帆，终有收获，获得中等职业教育国家奖学金，让我看到了坚持的意义。站上领奖台的那一刻，我的眼眶湿润了，内心更是久久不能平静。原来，追光竟是如此美好的一件事。

回想起三年前刚入学时的稚嫩模样，那时的我站在舞台上双腿会微微发抖，而今我已成为青涩的学弟学妹们口中的学长，能从容面对各种大小比赛、主持各种大型活动。"志之所趋，无远弗届，穷山距海，不能限也。"学习是一个从无到有、充满了艰难曲折的过程，但正是这些艰难与曲折，才使我的路越走越宽广。

"仁以知恩图报为德，滴水之恩当涌泉相报。"我为身在四川省绵阳职业技术学校而自豪，老师的悉心栽培、苦心教导历历在目，感恩我的母校，感恩我的老师，给予我追逐梦想的勇气。我也为能生在这个美好的时代而骄傲，感谢党和国家给予中职教育的好政策，让中职生也可以凭借自己的努力获得社会的认可。

荣誉面前，深感责任之重，青春时节，我们应当好好学习，把握现在才能更好地拥抱未来。荣誉既是终点又是起点，希望此后的自己心怀感恩，立志奋进，做一个好青年。

# 踔厉奋发勇担当　青春奋进正当时

四川省遂宁市安居职业高级中学校◆邓锐

> 邓锐，汉族，共青团员，四川省遂宁市安居职业高级中学校电子技术应用专业2020级中职生。获全国职业院校技能大赛（中职组）分布式光伏系统的装调与运维赛项团体二等奖、四川省职业院校技能大赛机电一体化赛项中职组二等奖、遂宁市·潼南区中等职业教育技能大赛机电一体化赛项一等奖；荣获2022年中等职业教育国家奖学金。

青春是李白诗中"长风破浪会有时，直挂云帆济沧海"的乘风破浪，是孟郊笔下"春风得意马蹄疾，一日看尽长安花"的激昂澎湃，是林伯渠眼里"白首壮心驯大海，青春浩气走千山"的豪气洒脱。在青春的旅途中，我在共青团的光辉下坚持脚踏实地，勇于锤炼品德、磨砺本领，努力成长为对社会有用的年轻人！

## 山重水复疑无路　柳暗花明又一村

人生是一段多么长又那么短的时光。从春天桃花竞相盛开到夏夜蝉虫鸣叫，从秋天红叶似火到冬日蜡梅跃上枝头。曾经的我看遍春夏却看不清未来的路，一度迷茫、彷徨、消沉。从2017年金秋到2020年盛夏，初中三年我努力刻苦学习，却因考试状态不佳导致中考失利。一个偶然的机会，我有幸从网站上了解到职业教育同样是实现理想、成就精彩人生的一条路径；就读中等职业学校，一样可以学技能、上大学；职业中学与普通高中各有优势、各有所长。这样的讯息无异于黑暗中的一道曙光，让我豁然开朗，看清了目标。

我坚信"聪明在于勤奋，天才在于积累"。于是，我重整旗鼓，毅然决然地选择了这所国家级重点中等职业学校——四川省遂宁市安居职业高级中学校，开始了在职业中学的学习与生活，迎来了人生中的一个重要转折点。

## 千淘万漉虽辛苦　吹尽狂沙始到金

阳光落在春的枝头，日子便绿了。

安居职中是一个让人尽情施展才华的舞台，每个人都在这个舞台上华丽绽放。天道酬勤，在安居职中求学的日子里，我如鱼得水，有幸找到了激发我学习兴趣的好专业和好老师。课堂上，我畅游学海，积极吸收知识；课余活动时间，别的同学在聊天嬉闹时，我便在各任课老师的办公室里，或是背诵专业课知识，或是跟老师探讨学习，弥补自己的不足之处；饭后闲暇时间，其他同学在操场上漫步时，我在实训室刻苦训练……

"踏实、肯学""是个难得的好苗子""难得的是态度端正""遇到这样的学生，老师也是幸福啊"……这些就是老师们对我的评价。老师在与我交谈中常说："人生就是一个奋斗的过程，努力的汗水不会白流，能让你在人生的舞台上释放能力，活得更加精彩。"因为有了明确的目标和老师的谆谆教导，我学习得更加有动力，专业知识基础更加扎实，从而成功入选学校技能比赛集训队。在训练中，我一直坚定铁杵磨针的信念，不畏艰难，勤学好问，谦恭虚己，分秒必争，最后在众多选手中脱颖而出。2021年我与队友一起在全国职业院校技能大赛分布式光伏系统的装调与运维赛项中取得了中职组团体二等奖的优异成绩。

星空不问赶路人，岁月不负有心人。取得成绩后，我没有停下前进的脚步，沉溺于获奖的喜悦中，而是更加坚信勤能补拙的道理，坚持线上线下学习相结合，向往届夺冠选手请教，不断沉淀知识，拓展新思路。2022年我代表遂宁市参加四川省职业院校技能大赛，在机电一体化赛项中荣获个人二等奖。

## 长风破浪会有时，直挂云帆济沧海

我出生在一个普通的农民家庭，父母常年在外务工。我在做好自己的同时，还要照顾年迈的爷爷、奶奶。进入学校后，我从学校的宣传展板、从班会活动中了解到国家对中职学生的各类资助政策，不仅免除三年学费还有国家奖学金和国家助学金政策，同时学校还提供勤工俭学岗位，校企合作企业也有针对家庭困难学生的特别资助。这些资助政策减轻了我的经济负担，让我能顺利完成学业。

当得知自己获得2022年国家奖学金时，我除了激动就是感激，感谢国家针对职业教育制定的大好政策，感谢学校和各位恩师对我的栽培。获得国家奖学金是对我三年来努力的肯定，同时也是对我未来学习和工作的鼓舞。我没有因为自己父母不在身边而感到自卑，更没有因为获得国家奖学金、在技能大赛获奖而骄傲自满，而是一直奋力提升自己的思想素养和技能水平，同时积极传播正能量，带动周围同学一起成长成才。

作为一名优秀学生，我一直以高标准严格要求自己，不仅要学习好，还要思想好、身体好，德智体美劳全面发展。在担任班长期间，我积极配合老师的工作，搞好班务，带动同学们踊跃参加各种活动，所在班级多次被评为校级文明班级、优秀班集体。学习之余，我还主动参加各种社团活动，加入了学校羽毛球社团并热情投入其中，不仅强健了身体，还感受到运动的快乐，领悟到拼搏的可贵。短暂的中职生活即将结束，我将怀揣着大学深造的梦想，开启下一段人生旅程。

青春逢盛世，奋斗正当时。作为新时代的青年，我将赓续艰苦奋斗的优良传统，坚守永久奋斗的青春本色，以强烈的使命感、责任感投入未来的学习生活中，以坚韧不拔、勇挑重担的决心迎接更大的挑战，展现亮丽的职教学生风采，迸发豪迈的青春激情，奏响激昂的人生乐章！

我相信，追梦人终将用荣光为自己加冕！

# 奋斗的青春最美丽

四川省青神中等职业学校◆张雨鑫

> 张雨鑫，汉族，共青团员，四川省青神中等职业学校木业产品加工技术（竹编）专业 2021 级中职生。获得 2022 年中等职业教育国家奖学金；获校级优秀学生干部、优秀共青团员等荣誉称号；获中国书画家联谊会"小莫奈杯"青少年绘画网络展优秀作品奖、眉山市"青春喜迎二十大，资助伴我向未来"主题演讲比赛一等奖、眉山市学生"学宪法，讲宪法"演讲比赛二等奖、眉山市第十二届中职师生综合素质大赛朗诵比赛一等奖。

什么是青春？它是生命中最美好的年华，是对人生理想孜孜以求、充满激情的岁月。雨果曾经说："谁虚度了年华，青春就将褪色。"所以，我坚信：青春是用来奋斗的。奋斗的青春最美丽！

2021 年 7 月，初三毕业后，我带着对梦想的希冀、对学门技术的渴望，走进四川省青神中等职业学校，开始了我的中职生活，也开始了我新的奋斗历程。

## 学好专业知识，掌握专业技能，争当竹编传承人

我就读的木业产品加工技术（竹编）专业，是省级特色专业，承担着青神县国家级非物质文化遗产——竹编技艺的传承。学习本专业需要心灵手巧，特别是竹编技艺的实践操作更需要耐心、细致，对手指灵活度的要求高。我选择了它，就一定

要学好它。我相信只要如郑燮诗中写道的"咬定青山不放松，立根原在破岩中。千磨万击还坚劲，任尔东西南北风"一般，勇毅前行，坚持不懈，就能成为合格的竹编传承人。于是，我把努力和坚持当作一种习惯，而不是"三分钟热度"。始终保持积极向上的心态，立志不虚度光阴，用刻苦学习来充实自己，踏踏实实学好专业基础知识和技能。我县是"竹编艺术之乡"，我利用节假日到青神竹编艺术城向竹编艺术大师学习，增进对竹编技艺的认识，通过不断练习编织，提高自身编织技能。功夫不负有心人，通过努力，我的竹编技能也日渐娴熟，各科成绩名列本专业第一。我的平面竹编作品和立体竹编作品不仅在学校竹编技艺展示活动中得以展示，甚至在青神县召开的2022中国国际竹产业交易博览会上展示，受到同学、老师的赞赏和外宾的好评。

## 培养综合能力，提升自我价值，争当社会服务者

我深知，当今社会需要我们具备多元的能力。因此，除了学习专业知识和技能，我还积极培养自己的综合能力，以便更好地服务社会，成为对社会有用的人。

进校后，我积极参加班干部、学生会、团委干部的竞选，先后担任班长、校广播站站长之职。工作中，我乐观向上，充满活力，不懂就问，虚心学习，不断总结，热心帮助同学解决各种困难，培养自己的组织、沟通、协调能力，成为老师的得力助手，同学们的好班长。我班被评为县级优秀班集体，我也被评为优秀学生干部。

为了实现当主持人的愿望，我每天坚持练习普通话，不断通过词语、文章、绕口令的诵读，训练发声技巧，虚心向学校有经验的老师请教，训练肢体语言、面部表情。天道酬勤，我成为校广播站一名播音员，再后来，成为学校升旗仪式的主持人、多个大型校级活动的主持人。我所主持的"校园之声"也成为学校一道靓丽的风景。

作为一名新时代的中职生，我始终坚持学习本领、回报社会。2020年农历春节前夕，我国遭遇新型冠状病毒肺炎疫情。在疫情期间，我望向窗外，看到小区门口那一个个抗疫一线的志愿者的背影，感受到他们负重前行的坚毅。开学后，我便积极投入学校疫情防控志愿服务工作中。在2021年寒假和2022年国庆节，我也主动报名成为社区抗疫志愿者，在疫情防控执勤点认真完成每天的任务，用实际行动

践行着共青团员的初心和使命，为打赢疫情防控阻击战贡献自己的力量。

## 不忘资助之恩，勇夺多项荣誉，荣获国家奖学金

我是沐浴着"国家资助、社会关爱"长大的孩子。在上小学时，国家直接为我们免去了学费，还免费提供教科书和作业本；现在就读中职学校，国家也为我们免去了学费，还提供国家助学金。我用助学金购买了《演讲与口才》等书籍和学习用具，利用课余时间，丰富自己的文化知识，提升自己的综合能力。

自 2021 年进校以来，我作为学校礼仪服务队队员参加县级、校级服务 30 余次，每次都做到热心服务，展示形象，受到领导好评。2022 年，我参加了中国书画家联谊会组织的"小莫奈杯"青少年绘画网络展获优秀作品奖；同年，参与拍摄的微视频《舌尖上的东坡》也在眉山市教体局组织的"诵东坡 爱眉山"系列活动中获奖。在老师的指导下，我还参加眉山市"青春喜迎二十大，资助伴我向未来"演讲比赛获一等奖，参加眉山市学生"学宪法，讲宪法"演讲比赛获二等奖，参加眉山市第十二届中职师生综合素质大赛朗诵比赛获一等奖。在县妇联组织的公益活动中，我很荣幸担任活动主持人，用自己的声音感染和鼓舞更多的人参与到公益活动中来。

2022 年 9 月，我申请了中等职业教育国家奖学金。经过各级的评审，我有幸荣获中等职业教育国家奖学金。我知道，这是中职生荣誉的"天花板"，因而感慨万分。我首先要感谢父母，是你们用辛勤的汗水把我从牙牙学语的幼儿抚养到现在。其次，我要感谢我的母校——四川省青神中等职业学校，让我学到了知识技能，得到了成长。最后，我要感谢国家有好的资助政策，让我能够更加安心地学习。我会将国家对我的帮助铭记在心，并用自己的实际行动去表达我的感恩，回报祖国，回报社会！

回顾两年的中职生活，我用努力诠释着青春的精彩，也用实践证明奋斗的青春最美丽！

# 振翼腾飞　为理想奋斗

四川省宜宾市职业技术学校◆车国炀

> 车国炀，汉族，共青团员，四川省宜宾市职业技术学校机电一体化技术专业2020级中职生。获2021—2022学年中职国家奖学金、全国职业院校技能大赛通信与控制系统集成与维护赛项中职组三等奖。

时光荏苒，回顾过去一年的学习生活，我珍惜时间，迈出的每一步都坚实而有力。我在学业上取得了优异的成绩，也在工作和实践中得到了锻炼。可以说，正是不懈的奋斗让我练就了振翅腾飞的本领。

## 勤学好问，踏实刻苦

我学习态度端正，从不逃课、不迟到早退，认真做好课前预习、课后笔记整理，学习目的明确，积极进取，刻苦努力，始终保持昂扬向上的心态。

2021年，学校开始选拔技能大赛参赛选手。我成功入选通信与控制系统集成与维护赛项集训队。刚开始的时候，很多工具不会用，操作流程记不住，电路图看不懂，遇到了种种困难，但我每天都在努力坚持。这个赛项的内容包括认知及实操性知识、应用设计性知识、硬件设备安装调试、通信网络设备连接及参数配置、检测故障等，对体力是一个极大的挑战。我积极听从指导教师安排，每天都会通过跑步来提升自己的体力。对我而言，每一天都是挑战，但我每一天都在努力战胜自己。当同伴遇到难题时，我也会乐于助人，积极地帮助他们解决问题，仔细观察故障现象，不断总结诊断方法技巧。在集训队呆了大半年后，我与队友默契地战胜了一个又一个困难，操作越来越熟练，操作用时越来越短。

经过学校严格选拔，2022年8月4日，我与队友来到了全国职业院校技能大赛通信与控制系统集成与维护赛项中职组比赛现场。激烈的角逐氛围和场外炽热的天气相得益彰，肆意挥洒的汗水映射出夏日最耀眼的光芒。经过两天八个小时的紧张对决，终于所有赛程结束，经过几个月实训的我和团队整个竞赛流程一气呵成。最终，功夫不负有心人，我们荣获了通信与控制系统集成与维护赛项中职组团体三等奖。

## 积极向上，与时俱进

青年兴则国家兴，青年强则国家强。作为当代新青年，我明白：青年一代有理想、有本领、有担当，国家就有前途，民族就有希望。中华民族伟大复兴的中国梦，终将在我们这一代代青年的接力奋斗中变为现实。我主动学习习近平新时代中国特色社会主义思想和党的二十大精神，争做新时代向上向善的好青年。

2021年4月，我成为一名共青团员。在加入共青团后，我积极参加校内外的志愿服务活动，深刻领会到：帮助他人不能流于形式，而要发自内心，要用真心去关爱需要帮助的人，哪怕是一句温馨的话语、一个关爱的手势，都能给予人温暖的感觉。

## 任劳任怨，兢兢业业

作为学生干部，我更是严格地要求自己，以身作则。在管理班级的过程中，难免会遇到各种各样的困难，面对这些困难时也曾产生放弃的念头，但我一次又一次地说服自己不要放弃，坦然面对难题，尽自己最大的力量去解决它们。因此，我凭着极大的热情和干练的处事态度，赢得了同学们的称赞，成为大家争相学习的榜样。

在实训中，我是老师的好助手，在老师讲解完实训任务后，总是第一个动手实操，不懂时虚心请教老师，在能熟练操作后，便开始在一旁当起"小老师"，指导那些还没弄明白的同学，确保同学们都能熟练掌握。我不断帮助并带动班级同学学习，总是第一时间将珍贵的学习资料传送到同学们的手中，忙碌并快乐着。

我积累了大量的学生活动经验，提高了自身的综合能力，荣获2021年校级优秀学生干部的称号。

## 严于律己，宽以待人

我来自农村家庭，十分了解父母承担我的教育费是多么不容易。因此，我在不放松自己的学习的前提下，利用寒暑假在外打工，赚取自己的生活费和部分学费。在外出打工的过程中，我不仅挣到了钱还锻炼了自己的社会适应能力，为我以后的实践工作奠定了基础。

在生活中，我勤俭节约，从不铺张浪费，也从不乱花一分钱。每学期末快放假时，看到一些同学嫌弃行李多而丢弃掉部分东西时，我总会将有用的东西收集起来。比如，同学们用过的作业练习本，我常常会收起来在下学期接着使用，直到正反面都密密麻麻写满字。并且，当同学在生活上遇到困难，我也会尽己所能地帮助解决。

## 志存高远，不懈追求

2022年10月，得知自己获得中等职业教育国家奖学金后，我感到很惊喜，同时又感到非常荣幸，因为这是对我的一种莫大的鼓舞与激励，也将成为我高中生涯的美好回忆。回想刚入学时，我就在学校组织开展的国家资助政策宣讲会上了解到了中等职业教育国家奖学金，目睹了往届获奖学生的风采，当时何等艳羡。现在的我更加认识到，唯有立志奋斗，才不负青春，不负党和国家对我们莘莘学子的殷切希望。我很感谢国家为品学兼优的学生设立的奖学金制度，这是对我学习上的一种肯定，更是对我的鞭策，使我在以后的求知道路上更加不敢有丝毫懈怠。我还要感谢培育我的老师，因为有了你们的辛勤付出，才有了我今天的收获。"已往不可谏，未来犹可追，理想其未远，振翼而腾飞。"我知道以后的路还很长，我定会全力以赴，不负韶华，只争朝夕！

# 冬残奥季军——视障少年的冰雪奇缘

达州渠县崇德艺体职业高中 ◆ 余爽

> 余爽，汉族，群众，达州渠县崇德艺体职业高中运动训练专业2021级中职生。获北京2022年冬残奥会冬季两项男子长距离（视力障碍组）季军及北京2022年冬残奥会中国残联先进个人称号；2021年，在全国第十一届残运会暨第八届特奥会越野滑雪、冬季两项项目上共获5个冠军、2个亚军；2021年，在残疾人北欧滑雪欧洲杯赛越野滑雪、冬季两项项目上获得2个季军；2020年，获残奥越野滑雪亚洲杯长距离自由式、中距离自由式、短距离传统式项目冠军；获得2022年中等职业教育国家奖学金。

在林海雪原中灵敏穿行，举枪射击，从川东边陲小镇到站上国际舞台，曾为梦想跨越3000余里的我，是一名视力障碍却不服命运的"00后"，是北京2022年冬残奥会冬季两项男子12.5公里（视力障碍组）铜牌获得者，也是达州渠县崇德艺体职业高中运动训练专业2021级学生。

## 身患视力障碍，乐观开朗前行

2003年8月，我出生在四川省达州市渠县安北乡西娅村的一个普通农民家庭，年仅3岁就被确诊为先天性白内障，双眼裸眼视力仅有0.1。那时，哥哥姐姐还在达州读书，母亲是聋哑人，家里还要照顾八十多岁的老人。为了给我治病，家中几乎花光了全部的积蓄，但坚强的父亲总是安慰我说："咱不能为了省钱把眼睛毁了。"

尽管术后视力有所恢复，但我也经常出现看不清书本、视力疲劳等情况。好在家人的无私关爱、老师同学的亲切陪伴让我自小养成了活泼好动的性格，我也并未因此自卑放弃。

## 挖掘运动天赋，选择点燃热爱

常言道：上帝关了一扇门，一定会打开一扇窗。在进入初中后的首次体能测试课上，我以惊人的弹跳能力、爆发力及冲刺速度引起了校田径队教练的注意，随即被选入了田径队进行专业训练。2016 年，达州市举行第三届残疾人运动会，不到 13 岁的我代表渠县一举夺得三枚银牌。我也因此慢慢地爱上了田径运动。

初中毕业时，我为择校苦恼不已。成绩不理想、经济条件不好等原因都让我无法走上普高之路。班主任深知我的实际情况，便细致地为我讲解了中职资助政策，不仅有适合发展体育特长的专业可选，更是三年学费全免，还有机会申请国家助学金和奖学金，能够大大减轻家庭负担。于是，我毅然选择，成为达州渠县崇德艺体职业高中运动训练专业的一名学生。入校后，我通过查看张贴在校园内的中职政策宣传及班主任的宣讲解读，进一步了解到国家针对贫困学生设有助学金，申请者每学期能获得一定的生活补贴，品学兼优者还能申请国家奖学金。国家各项资助政策为我的生活提供了很多帮助，更鼓舞我积极向上、努力学习，争取为国家添光添彩。在教练的专业指导下，我更专注地扎进田径世界，开始了勤学苦练的历程。

但天不遂愿，长时间的高强度训练让我的小腿胫骨患上了骨膜炎，常常疼得走路都困难，更别谈训练。但看到队友们在跑道上奋力冲刺的飒爽英姿，想到教练的耐心教导、老师的悉心照顾、父母的殷切希望，我不甘心也不服输，硬咬着牙选择了坚持。汗水湿透了衣襟、浸湿了鞋袜，没关系，晾一晾接着练；脚底磨出了血泡，没关系，挑破它再裹上一层纱布接着练；腰肌劳损，没关系，系上宽宽的护腰接着练……

2018 年，我以出色的成绩成功入选北京市残联，从此与冰雪运动结缘。为了尽快练出成绩，我不断努力拼搏、比学赶超，无论寒冬酷暑都从未缺席任何一堂训练课。奋斗者的汗水永远不会被辜负。2020 年，我参加残奥越野滑雪亚洲杯的比赛，获得越野滑雪项目 3 个冠军；2021 年，在全国第十一届残运会暨第八届特奥会上，斩获越野滑雪、冬季两项项目共 5 个冠军、2 个亚军。

在训练之外，我努力做到全面发展，课堂上一丝不苟、聚精会神，下课后虚心请教、倾耳以听，生活中热心帮忙、以礼待人……因此，我先后获得了三好学生、优秀班干部、优秀学生干部等荣誉称号。

### 追逐滑雪梦想，奔赴冬奥赛场

2019 年，中国残联将我选入中国残奥越野滑雪、冬季两项比赛项目队伍，开始备战冬残奥会。

尽管前期基础扎实，但面对冬奥这样高标准的训练，我也多次陷入瓶颈，技巧不熟练、肺活量不足、心理压力大……提升成绩的强烈渴望和停滞不前的实际水平，造成了巨大的心理落差，让我对每天的训练有些力不从心，常常焦虑到整夜失眠。很快，滑雪教练便注意到了我的异常情绪。为了突破我的耐力体能，他给我下达了 65 公里的滑行任务，但滑到 40 多公里时就已到达我当时的极限。"有了平台就要抓住，我是一名运动员，我想参加残奥会，我一定要为祖国争得荣誉！"往日点滴不时涌上心头，加上教练的不断肯定、鼓励，我决定挑战极限，哪怕倒下也要奋斗到最后一刻。好在"魔鬼训练"换来的是体能提升，自那以后，我能够轻松胜任 40 公里以上的滑行，成功突破了瓶颈期。

2022 年 3 月，我成功入选北京 2022 年第十三届冬季残疾人奥林匹克运动会中国体育代表名单。即使是参赛期间，我也丝毫不敢松懈，争分夺秒地进行跑步、调整、战术等训练，最终以 43：01.1 的成绩夺得冬季两项男子长距离（视力障碍组）项目铜牌，取得了中国在此项目上的最佳战绩。

2022 年，我获得了中等职业教育国家奖学金。这份荣誉的取得离不开国家针对中职学子的各项资助政策，让广大贫困学子能继续接受教育，拥有更好的未来，也离不开学校的支持培养、老师的政策普及、同学的悉心帮助。这也是对我自己多年努力的充分肯定，将激励我继续前行。

追梦路上，需要经过长期跋涉。这条冰雪道路，还很长。2026 的冬残奥集结哨已经吹响。未来的四年，我将继续拼搏奋斗，向那些经验丰富的欧洲运动员发起挑战，继续向奖牌奋进！

# 逐梦不止　青春无悔

四川省甘孜卫生学校 ◆ 四郎翁珍

> 四郎翁珍，藏族，共青团员，四川省甘孜卫生学校藏医医疗与藏药专业 2021 级学生。在校期间，任班级学习委员，勤奋努力、积极上进、乐观开朗、成绩优异，各方面表现均很出色。获 2022 年度中等职业教育国家奖学金，2021—2022 学年度校级学习优秀奖。

## 播种希望　让梦想成真

藏医药有着悠久的历史、完整的理论体系，既是祖国传统文化不可或缺的一部分，又是医学史上灿烂的篇章，更是藏民族文化的精髓。作为一名藏医学的爱好者、学习者、传承者，我坚信通过努力可以改变自己的命运，也将用一生去奋斗与奉献。

我从小的梦想是成为藏医药优秀传承人，成为一名好"门巴"（编者注：藏语，医生的意思）。我的求学生涯是坎坷的。我从小热爱学习，成绩优异，但由于父母体弱多病，家里劳动力不足，几度面临辍学。家庭的困难并没有折断我飞翔的翅膀，对学习的热爱与执着支撑着我继续艰难地逐梦前行。我在村小就读，因成绩优异，小学三年级就被选拔、推荐到学习条件更好的理塘县城小学学习，毕业后考入全县最好的初中网络班。通过初中三年的努力学习，毕业时我取得了 690 分的优异的中考成绩。本可以进入国家一级示范性高中——康定中学，但为追逐从小的梦想，我毅然选择来到具有甘孜康巴"门巴"摇篮美誉的学校——四川省甘孜卫生学校。

在等待录取通知书的那一段时间，我心里一直惴惴不安，望着年迈多病的父母和并不富裕的家庭，我一直在怀疑自己能否顺利实现心中的梦想。直到收到录取通知书那一刻，里面附有一张关于中职学生国家政策的说明，几行加粗的内容"国家免除中职学生学费，困难家庭学生可以享受每年人均2000元的生活补助"彻底消除了我内心的忐忑。

## 厚积薄发　追求理想

进入卫校后，我果断选择了藏医药专业。刚入学时，因不适应学校生活，不适应老师教学方法，学习上我倍感吃力，成绩也不尽如人意。那段时间里，我有过沮丧，也有过抱怨。不过，我始终坚信：追梦之路总会充满曲折和荆棘，只要不断地努力奋斗，就会离梦想越来越近，就能赢在终点。为了儿时的梦想，我尽管彷徨过，却始终没有放弃努力。在老师和同学的帮助下，我积极调整自己的心态和学习方法，努力上进。课前，认真预习即将学习的知识，对一时弄不清楚的知识点做好标记；课中，带着问题有针对性地聆听老师的教诲，认真做好笔记，大大提高了听课效率；课后，细心整理课堂笔记，认真完成老师布置的作业，进行必要的复习与巩固。慢慢地，我适应了学习环境，摸索出了适合自己的一套学习方法，找到了学习的诀窍，学习上开始得心应手。

人有了梦想，才有奋斗的目标。"门巴"梦是一颗希望的种子，尽管很渺小，却已在我的心里生根发芽。从进入四川省甘孜卫生学校那一刻起，我就告诫自己：就算不能成为最优秀的那一个，但必须要做到比别人更勤奋、更努力！我深知父母的不易、逐梦的艰辛，更明白学习机会的弥足珍贵。因此，我比其他同学更加珍惜我的校园生活，也更有明确的学习目标、端正的学习态度。我喜欢安静的读书环境，校园的一隅成为我中职生活的一部分。无数个晨昏拂晓，我都会定时坐在那里苦读，有时甚至忘记了吃饭的时间。晨曦中，我用朗朗的读书声驱走睡意；课堂上，我全力以赴，努力汲取知识；闲暇时，我拓展思维，勤学苦练，不断提高动手能力。从老师的认可与同学的称赞中，我认识到每天的坚持和努力是值得的。既然选择了逐梦远方，便要风雨兼程，无怨无悔！

## 努力奋斗　放飞梦想

作为一名学生干部，我尊敬师长、团结同学，严以律己、宽以待人，有高度的责任感。我事事服从班级大局，积极协助班主任搞好班级管理，主动处理班级事务，认真倾听同学们的意见，努力解决同学们的问题，热心为同学们服务。总之，我合理利用时间，提高效率，努力协调好学习与工作的关系，用无限的热情来支配有限的精力，真正做到了工作、学习两不误。

功夫不负有心人，经过一年的刻苦努力，我在各科都取得了出色的成绩，荣获了2021—2022学年校级学习优秀奖。

在中职这短短的学习生涯中，我也获得了国家奖学金。这个奖对于我而言，可谓意义重大，让我既激动又开心。它是对我过去一年辛苦付出的肯定，也是对我勤奋努力的最高褒奖。但我知道，这不是我一个人的功劳，还是国家对我们中职学生的关爱，是学校无私的培养、老师的谆谆教导、同学的默默支持与帮助！没有他们就没有我今天取得的成绩。这份沉甸甸的荣誉，更是我继续前行的动力，鞭策、激励着我在学习上更加奋发进取。荣誉不是终点，而是进步的起点。一路走来，世界在变，初心不变，逐梦不止。我会付出更多的时间，付出更多的努力，不断充实自己，完善自己，提高自己的各项实力，用一颗感恩的心不断奋进，向更远大的目标前行。

"天空中没有翅膀的痕迹，但我已飞过。"我在心里已经幻想过无数次自己上岗的情形，梦想成为一名优秀的藏医学传承人。"健康所系，性命相托……"医学生的誓言，我一刻都不曾忘记。这是一份责任、一份压力，更是我走在藏医学这条道路上的动力。我将不忘初心，一步一个脚印，扎扎实实投入学习中，努力让自己真正成为一名社会所期望的好"门巴"，医治更多需要医治的患者，从而不断圆梦，为国、为家做出应有的贡献。我深信，救死扶伤，唯有汗水，唯有努力，唯有奋斗！医路艰辛，青春无悔！

# 附录一
# 2022 年博士研究生国家奖学金获奖学生名单

(四川省，104 人)

### 四川农业大学（20 人）

贾 力　熊艳丽　李 聪　王仲林　罗 磊　何 强　刘章林　李艾雯　张云红
蔡心怡　周 雨　贡常委　刘 鹏　何香凝　周 丹　申晓旭　杜夏夏　吴莉萍
冯杨柳欣

### 西南石油大学（25 人）

岑金夏　罗 霞　张高寅　王宇琪　殷祥英　文乙评　黄云飞　彭 宽　陈海锋
于 童　李明隆　万有维　徐 坤　张 宇　邱 艺　何美明　张皓川　裴 俊
何腾蛟　韩晓冰　于志豪　程 龙　李 鑫　覃 敏　涂宏俊

### 成都理工大学（27 人）

张鹏飞　南凡驰　陈 喆　袁名康　肖 义　周 波　王 猛　王 俊　何 健
李安润　王 慧　罗祎沅　袁 爽　罗 晖　程 平　孙小平　董学莲　黄楚淏
蒋 柯　于会冬　项 清　张诗琪　李 阳　冯 宇　李 樋　刘书君　董建平

### 成都中医药大学（18 人）

王依澜　李 霞　宋 玮　冯皓月　史世华　黎晓冬　康雯霖　李若兰　栾 飞
赵兴桃　赵 晖　张 青　周 俊　银子涵　姚俊鹏　周 飘　朱 禹　游 佳

### 四川师范大学（5 人）

周 君　陈 辉　朱灿泽　蒋洁芳　毛 乐

**西南科技大学（7人）**

罗 凯 刘 蕾 周 莉 赵 倩 李元凤 时浩添 郭明明

**成都体育学院（2人）**

赵琬莹 常显玲

# 附录二
# 2022年硕士研究生国家奖学金获奖学生名单
（四川省，775人）

## 四川农业大学（75人）

朱高璐　王飞虎　吴傲森　陈超群　王婷婷　狄红梅　杨开岗　宋　丽　谢　楠
郎山鑫　陈露丹　郭钰洁　黄　娜　郑祥宇　吴森涛　李方华　祝瑗穗　刘　莎
张枫琬　卿　晨　张铭垚　王禹唯　熊萍苹　刘世航　胡　苏　冯秀琴　陈黄鑫
王　晨　吕昊哲　熊　浩　陶镜媛　刘　洋　周远康　张红叶　周鑫辉　李　莎
黄　舒　王小菊　秦依涵　杨　铭　胡　妍　王　玥　蒋雅兰　张琴秋　杨森淇
杨柯琛　李　臻　吴　毅　赵宇彤　兰　杰　张凤娇　曹欣月　郭梦倩　孙紫心
蒋思玮　胡明明　马雨晴　冯豪杰　孙博腾　栗欣苑　刘雅丽　卫秦瑶　赵锡宇
陈　栋　李明灏　刘淼月　马杰宇　李岑宇　周　彤　张文青　王英杰　聂民财
蒲家艳　何周建　朱国庆

## 西南石油大学（90人）

明兴莹　杨春宇　宾　帆　郭鑫平　刘骏霓　胡金龙　袁光瑶　徐　杨　钟婉莹
王帅清　贺锌菠　鲁静怡　刘怡伶　谢　伟　李　好　王渝孜　尹伟明　罗维宇
刘　娜　刘炀淳　王　智　颜镇源　彭若竹　金　慧　高　鹏　高　石　徐莹雪
李华实　石　朋　张　涛　穆树兴　姚德松　邹　庆　王　珏　乔　宇　陈德全
张世兴　蒋婷婷　杨嗣民　韩　浩　杨宏亮　魏长江　李　茜　何智同　张艳雄
蔡光银　万　琴　王淮民　杜雪梅　李　晨　李泽良　罗　训　王　磊　赵　鹏
周　杰　张　虎　倪申童　王　远　王　澳　王　菊　李万松　王秋香　罗　丹
曾　梦　何栩嘉　刘　波　庞　耀　林津如　孙　傲　孙华宏　解　壮　杨　泽
邹文静　李成伟　郑　和　孙浩铭　宋宇辉　吴卿星　王圣震　李怡然　于骏杰
黄玉楠　何　坤　黄金诚　唐　伟　王　鑫　唐国根　安玉钏　王　潇　欧阳羲露

## 成都理工大学（90人）

| | | | | | | | | | |
|---|---|---|---|---|---|---|---|---|---|
| 唐在作 | 郑云丹 | 刘晓芳 | 王明越 | 唐 晓 | 蔡艳琨 | 余正勇 | 周国李 | 李 佳 |
| 梁梦梦 | 陶有琪 | 杨习志 | 庞洪樱 | 彭柳瑞 | 杨 峥 | 彭 露 | 余正波 | 王德银 |
| 尹生阳 | 李俊杰 | 苟荣松 | 王丽红 | 李璐萍 | 马 恺 | 韩 超 | 马 慧 | 王 凯 |
| 沈 月 | 陈 晨 | 李 亮 | 杨智崇 | 胡成辉 | 刘 庆 | 赖思翰 | 胡佳驹 | 吴明锴 |
| 刘忠媛 | 詹国鑫 | 马亮亮 | 王浩丞 | 蒋燕聪 | 李 阳 | 王樵渚 | 范建平 | 罗超鹏 |
| 申 岚 | 钟彩尹 | 方成勇 | 唐 垚 | 李 想 | 张志强 | 陈俊秀 | 李玉杰 | 钟坤宏 |
| 白治杰 | 王 洋 | 张俊杰 | 侯成志 | 李谷琳 | 何良盛 | 余 鑫 | 蒋 巧 | 王彦惠 |
| 周 智 | 徐会凯 | 林清泉 | 张旬龙 | 文 劲 | 向忠宁 | 温晓娟 | 刘永聪 | 徐浩洋 |
| 李明洋 | 胡馨怡 | 张婉婷 | 沈西雯 | 傅祥飞 | 刘建设 | 王思匀 | 白纱纱 | 彭媛媛 |
| 钟 宇 | 赵 莹 | 卢 钦 | 廖启东 | 李玲玲 | 曾撼文 | 赵梦真 | 田可心 | 罗蓓颖娜 |

## 成都中医药大学（54人）

| | | | | | | | | | |
|---|---|---|---|---|---|---|---|---|---|
| 叶 臻 | 侯雨君 | 胡 宇 | 刘若兰 | 刘青松 | 周 倩 | 尹 绍 | 张会择 | 吴澎泞 |
| 张泽华 | 赖恒周 | 陈双兰 | 钟聆瑗 | 黄文博 | 张世鹏 | 韦鹏飞 | 刘 娥 | 韩洁榕 |
| 丁凯熙 | 龙 静 | 隆采奕 | 梁清芝 | 叶 欣 | 张心悦 | 李 萧 | 熊 坚 | 何竞真 |
| 王 馨 | 哈国栋 | 刘亦琳 | 覃 蕊 | 李 丹 | 吴安鑫 | 卢 静 | 张前会 | 赵诗艺 |
| 于 双 | 马 捷 | 刘 梅 | 廖 萌 | 刘杨路 | 曹 旭 | 王 瑜 | 游 倩 | 袁中清 |
| 陈 欢 | 李明鉴 | 萧文科 | 闫晓玉 | 张 欢 | 李和平 | 谢 娜 | 崔家睿 | 张嘉琦 |

## 四川师范大学（76人）

| | | | | | | | | | |
|---|---|---|---|---|---|---|---|---|---|
| 龙立恒 | 刘 洋 | 刘 涛 | 杨羽航 | 齐怀远 | 廖俊东 | 李楚涵 | 杨 蕾 | 石 坤 |
| 张名顺 | 廖宁娜 | 马 涛 | 毕 天 | 艾盈希 | 黄玉立 | 陈 熹 | 唐紫依 | 张榆甜 |
| 代晓翠 | 李 玉 | 谭玉洁 | 陈思宇 | 贺圆怡 | 李 佳 | 王 洁 | 郭 辰 | 张珊珊 |
| 张韵淇 | 严 婕 | 张 帆 | 龙亚婷 | 欧艳艳 | 刘 通 | 关清文 | 何巧玲 | 王悦阳 |
| 代家林 | 李丰芮 | 周子意 | 杨 振 | 许文倩 | 杨荣肖 | 邓建东 | 王诗雨 | 黄可欣 |
| 向珈瑶 | 黄 琪 | 吴沁遥 | 谢秋月 | 赵继川 | 王 霞 | 李茂浩 | 王练练 | 康开宇 |
| 魏煜铱 | 何依恒 | 冯钰茜 | 姚正义 | 敬 滨 | 张 彧 | 武瑞梓 | 刘清静 | 何正明 |
| 朱 辉 | 胡 丽 | 张 喋 | 谢金伶 | 史 洁 | 齐佳一 | 刘天浩 | 李 杰 | 高地勇 |

李伦杉　周维勤　刘　欣　江　荞

## 西南科技大学（64 人）

张馨丹　吴亦寒　薛　博　柳小波　胡　浩　黄　玥　朱玉琴　雷高文　曹　轩
吴　敏　余雪梅　张　西　杨　武　石鑫鹏　刘　智　杨家成　樊祜玺　郑博文
李思奇　熊　婷　邹　凯　蒙金萍　胡　玲　田　莉　陈绍勤　邹唐圆　夏玉姣
刘真君　侯　尧　郭丽娜　敬丹凤　钟　瑾　程　杰　马幽兰　田梦英　邓　磊
陈　皓　游佳莉　王　钢　夏红霞　周鑫宏　焦文婧　王瑞祥　严　全　周　跃
钟　燕　李莹江　包志涛　李瑞鑫　谭嘉业　袁锦涛　王　晶　黄莞迪　任　璞
邱劲松　李宗仁　黄宗鑫　王晨懿　王祖铭　贾先屹　赖泳龙　周　良　彭　奕
尹　璐

## 西华大学（49 人）

周　鸿　邓　西　虞成业　黄　萱　李　荣　谢馨瑶　潘洪杰　黄瑞珂　李雨芹
杨　亿　李晓艳　胡　蓉　刘凌尘　林　爽　何　坤　陈彦旭　王　超　叶　青
唐文张　李欣洋　舒泽奎　曾渤淞　向　茹　李　丽　范　林　严　浩　陈春霖
梁　丽　陈月铃　张兆鑫　陈思惠　龙丽帆　刘　倩　汪云翔　先荣豪　徐　蕾
王　茂　赵　璐　魏　源　封雪莹　唐佳雪　杜媛媛　姜方瀚　罗晓庆　夏楚筱
朱昱璇　杨倩秋　陈　瑜　刘琳鑫

## 成都信息工程大学（33 人）

郭丹青　张　浩　马振明　陈宏松　杨国平　王　庆　季钰林　陈　岚　那晏禾
袁　媛　宋璨竹　林雨生　邓显辉　魏治锬　林伟敏　李嘉迪　黑亚芳　杨　琴
张宇杰　彭雨瑶　蒋保睿　陈亚玲　黄　轩　孙雪榕　程　攀　严一霖　卿智鹏
代少君　谭淋尹　马彬斌　郝若琳　赵俊善　王　坤

## 四川音乐学院（17 人）

王斯薇　万紫欣　孟敬维　王　娇　王艺洁　张璐璐　段赵洋　罗　纯　梅榆昆
徐　珊　蔡金桥　贺文豪　常偌菱　李　悦　邹瀚颖　汪洋逸航　张可宛辰

## 成都体育学院（21人）

| | | | | | | | | | |
|---|---|---|---|---|---|---|---|---|---|
| 罗 云 | 蒋昌君 | 张 鹏 | 吴承余 | 王靖恪 | 赖重阳 | 陈 琪 | 梁 璟 | 陈晓芳 | |
| 邹敬园 | 祁智哲 | 刘 巧 | 严浩铭 | 陈 睿 | 黄 沁 | 伍尚柏 | 王 彤 | 高 潇 | |
| 傅泽铤 | 杨馨薇 | 梅秦瑜 | | | | | | | |

## 西华师范大学（53人）

| | | | | | | | | | |
|---|---|---|---|---|---|---|---|---|---|
| 苏佳凡 | 王 聪 | 徐言斌 | 邓 巧 | 廖小红 | 蒋玲玉 | 于 婷 | 查正桃 | 谢云东 | |
| 刘小露 | 熊翎伊 | 陈清茹 | 李裕良 | 陶 丽 | 毛杜林 | 关雨萌 | 何保林 | 罗 杨 | |
| 唐 洋 | 王建菁 | 唐夕斐 | 管毓宽 | 杨 慧 | 吴丝丝 | 李泽容 | 刘 悦 | 竹兰萍 | |
| 陈江川 | 程轻霞 | 刘俊材 | 李 俊 | 杨 欢 | 陈 静 | 汤亚涵 | 黄 柳 | 李奕煊 | |
| 姜文玉 | 彭维聪 | 代文姣 | 代春林 | 李梦梅 | 潘 伟 | 陈 川 | 王 芃 | 黄旭艳 | |
| 朱 欣 | 黄相钦 | 张 月 | 陈 瑶 | 何金妍 | 张驰野 | 周 倩 | 曾文英 | | |

## 四川轻化工大学（31人）

| | | | | | | | | | |
|---|---|---|---|---|---|---|---|---|---|
| 甘 宇 | 杨玉琴 | 王广莉 | 何仕琳 | 王 冬 | 王双慧 | 应 超 | 温 磊 | 李安娇 | |
| 廖一谋 | 余飞鸿 | 李 兰 | 蒋学冻 | 吕 泽 | 李权洋 | 周 瑜 | 张 霞 | 高阳洋 | |
| 徐浩铭 | 姜鑫娜 | 刘 睿 | 魏 巍 | 邢晓寅 | 崔玉飞 | 喻 敏 | 付朝庭 | 范晓汐 | |
| 宋文文 | 张 阳 | 田晓堃 | 侯洪波 | | | | | | |

## 西南医科大学（43人）

| | | | | | | | | | |
|---|---|---|---|---|---|---|---|---|---|
| 明飘叶 | 苏 珂 | 张丽梅 | 刘汉香 | 王洪娅 | 姜 娇 | 李童希 | 肖苏苏 | 徐步拓 | |
| 甘佩灵 | 林 洁 | 郝京臣 | 邓 颖 | 李凌志 | 程永浪 | 晏浩翔 | 祝自虹 | 刘桂先 | |
| 刘思伕 | 龙思琪 | 黄煜坤 | 李小月 | 张万玲 | 陈羿帆 | 黄 琦 | 李 源 | 陈艺萱 | |
| 谢冰清 | 邱益川 | 康鹏元 | 阳丽娟 | 刘芍池 | 杨翼飞 | 邹 涛 | 周静秋 | 唐 林 | |
| 李迦宇 | 刘 婷 | 王成龙 | 谢 磊 | 张婷婷 | 范丁林 | 谢文洋洋 | | | |

## 川北医学院（26人）

| | | | | | | | | | |
|---|---|---|---|---|---|---|---|---|---|
| 张丹丹 | 何佳蔚 | 谭颜汭 | 丁艳杰 | 宋唯琦 | 刘荣兰 | 伍 希 | 刘琢玉 | 刘 颖 | |
| 杨 阳 | 王玲玲 | 张 明 | 蒙春杨 | 李 镰 | 刁杰林 | 杜 雪 | 杨 露 | 包尔皓 | |
| 甘立建 | 苏小涵 | 李 静 | 冯牡丹 | 徐 静 | 贺丽萍 | 赵 棋 | 孙琪媛 | | |

## 成都医学院（15人）

何　星　李彦佳　唐淳翰　李京芝　易　斯　张　稳　张继成　陈媛媛　任　桥
杨证玉　马　筝　汪　洋　吴姝琪　张钺文　叶　健

## 绵阳师范学院（1人）

杨鸿淋

## 四川警察学院（1人）

匡一帆

## 成都大学（25人）

陈祥杰　申　玥　雷文武　杨清斌　巫　敏　罗　洲　涂文应　张应杰　邬　松
骆　玮　李玲依　李东阳　孙朝霞　马　超　张照媛　王秋艳　吴　航　徐张成
向秋语　李　冰　金恩俊　邢壮鹏　刘洪言　戴　静　黄　港

## 四川省社会科学院（8人）

徐　雪　刘　颖　张　毅　张莹琳　江　浩　侯宏凯　宋飞扬　成　薇

## 中共四川省委党校（3人）

陈权科　仵晓萱　李　冲

# 附录三
# 教育部关于 2021—2022 学年度本专科生国家奖学金获奖学生名单的公告

根据《财政部 教育部 人力资源社会保障部 退役军人部 中央军委国防动员部关于印发〈学生资助资金管理办法〉的通知》（财教〔2021〕310 号）和《教育部 财政部关于印发〈本专科生国家奖学金评审办法〉的通知》（教财函〔2019〕105 号）的相关规定，教育部、财政部联合成立了国家奖学金评审领导小组，设立了国家奖学金评审委员会，按照客观、公平、公正的原则，对各省（区、市）、计划单列市及新疆生产建设兵团教育部门，中央有关部门（单位）教司（局）和教育部直属各高等学校报送的本专科生国家奖学金评审材料进行了认真评审，现将获奖学生名单予以公告。

希望全国高等学校学生以获奖学生为榜样，勤奋学习、积极进取，争做德智体美劳全面发展的社会主义建设者和接班人。

附件：2021—2022 学年度本专科生国家奖学金获奖者名单

教育部

2022 年 12 月 26 日

附录三　教育部关于2021—2022学年度本专科生国家奖学金获奖学生名单的公告

# 2021—2022学年度本专科生国家奖学金获奖学生名单

## （四川省，2131人）

### 四川农业大学（66人）

| | | | | | | | | |
|---|---|---|---|---|---|---|---|---|
| 朱玉情 | 蔡雨轩 | 张俊嘉 | 杨　翠 | 李冬鑫 | 陈骏扬 | 李丹阳 | 林　彬 | 杜　珂 |
| 曾钰涵 | 邓雅文 | 田芳琪 | 秦誉洋 | 盛　雯 | 陈思羽 | 汪璟姮 | 顾成琳 | 连欣悦 |
| 唐黛君 | 叶子青 | 王艺熹 | 郑婧姮 | 王雅葶 | 张　冉 | 代京桐 | 于可孟 | 朱　磊 |
| 李明杰 | 李香雪 | 郑浩轩 | 郑明武 | 张书睿 | 周舒涛 | 陈虹宇 | 文景楠 | 赵　琴 |
| 王　博 | 宁翰宇 | 符　月 | 季　姚 | 张　樊 | 肖芯雨 | 李欣武 | 甘富全 | 杨　琴 |
| 魏　恺 | 康　玉 | 王馨敏 | 虞皓宇 | 马钧巧 | 唐钧洲 | 陈俊联 | 唐晓臻 | 赵　霜 |
| 李茂怡 | 唐可文 | 胡缤心 | 严欣睿 | 张昊天 | 杜雨秋 | 王欣然 | 宋梦娇 | 余楚萌 |
| 关依然 | 曾渊博 | 郑思源 | | | | | | |

### 西南石油大学（49人）

| | | | | | | | | |
|---|---|---|---|---|---|---|---|---|
| 李思涵 | 胡芮瑛 | 姜京金 | 贾文俊 | 杨　航 | 杨　楠 | 杜嘉欣 | 桂润茜 | 何　柳 |
| 许　晓 | 冉　杰 | 韩昕培 | 马晓涵 | 袁希亚 | 郭　震 | 祝烽云 | 杨　静 | 彭荟宁 |
| 江　甜 | 王少彤 | 杨芯艺 | 林晓燏 | 王佳龙 | 康传哲 | 龚佳禾 | 田梦宇 | 刘科文 |
| 吴俊杰 | 毛玉鑫 | 巴金宇 | 周亭杉 | 王树平 | 杨婉婷 | 崔校菁 | 杨勇军 | 姚宗沅 |
| 何垠溟 | 刘　萱 | 葛佳欣 | 张　可 | 付嘉妮 | 曹玉蕊 | 李相红 | 赵泽熙 | 唐家沆 |
| 赵心怡 | 刘诗怡 | 肖雅雯 | 王　莹 | | | | | |

### 成都理工大学（47人）

| | | | | | | | | |
|---|---|---|---|---|---|---|---|---|
| 曾小芮 | 姜兆嘉 | 刘泽夏 | 赵婷玉 | 徐乐盈 | 张子阳 | 李孝伟 | 黄　亮 | 孙　瑞 |
| 古志豪 | 辛　颖 | 李姝雨 | 张苏岱 | 李双宇 | 黄佳乐 | 田晨琪 | 谢春兰 | 贺文霄 |
| 赵梦婷 | 冯海鹏 | 张梦瑶 | 刘冰欣 | 张诗颖 | 吴逸凡 | 王　辛 | 雷　界 | 杨佩澄 |

349

文雅可　李映灵　曹梦圆　曾　林　艾　欣　杨温清　缪杰蔚　刘　鑫　刘彦彤
袁培炎　吴冰倩　李梦雯　魏　如　董　洁　刘桂莹　任厚蕊　杨思琪　涂晨鹏
李远威　赵兴欣

## 成都中医药大学（33人）

张嘉鸿　蒲玥衡　王华玲　王　严　田清云　许太川　胡贵丹　韩炜炜　王　靓
王柏清　唐富瑞　刘星廷　田慧敏　蒋欣伶　姚　杰　蔡红霞　周宇帆　李世裴
纪姝阳　任　霄　李桂洪　严海婷　赵文卓　张勤勤　吴柜坊　费怡欣　姜海梅
颜　齐　刘　巧　朱　舜　雷　航　袁立姗　曾子锐

## 四川师范大学（58人）

吴　新　黄亚婷　王思明　邬坪利　熊　雨　徐　睿　刘　乐　陶　允　姜雯雯
王美蔼　张寒秋　杨蕾蕾　王艺璇　吴宇伦　欧阳型　陈　灿　敬琳茜　韦含书
伍浚心　徐彩莲　李海燕　徐　蜥　钟瑞芳　赵信民　张搏寒　姜　玟　程栩静
朱翼帆　郑　好　袁晓峰　吴　丹　陈琳洁　赵婧溪　袁　丁　高　雅　文悦丁
刘雨果　陆荣琦　刘奥博　薛　月　李　瑶　王艺霖　涂艳丽　方涵月　向　琦
曹馨月　邓俊贤　黄能秋　雷淇羽　胡　容　梁敏聪　许　杰　李思杉　邱日体
陈　曦　曹　颜　黄木林瑶　邓佳文懿

## 西南科技大学（55人）

胡可欣　郭艳玲　陈燕玲　陈霄远　赵小明　周君儿　甘佳丽　张苑铃　董绍锋
孙　弋　周　泽　赫培峥　舒青山　乔国泰　胡金典　张凌霄　苟梦涵　幸波凯
向金国　彭亦熙　田密密　王心诺　罗　萍　谭　成　郑志朋　邓雁乔　张　婷
肖紫琳　王　佳　吴　俣　邵明昱　李　昱　杨梦琦　白盈瑞　曾舒欣　谌振鹏
何秀荣　张洪康　杜　娟　董雯璐　钟丹丹　苟兆霞　余佳蝶　叶媛丽　郭俊昇
钟佳仪　蒋丰竹　农嫦怡　张　敏　周　芸　陈梦竹　张军杨　杨圣龙　孔洁瑞
单佑婉弘

## 西华大学（69人）

乔佳豪　张　怡　陈依洁　刘安航　喻系川　刘　聪　周　洁　卓　颖　姜擎宇

附录三 教育部关于2021—2022学年度本专科生国家奖学金获奖学生名单的公告

| 勾　静 | 刘　琪 | 潘绍芬 | 刘易鹏 | 何林欣 | 唐佳欣 | 谢紫欣 | 王　蓉 | 徐浩可 |
| --- | --- | --- | --- | --- | --- | --- | --- | --- |
| 尹晨忆 | 黄濒娴 | 武晓龙 | 陈　信 | 冯秋月 | 陈　坤 | 赵增振 | 林　静 | 杨　佳 |
| 陈思璇 | 唐　俊 | 王佳欣 | 文　博 | 周　鹏 | 陈志会 | 彭晨雨 | 陈红燕 | 李　湘 |
| 赵梓同 | 谷松泉 | 刘虹庆 | 倪志茜 | 杨鹏飞 | 刘斌洋 | 黄　欣 | 杨亚希 | 程能春 |
| 张承莹 | 付　姣 | 刘　艺 | 张申娇 | 王　凯 | 王铁颖 | 陈薛如 | 毛雯琪 | 何映菊 |
| 徐　博 | 张　亮 | 徐万芳 | 代春江 | 唐　磊 | 尤泽君 | 罗淇镭 | 甘佳鑫 | 张丹璐 |
| 唐　阅 | 严　琴 | 王虹钰 | 朱香亭 | 黄思怡 | 张巧佳利 | | | |

## 成都信息工程大学（37人）

| 李立豪 | 柳辛迪 | 陈思州 | 郝泞岑 | 王天琦 | 吴宝军 | 许一洲 | 黄　媛 | 陈博闻 |
| --- | --- | --- | --- | --- | --- | --- | --- | --- |
| 陈书珊 | 喻红英 | 张媚兰 | 牟俊杰 | 杨宇昆 | 林晓文 | 王苓力 | 陈雪莹 | 黄　溦 |
| 石筱晨 | 白小波 | 肖思琪 | 高宏宇 | 黄彬伶 | 吕思达 | 范菁菁 | 赵　钰 | 万启慧 |
| 樊易龙 | 王晓伟 | 孙玉馨 | 刘嘉丽 | 黄晓涵 | 王子坤 | 左骥丰 | 晏彬艳 | 裴浩延 |
| 熊　羊 | | | | | | | | |

## 四川音乐学院（19人）

| 杨　柳 | 胡文杰 | 余尹琳 | 肖莉莉 | 廖堃淏 | 孙瑞欣 | 王一然 | 敖佳惠 | 张荣昊 |
| --- | --- | --- | --- | --- | --- | --- | --- | --- |
| 文奕夫 | 张浩川 | 刘正时 | 税　月 | 唐　叶 | 曹　杰 | 余紫怡 | 贾了佳 | 孙雪淼 |
| 陈付沛雯 | | | | | | | | |

## 成都体育学院（14人）

| 范佳强 | 黄曼茹 | 王巧灵 | 叶晓龙 | 段昕彤 | 赵　柯 | 普瀚琪 | 雷又君 | 龙　丹 |
| --- | --- | --- | --- | --- | --- | --- | --- | --- |
| 宋可儿 | 徐嘉鲜 | 周昊阳 | 刘裕欣 | 赵雨潇 | | | | |

## 西华师范大学（46人）

| 李亦欢 | 李晨林 | 周　妮 | 苟宇婷 | 李雯鹃 | 陈　悦 | 陈　曦 | 杨晶晶 | 梁春莲 |
| --- | --- | --- | --- | --- | --- | --- | --- | --- |
| 宋卓窈 | 连思怡 | 孙丽萍 | 罗晓清 | 方　玉 | 黄雅婕 | 罗睿琦 | 徐佳慧 | 周丽华 |
| 于瑞婷 | 黄美琳 | 赵玉萍 | 张慧娜 | 周　婕 | 罗　静 | 龚茂林 | 陶朵儿 | 谢佳佚 |
| 贺慧旋 | 陈传骏 | 叶　剑 | 陈橹宇 | 罗　丽 | 王　敏 | 赵春鸿 | 周蜀妮 | 陈艺丹 |
| 陈晓苑 | 李　凤 | 张秀英 | 刘明浩 | 刘　洋 | 王雪淋 | 黄无书 | 肖圆萍 | 张媛媛 |

聂钰蓉

## 四川轻化工大学（68人）

| | | | | | | | | |
|---|---|---|---|---|---|---|---|---|
|侯叶梅|桑冰燕|刘力琪|何雨麟|徐寒英|李　燕|刘　艳|吴瑄怡|杨馨蕊|
|张宇豪|宁　燕|陈芷芊|曾婉旭|刘　洋|白云升|钟思琦|左莎莎|张玉雅|
|袁雪峰|张瑾如|吴坷澄|邓雨婷|代尧兰|刘亚西|童志华|潘俊君|公博然|
|郑祥巍|胡　玲|刘　宇|简卓凌|王　涵|杜函姝|陈采慧|杨　洋|王莉莲|
|白小雨|郭又铭|郑　敏|孟慧涓|牟俊帆|杨　锐|孙　睿|段添涵|毛渊灏|
|王　璐|陈清苹|龚玲雪|张　璐|姜雨卓|徐　琳|叶圆梦|明瑞林|唐　萌|
|潘俊华|肖靓羽|陈　巧|周　帅|彭　鹏|朱小翠|靳金凤|余　庆|彭鑫梅|
|林永鑫|龚钰媚|李　停|郭秀秀|郑格里拉| | | | |

## 西南医科大学（25人）

| | | | | | | | | |
|---|---|---|---|---|---|---|---|---|
|杨思艺|张爱容|兰　婷|江　丽|熊俞婷|吴雨蔚|舒欣愿|佘佳桐|宋先秦|
|陈潘丽|刘诗祎|邹文丽|李欣怡|罗景艳|张嘉怡|关　馨|冯定仙|黎宇熙|
|曾晓燕|张欣尧|黄万旭|许　诺|李　瑜|陶　超|邱业瀚| | |

## 川北医学院（30人）

| | | | | | | | | |
|---|---|---|---|---|---|---|---|---|
|蒲　镜|张楚涵|向乐朗|王子墨|刘霜飞|徐　琴|唐诗祎|沈懿轩|何坤平|
|段诗雨|赵东波|胡文龙|曾雅婷|谢佳轩|车　俐|王美淇|李　双|马玉雯|
|张　静|高玉霞|曾新祝|李佳瑄|邓蕊蕊|冷　祺|李　婷|刘　颖|钟思语|
|刘红玲|黄　雨|吉木尔呷木| | | | | | |

## 成都医学院（22人）

| | | | | | | | | |
|---|---|---|---|---|---|---|---|---|
|马彩琼|段雨洁|罗昕怡|刘瑞雪|周妍莉|曹咏钰|余欣瑞|李佳沛|黄　静|
|曹若翾|张梦琪|王燕林|张　芳|李方怡|聂玉珊|汪慧琳|李　雨|王秦莉|
|李　梁|高英杰|张　杰|潘伍亮| | | | | |

## 内江师范学院（29人）

| | | | | | | | | |
|---|---|---|---|---|---|---|---|---|
|林佳明|舒　蝶|何　玲|周雪梅|杨　琴|青全丽|李诗思|张　茜|李春香|
|程睿淇|杨　静|张晓露|王学明|杨　宇|马章皓|王　婷|晋晓雨|王兴凤|

附录三 教育部关于2021—2022学年度本专科生国家奖学金获奖学生名单的公告

杨小樱　汪　新　段春梅　王小蝶　蒲斯莹　孙　芸　钱秋梅　朱艳丽　张静怡
李　睿　刘紫静

## 乐山师范学院（29人）

尹慧漂　杨长灵　张攀静　欧洁雨　缑月娇　赵一蔓　郭利燕　易丽辉　刘艺玮
代生豪　赵海秀　朱良茂　赵丹萍　向瑞雪　廖树丹　梁钰婷　吴冰冰　蒋　注
岑梓嘉　白奉国　李亭亭　熊四莘　朱治军　郭昌炎　文欣悦　张苾心　李　洋
罗丽娟　张怡林娜

## 绵阳师范学院（30人）

毋晨霄　黄显紫　黎亚秋　王君茹　李　瑞　邓皎琦　邱昀麟　黄　洁　白恒宇
王沁洋　王佳琪　施红艳　向　敬　杨星月　熊　磊　黄国强　张艳芳　钟若冰
曾　杰　胡安琪　赵虹林　张渝皎　刘明月　周冬平　唐弋迦　袁若琳　张明明
赵理丹　宋欣燃　毕　丹

## 四川文理学院（23人）

罗晓晓　胡雪梅　阳明利　张雪莲　陈紫玥　黄明娟　李　倩　陈双龙　叶艳芳
向　婧　洪　珊　何梦腊　黄天平　黄熹微　陈媛媛　梅江川　兰晓辉　谢孟原
李家泮　陈世勇　谢文丹　尤　佳　奉　怡

## 成都大学（38人）

张思婧　神绮悦　周　童　鲍柯如　巫明泽　高京京　王　宁　曹　龙　贺太平
林　芸　王　鹏　段玲艳　董兆蕊　汤雨林　泮梦瑶　屈盅伶　黄子豪　朱承康
周沛玲　安婷婷　林　梓　朱佳仪　徐方媛　李延博　鲁仕吉　王光宇　王泽惠
肖郁霖　唐小容　许超越　钱丰奎　王路瑶　余美儿　彭　巡　纪　泽　张　梅
王雪梅　段宁红

## 宜宾学院（36人）

邓川湖　李思粤　凌新科　段华洋　龙艳梅　冯　馨　陈　颖　姚海翊　邱　波
陶　强　冯然秋　李静涵　梁衽连　马　蝶　徐　玥　陈克勤　王紫银　任　满
张远平　罗东升　王林均　张　锐　李卓航　肖　琼　梁　燕　吕　鑫　罗　春

王　烁　谢煜阳　李姣姣　廖　鹏　王玉策　姜　红　沙贝妮　田　嵩　朱梦娇

## 西昌学院（32 人）

王九叶　李海昕　罗海银　何美玲　邹海龙　马　杰　刘　杭　黄良鲜　郭婷婷
商　佳　刘星宇　郑雯慧　李晓英　马啊呷　李　根　王雨函　魏　威　高　露
杜巧云　马璐瑶　艾星妹　李　松　李　汶　汪　清　曾小燕　周明凤　梁　敏
刘　鑫　姜柯臣　黄思钰佳　拉也阿洛　马黑拉布

## 四川民族学院（16 人）

冯洪林　陈梁婧　曹时芳　林雄伟　曾礼群　王如平　王蓓蓓　叶沛来　张　丽
蒋　权　周俊全　雷　慧　冯诗琪　罗　丹　高杨千禧　仁真翁姆

## 四川警察学院（8 人）

周　洁　杨文一　周本珂　吴芷雅　唐艺嘉　王梦佳　文　雯　杨　怡

## 攀枝花学院（25 人）

唐锦联　陈沐雨　邹　雪　宋佳滨　张小英　唐　华　袁玉佳　林　苗　李炎林
任　健　黄　裕　周　兰　吴俊杰　甫圣焱　魏晓凤　罗　杰　唐康荣　李平贵
李光海　唐　丽　田　颖　钟雨杉　梁依杨　李新月　罗　琴

## 成都师范学院（28 人）

黄琬麟　谢　春　王海英　张玉丽　张可盈　姜　岚　曾　伟　石小宝　张　宇
肖　缘　刘　悦　张天玲　罗嘉玉　成心钥　胡　娟　杨　琳　兰　旭　王宝珠
袁　雪　郭佳虹　龙　宇　闫辛佳　毕传睿　李欣桐　王世燕　冉茂亮　鲍进菊
刘晨曦

## 成都工业学院（25 人）

陈思冰　胡恒笛　康　睿　韩　鹏　刘闻诒　肖恩赞　汤子瑞　鞠　园　余　熹
杨皓麟　龚雨笙　王涵斌　方文雄　赵文川　邓虹材　杨清清　何晓玉　刘傲雪
曹　杰　袁江龙　吴应节　林志文　邹楚玄　袁　飞　王眇然

附录三　教育部关于2021—2022学年度本专科生国家奖学金获奖学生名单的公告

## 四川旅游学院（16人）

姚晓旭　姚佰勋　郑歆雅　何宇婷　陈　雪　韦思仪　郑晓莉　曹利黠　李　璟
杨　波　吴　铃　李　红　陈飞龙　吕　蕙　唐荣蔚　谢姝瑶

## 阿坝师范学院（19人）

叶佳乐　覃燚灵　代　星　曾宝妮　杜秋蓉　徐　欢　沈世娟　段小雪　易春燕
侯良成　黎玲君　谢宇彤　唐瑜蔚　央　青　胡　慧　刘钦瑕　付　琳　冯　钰
泽仁当州

## 成都东软学院（16人）

蒋一帆　谭湘宁　杜佳瑶　张新月　姚盛伟　白一岑　张鸿秀　邱颖茜　甘英钰
张潇澜　徐　健　杜坤霖　唐　赋　龙海洋　冯　瑞　董　筱

## 四川传媒学院（25人）

周鑫萍　张云丰　安佳琦　蒋成珍　王　丽　刘　璐　谢明月　毛若雅　温晴雯
张晓娜　曹依凡　车欣育　杨圣斌　吕　进　刘一诺　魏祎祯　张书源　张先祥
刘吉迅　陈宇轩　张瑄珊　岳洋洋　兰慧铃　罗秋月　杜景春

## 成都文理学院（30人）

周正杰　万硕佳　贾　孟　李悦萌　冯　博　胡豫川　曹　琨　汪琪琪　苟江山
巫　雨　李华倩　郑景秋　高　伊　毛彩云　张馨月　梅傲霜　黄林锦　魏小雪
李怡馨　罗颖颖　丁婧兰　廖雨慧　张年妹　陈　悦　魏丽萍　王　佳　曾　薇
陈芊汐　袁　月　申　怡

## 四川工业科技学院（24人）

雷斯雅　赵云飞　梁　怡　宋治蕾　黎李宝　李晓清　杨雅茹　杨玲雪　徐　雨
甘妮慧　张　丹　李成林　邱崇靖　杨秋容　杨　冲　杨雨佳　蒋　春　刘　娜
王　君　卢登会　王　丽　罗富丹　张丽丹　袁　波

## 四川文化艺术学院（19人）

李普文　阳　清　韩润轩　郑炎卓　吕政阁　刘姿言　黄钰婷　宋彦融　王春余

吕瀚月　邱文治　徐艳梅　叶明涛　朱丽婷　李昕益　赵　欢　李文华　张梁慧
唐小权

## 四川电影电视学院（22人）

孟　乐　赵　林　李　鑫　潘钰丹　刘成健　丁佳豪　张　涵　谢海云　陈悦蛟
崔星语　王梦园　孙子非　黄海燕　姜孝融　付晓芊　辜　慧　眭　峥　蔡舜奕
张清砚　赵子涵　卿耘豪　刘润冬

## 成都锦城学院（25人）

张珂瑞　刘嘉岷　章爱嘉　祝　易　毛　雯　奉嘉鹏　马茜萌　潘梦瑶　崔　蕊
林增鹏　陈　静　钱　泽　樊俊杰　冉梦雪　吴宇婷　温龙华　付文杰　冯歆蕴
喻若舟　刘晓玉　闫　云　李浠宁　杨浩南　周　雪　唐　嘉

## 成都银杏酒店管理学院（13人）

邓子怡　胡　蓉　程晓昱　秦　莉　李昆容　郭家宏　刘永清　刘晓诗　赵　玲
舒媛琪　张琼丹　肖丽津　马嘉仪

## 电子科技大学成都学院（17人）

谭　倩　田利荣　陈晖阳　汪语童　徐志洪　周钰涵　张钰婷　刘云牒　余小时
劳子路　杨域枭　汤茜如　钱嵩橙　王张怡　陈智超　林　炜　黄经校

## 成都理工大学工程技术学院（16人）

袁彤玥　王　坤　蔡沉洁　谢宇航　付合意　林丹丹　钟金龙　喻　佳　左佳丽
黄　清　唐学虎　杜　顺　陈　倩　赵　兵　章　淋　何平福

## 四川工商学院（17人）

苟　婷　朱　红　刘孝宇　阎　倩　刘昆宁　谢汝佳　胡晓雯　吴聪聪　任家霖
陈心悦　吴梦娇　张　磊　罗昌萍　米妍洁　艾　敏　李子娇　肖　辉

## 四川外国语大学成都学院（18人）

万紫旭　涂怡萱　梁　曦　罗芮峰　陈意君　李泳庆　周奕晨　齐　栋　钟天娇

附录三　教育部关于2021—2022学年度本专科生国家奖学金获奖学生名单的公告

唐溶婧　谢竣成　黄丽月　吴才凤　王籽怡　杨　岸　甘　瑞　牟翊榕　王婉竹

## 西南财经大学天府学院（27人）

鞠　雪　裴一飞　陈　筱　谭智琦　游书阅　杨赛儿　许肖萍　冯佳慧　王　江
王柳叶　彭昕熙　王自鹏　严永黎　龚俊杰　陈冰洋　王　璐　李梦琪　邓清清
岳聪明　陈　洁　王　叶　杨　鹏　王泽熙　邓文竹　谭　灵　王钰博　李苓雪

## 四川大学锦江学院（19人）

吴泽震　钟添馨　游　淳　熊　宁　唐闽川　欧阳波　王　莹　陈一铭　刘鸿婷
谢丽晖　郦炫竹　唐雨琪　赵宿臣　何妮莎　宋采苓　康朝阳　朱圆圆　方志鹏
李为海

## 绵阳城市学院（13人）

谢爱蕙　曾　番　秦程波　郑伊然　刘郭欢　肖　颖　张　野　伦慧姗　姚　欢
杨　祺　谭思源　方　茜　艾　锐

## 西南交通大学希望学院（26人）

孙千惠　黄灵奕　梁莉霞　周博慧　辜　雪　刘　杰　何楠木　陈璞熙　何洪城
刘俊轩　孙书宇　肖宇恒　董晓龙　张　镒　陈彦君　张　静　马宇星　王　洲
谢沁伶　倪鑫晨　张旅熊　游婉艺　黄营涛　钟　曦　王俊丹　赵华龙

## 成都艺术职业大学（22人）

余　浩　崔　萌　王丽纹　龙　燕　王思涵　任　升　邱宝林　郑显成　张厚兵
马　玲　杨　伦　朱佳妮　王雨桔　张鹏远　贺秋菊　李林梅　杜　霞　李　霞
曾　红　侯森阳　谢馨怡　叶思宇

## 吉利学院（6人）

陈亭宇　夏佳颖　李　唯　刘昕奕　常　鑫　陈　静

## 成都纺织高等专科学校（19人）

雷天雨　赵莉萍　唐万云　向玉琪　王丰鸣　蒋远东　周阳娇　何小和　刘卓鸣

石芸菲　左　谊　李寿星　张　鹏　周永华　欧　艳　邱仁茜　胡缘源　杨文豪
曹　慧

## 四川中医药高等专科学校（17人）

段林伟　董　新　邓　敏　袁梓桐　胡露原　唐　斌　杨　菊　万　昶　刘梦均
段沿州　罗芳明　钟晓蝶　廖翰林　曾令浩　肖洋洋　冯　魏　刘　萍

## 四川幼儿师范高等专科学校（16人）

杨　巧　叶　爽　陈润玖　隆　凤　刘洋洋　廖晓芳　向虹蓁　杨　怡　杨　洋
赖雨欣　蒲东康　雷苏晴　潘　越　李　静　曹诗雨　李竺鑫

## 川北幼儿师范高等专科学校（11人）

赵志仙　姚　丹　古春娟　张丹丹　姜志容　薛婉鑫　宋佳利　朱　瑶　辛　梦
谭维维　康兴涛

## 川南幼儿师范高等专科学校（9人）

陈虹棋　张玉洁　陈文丽　王　菊　隆俊兰　陈星月　李　灿　袁美婷　宋沁源

## 民办四川天一学院（9人）

陈宗茹　付招琴　曾　静　安妮沙　曾游新　张　鑫　夏志杰　罗　梦　张森态

## 成都航空职业技术学院（18人）

姜子翔　张　艳　杨　溢　王柏坤　陈天沛　陈雪梅　罗彤妮　李生圭　付云伟
龙泽旭　何周莉　董聪聪　王　毅　刘楚豪　盛　磊　何　亮　张　榆　海来天慧

## 四川建筑职业技术学院（24人）

裴俊杰　吴雯椿　杨　干　陈昱昊　万　琴　何洛箫　谢汶秀　李彦漫　余建宁
徐茂秋　陈　欣　程　诚　卢　岩　曹　欣　王　菲　凌　飞　黄坤平　罗甜恬
黄欣彤　官红利　吴欣宇　张蕊兰　吴丝文　任　鑫

## 四川工程职业技术学院（17人）

易超东　易梦婷　周昊东　李哲燃　陈　情　杨雨婷　李朝杨　曾文镫　李世琴

附录三　教育部关于2021—2022学年度本专科生国家奖学金获奖学生名单的公告

景茂庭　冯　鹏　杨明燕　罗　鹏　刘木兰　温红燕　李梦娇　王诗婷

## 四川电力职业技术学院（3人）
熊云露　任忠勇　陈俊龙

## 四川交通职业技术学院（20人）
李世豪　吕孝婷　罗　楒苗　林　雷铭玉　丁　勤　鄢胜烽　夏科茂　刘武阳
魏　星　李兴龙　李　窦　熊忠丽　曾　静　田庆祥　朱　羽　周　宇　徐　敏
石　贵　宋希鹏

## 绵阳职业技术学院（12人）
邓思旭　赵志伟　胡　艳　陶　灵　杨章亮　刘梁正　王魏蓉　唐　华　万　碧
陈婷婷　谯　蓉　汪小菲

## 四川航天职业技术学院（18人）
冯媛媛　胡宝川　虞苗苗　王　颖　余　旺　曾　浩　柳　叶　夏威夷　苟匀耀
卢　毅　杨思杰　魏华敏　万　李　宋英嘉　李紫昕　李紫婷　薛承超　冯　杰

## 成都职业技术学院（16人）
雷文静　黎增媛　孙　明　陈立洋　李敏芬　罗　瑶　肖莉婷　杨钦文　杨思文
王　萍　米　雪　姜　雪　郭　敏　舒　壮　闵丽丽　李金龙

## 四川化工职业技术学院（11人）
蒋　哲　王益萍　高　欣　杜如鑫　李曼宁　田海龙　李　焱　吴红莲　李冠男
许金奎　李　航

## 四川水利职业技术学院（11人）
肖乐佳　先尚清　方　琳　杨映月　杨世秀　李家伟　翁明雨　雷敏怡　顾子娟
李源苑　邱国全

## 南充职业技术学院（16人）
刘珈淏　余丽萍　席　巾　黄佳丽　刘雨棠　钟　雪　胡　楠　袁　悦　肖万理

陈蕊琳　唐铭阳　叶模林　李雅欣　张奇琪　吴星雨　张牛者

## 内江职业技术学院（10人）
李志飞　张　镘　章玉莲　曾朝贵　李雨蔓　周思羽　黄清林　万双燕　汪婕妤
漆连仪

## 四川邮电职业技术学院（7人）
卓　星　鄢桢益　谢文淏　刘承铃　杨　璇　涂银乔　杨海龙

## 四川机电职业技术学院（10人）
陈小雨　付美婷　李旭辉　蒋林宏　杨博渊　李　鑫　颜彩霞　李　雪　黄成芸
周洪印

## 四川工商职业技术学院（14人）
苗　慧　杜姝涵　尤小凤　吴　建　王　帅　李雅馨　何佳欣　蒋　鑫　张　玲
何晓楠　段啸天　袁萍露　袁培坭　唐润玥

## 达州职业技术学院（14人）
吴思颖　王　燕　李雪融　张钰鑫　曾　丹　陈婉勤　赵金秀　向大清　段钰林
黄楚恩　张　渝　罗笛铭　张靖雯　李　巧

## 四川托普信息技术职业学院（13人）
焦　丽　曾超文　岑明杨　杨忠婷　侯　攀　罗　机　郑定阳　曹新尉　周　静
王紫雲　胡宇轩　黄兴鑫　李国森

## 四川国际标榜职业学院（9人）
王光巧　罗亦蕾　毛希洁　傅　洋　蔡天明　李　馨　郭　亿　王可建　何　英

## 成都农业科技职业学院（18人）
施　岩　桂承春　杨　露　宋玉川　吕鹏霞　李　悦　杨雪萍　唐　境　祝洪哲
廖佩茜　游佳欣　何　晴　徐竺芯　蒋偌怡　陈梦婷　谢春梅　张津南　江晓雅

## 宜宾职业技术学院（13 人）

钟 琴　徐 婧　叶 恒　吴 美　王 姝　徐荣川　王洪强　刘济雨　阳晓倩
左天驰　刘勇强　刘森源　郭恺怡

## 泸州职业技术学院（15 人）

马光滕　李 莉　赖科良　钟宏雄　曾 奥　饶博文　温云秀　张栩培　杨智健
余林珊　刘 鑫　何荣城　冯 膑　敖金泉　朱派金

## 眉山职业技术学院（9 人）

黄圣杰　陈小旭　赵瑞慧　邓 凤　唐 睿　吕良燕　庹 普　向安莉　李 涛

## 四川职业技术学院（14 人）

冯 臻　李 浩　江伟明　严 敏　杨 涵　曹纯宁　高小露　成钰漩　周之翔
文雪梅　李 瑶　魏润叶　李 亮　刘星月

## 乐山职业技术学院（13 人）

刘 婷　陈世屏　徐一媚　石金玉　马雨蝶　彭红莹　杨 株　向永懿　张希平
张家裕　周静贤　李宇吉　杜 韵

## 雅安职业技术学院（17 人）

余 艳　叶小平　祝红丹　王秋梅　宋丰江　杨济滔　陈奥宁　高 欢　高 磊
杨志巫　林佳慧　李佳秀　董诗雨　卿钰岑　李 慧　吴 敏　张丽萍

## 四川商务职业学院（10 人）

龚 娜　马 艳　徐静诗　王 宇　郭 燃　何忠明　冉金仪　吴怡洁　罗太露
陈 璐

## 四川司法警官职业学院（4 人）

王 龙　范思宇　朱 倩　刘焰灿

## 广安职业技术学院（16 人）

张小君　盛宇雨　罗 悦　付 阳　伍 钰　曾 芳　张 雁　张明梅　杨 悦

欧艳琼　潘　洪　付九英　徐　鹏　彭　妍　杨晓亮　阿克阿子

## 四川信息职业技术学院（10人）

张　欣　赵峪锌　付裕茹　程伟峰　向　恽　张玉滨　张书诚　郑　骏　童兴桃
何　平

## 四川文化传媒职业学院（14人）

唐艺姣　明欢欢　李青婷　樊凤林　杨银萍　曾维雪　杨泽豪　胡忠杰　罗玲玲
陈世宇　陈佑贵　雷　敏　梁　赐　侯安娜

## 四川华新现代职业学院（9人）

许仁双　曾　涛　熊　馨　余浩楠　杨云飞　岳金鹏　邬明科　张　瑜　耿开阳

## 四川铁道职业学院（5人）

李虹蓓　陈　龙　高　鑫　杨婧彤　费　丽

## 四川艺术职业学院（6人）

涂曦文　陈　梅　杨　露　黄兴越　唐　圳　陈莎莎

## 四川科技职业学院（18人）

李宇晴　魏泰敏　邓晨凯　伍星科　周科平　丁尹洁　杨　童　龚雨芯　罗婷婷
韩雨鑫　谭钦玮　邓枝丸　唐雯玲　王　娟　方力黎　卢昱衡　赵鹏博　甲需泽里

## 四川文化产业职业学院（9人）

杨会雯　达鑫月　曾丽桦　张艳铭　杨娜葳　何茂碧　王　钰　倪　佳　张兴咏

## 四川财经职业学院（8人）

范中荻　苟清燕　汪佳龙　张国敏　岳盛洋　丁　欣　杨晓菲　阿吉有博

## 四川城市职业学院（15人）

丁钰萍　黄　梅　张雨秋　牟　锐　肖　琪　吴青霞　林　菁　沈　军　朱锡颖
曾　宇　李冬群　余　贞　陈科良　刁　艳　贺增华

附录三　教育部关于2021—2022学年度本专科生国家奖学金获奖学生名单的公告

## 四川现代职业学院（11人）

张世荣　徐佳麟　颜常婷　曹嘉怡　谢　敏　吴开鹏　吴文彬　李丹阳　黄青林　付显英　乔央志玛

## 四川长江职业学院（13人）

丁　宇　骆晓江　丁福友　陈　凯　唐诗扬　石鸿雨　陈梦圆　林卢毅　熊　浩　胡建军　张书晨　李何杰　兰文美慧

## 四川三河职业学院（12人）

王叶萍　王银环　喻欢欢　付春燕　宋　婷　江雨欣　周利敏　王　鑫　张　凤　徐雨彤　吴晓敏　周王成倩

## 四川卫生康复职业学院（10人）

余　佳　王　帅　辛佳莹　张诗漫　钟曼允　罗　滢　金玉洁　张　敏　徐　杨　黄　瑶

## 四川汽车职业技术学院（5人）

谢　珊　吴艳红　田苏娅　王嘉鑫　袁云川

## 巴中职业技术学院（8人）

罗玉娇　黄　芩　聂红艳　蔡少卿　杨　晨　万　杰　方　儒　巴桑初

## 四川希望汽车职业学院（6人）

唐雨星　李婷婷　耿向梅　王伟伟　杨大彬　胡元楠

## 四川电子机械职业技术学院（10人）

胡志国　张书春　朱阳春　曾金圣　周　进　罗镇坤　蔡　奎　杨　双　黄春兰　曾吉春

## 四川文轩职业学院（20人）

李　娜　李明银　张天翔　王桂花　王雪华　熊浩甫　庞桓桓　刘六苗　刘　琴　付　琪　钟　媛　陈浩南　胡雪丽　冯利霞　肖柔鑫　朱木兰　谢　宇　王志文

马英珊　德孜措姆

## 四川护理职业学院（11人）
刘　倩　伍欣怡　李冰冰　赵云川　邓庆华　李　汇　陈才丽　李　燕　皮芸萃
罗紫涵　户　饶

## 成都工业职业技术学院（14人）
包　杰　伍　鑫　卢明江　何兴容　赵　恒　谢培松　安　康　曾彬城　杨雨琦
熊春燕　王　芊　杜玉娟　黎思函　谢玉楠

## 四川西南航空职业学院（14人）
邢威威　张佳祺　张　亮　董子祺　张祖铭　余陈柯　翟承彪　吴美潼　孟虹余
刘莹芷　李晓琛　马景龙　袁苏泓　武家宝

## 成都工贸职业技术学院（7人）
贺和平　许　原　钟晓燕　江环岑　董文静　王　豪　宋昌华

## 四川应用技术职业学院（3人）
陈　恩　黄　丹　俄木阿各

## 阿坝职业学院（3人）
黄小琴　唐　兰　徐智垚

## 德阳城市轨道交通职业学院（3人）
胡亚玲　胡师绮　刘　洋

## 德阳科贸职业学院（6人）
易飞宏　李洋基　曲　西　黄巨浩　张　爽　许世林

## 江阳城建职业学院（9人）
杨　雪　胡小艺　李雨洁　李文彬　曾　科　唐婧洲　李思姚　吕林恩　张瑞杰

## 眉山药科职业学院（8人）

郑秋月　谭　静　蹇伟杰　豆雪菡　梁　锐　覃美萍　肖　杰　杨田诗语

## 四川体育职业学院（1人）

金婷婷

## 天府新区航空旅游职业学院（6人）

杜　骏　唐　媛　梅曦曦　罗在宏　程佳慧　乔　敏

## 天府新区通用航空职业学院（4人）

姜　毅　廖思哲　荣耀之　帅亚琼

## 天府新区信息职业学院（4人）

石广生　彭松林　李　丽　叶　彬

## 西昌民族幼儿师范高等专科学校（8人）

周俊毅　冯　珊　周润涵　童　妍　杨愿弘　尹苏敏　陈矜润　曲别月细

## 达州中医药职业学院（6人）

鲁利明　陈秋蓉　彭从香　宋　旭　周冰林　郑盈盈

## 内江卫生与健康职业学院（4人）

缪晓沁　康成龙　周海燕　邹　莹

## 南充科技职业学院（4人）

王远梅　陈锡凯　郑　洋　文　荣

## 攀枝花攀西职业学院（1人）

邓顺芯

## 资阳口腔职业学院（2人）

魏小乔　朱爱萍

## 资阳环境科技职业学院（5人）

贾海燕　何施贤　李　豪　杨富民　何　杰

## 南充文化旅游职业学院（8人）

舒春兰　郭　茜　雷　倩　龚　越　李子熠　韦　帅　徐自力　何心悦

## 南充电影工业职业学院（1人）

向素梅

## 绵阳飞行职业学院（1人）

李玉琴

## 德阳农业科技职业学院（4人）

罗志文　陈媛媛　陈　鹏　刘景川

## 泸州医疗器械职业学院（1人）

周静莲

## 广元中核职业技术学院（1人）

徐的卢

## 甘孜职业学院（2人）

卿　凯　扎西卓呷

## 自贡职业技术学院（1人）

何　慧

# 附录四

## 教育部 人力资源和社会保障部
## 关于 2021—2022 学年度中等职业教育
## 国家奖学金获奖学生名单的公告

根据《财政部 教育部关于调整职业院校奖助学金政策的通知》（财教〔2019〕25 号）和《教育部 人力资源社会保障部 财政部关于印发〈中等职业教育国家奖学金评审暂行办法〉的通知》（教财函〔2019〕104 号）规定，教育部、人力资源社会保障部、财政部联合成立了中等职业教育国家奖学金评审领导小组，设立了中等职业教育国家奖学金评审委员会，按照客观、公平、公正的原则，对 2022 年各省（区、市）、各计划单列市、新疆生产建设兵团、北大荒农垦集团、广东农垦总局教育部门和人力资源社会保障部门所属中等职业学校（含技工学校，下同），教育部直属高等学校附属中等职业学校报送的评审材料进行了认真评审。经评审确定，共 19996 名学生获得 2021—2022 学年度中等职业教育国家奖学金，每人奖励 6000 元，现予公告。

希望全国中等职业学校学生以获奖学生为榜样，以成为高素质技术技能人才为目标，努力学习文化知识，不断提升专业技能，力争德智体美劳全面发展，展现新时代中职学子风貌。

教育部 人力资源和社会保障部

2023 年 1 月 6 日

# 2021—2022学年度中等职业教育 国家奖学金获奖学生名单

(四川省，1024人)

## 四川三河职业学院（6人）
吴文莉　贺　晶　徐宗航　杨小雨　赵润利　陈金兰

## 四川交通运输职业学校（8人）
丁雪健　马　俊　徐　嫚　席培凯　杨智涵　张永刚　潘骏锋　喻　航

## 四川大学附设华西卫生学校（5人）
王　佳　庞　仪　李　蓉　吴欣瑶　段天雪

## 四川广播电视中等专业学校（3人）
陈佳佳　黄庆洁　刘　爽

## 四川应用技术职业学院（1人）
王晓雷

## 四川文轩职业学院（1人）
张　霞

## 四川省体育运动学校（1人）
耿艺桐

## 四川省商务学校（7人）
张　根　金顺娇　杨彬彬　刘铭茜　荣　英　周　舟　向先艺

## 四川省工业贸易学校（3人）
何俊鑫　蒋　鹏　林　浪

## 四川省彝文学校（1人）
贾四阿呷

## 四川省志翔职业技术学校（2人）
高　欢　李　曼

## 四川省旅游学校（2人）
邓兴杰　杨惠淋

## 四川省档案学校（3人）
黄书涵　陈　敏　子克只坡

## 四川省水产学校（1人）
杨翊潇

## 四川省电子商务学校（1人）
张　晓

## 四川省盐业学校（5人）
阳精瑞　苏秀美　翁晶莹　周博雯　杨吉利

## 四川省藏文学校（1人）
卓玛拉姆

## 四川省蚕丝学校（2人）
苟　菲　方　敏

## 四川省质量技术监督学校（1人）
谭世勤

## 四川省贸易学校（6人）
王志伟　王仙颖　牟梦庆　曹含瑾　王馨慧　克吉伍沙

## 四川省食品药品学校（3人）
黄　煜　周　汇　耍日机伍

## 四川科技职业学院（1人）
韩永春

## 四川航天职业技术学院（1人）
唐　虎

## 四川艺术职业学院（1人）
胡雷雅惠

## 四川西南航空职业学院（1人）
王琰炜露

## 四川铁道职业学院（5人）
周星宇　尧佳俊　饶丹丹　甘宇星　毛跃琪

## 四川音乐学院附属中等音乐学校（1人）
杨贺朝

## 天府新区航空旅游职业学院（1人）
陈昕谣

## 川北医学院附属医院护士学校（2人）
王　淼　许美娟

## 德阳科贸职业学院（1人）
尹　然

## 成都中医药大学附属医院针灸学校（9人）
吴　欣　徐美玲　黄　琦　胡　锐　曾　彤　蒋佳怡　刘思艺　潘　雪　曾佳怡

## 成都铁路卫生学校（12人）

张芯宇　李昱臻　杨怡萱　鲍佳怡　刘从丽　王　婧　刘　星　周知心　杨思尧　江　蕊　张　柳　杜欣雨

## 核工业成都机电学校（3人）

李龙军　刘　翔　殷明明

## 江阳城建职业学院（2人）

陈丽欢　代　炜

## 西南医科大学附属医院卫生学校（11人）

曾　艳　陈家棋　陈光敏　田红飞　刘媛媛　刘　敏　李文宇　王新涵　吴敏燕　唐　玲　李　政

## 资阳口腔职业学院（2人）

黎　笑　宋明璠

## 资阳环境科技职业学院（2人）

张　琴　李泽阳

## 四川天府新区职业学校（6人）

段心月　王　鑫　李　怡　李智薇　吕心宇　万宇杰

## 四川托普计算机职业学校（2人）

张　琴　胡露惠

## 四川现代艺术学校（1人）

张馨雨

## 四川省双流建设职业技术学校（2人）

胡　程　刘秋月

### 四川省大邑县职业高级中学（5人）
李瑞婷　韦　琪　唐　林　徐毓钧　王鑫月

### 四川省弘博中等专业学校（1人）
张　燕

### 四川省成都市中和职业中学（6人）
张　恒　李志仗　侯振阳　杨国斌　谢馨怡　郑一名

### 四川省成都市礼仪职业中学（5人）
徐　夕　胡思源　陈　锐　李　浇　黄沿博

### 四川省成都市财贸职业高级中学校（10天）
李　霜　吴　玲　赵　倩　陈美偲　晁雨欣　杨　晓　孙熙妹　李鑫登　马雯宇　黄何鑫玥

### 四川省成都市郫都区友爱职业技术学校（4人）
夏富成　杨维宇　兰冬雪　任丹凤

### 四川省成都市青苏职业中专学校（1人）
张海澜

### 四川省简阳市高级职业中学（7人）
卿午云　王宇政　邓舒月　杨芯蕊　艾永文　刘成功　钟亚琳

### 四川省经济管理学校（2人）
徐美龄　黎　杰

### 四川省蒲江县职业中学（4人）
杨糯粞　郭定鑫　殷瑞廷　四龙多吉

## 四川省金堂县职业高级中学（金堂县技工学校）（2人）

王　婧　周子林

## 四川蜀都卫生学校（3人）

石棋炜　马　艳　李欣珂

## 成都华商理工职业学校（4人）

王怡轲　眭万兴　徐渠营　徐秀丽

## 成都华夏旅游商务学校（1人）

唐　璐

## 成都华大医药卫生学校（7人）

杨巧利　罗　宇　冯　鑫　黄　颖　何美蓉　曾　苗　唐　睿

## 成都市体育运动学校（1人）

张奚翠

## 成都市大邑县正卓教育职业学校（2人）

窦文婷　唐　勇

## 成都市工业职业技术学校（8人）

何维权　钟　睿　周鑫海　胡智鹏　巫昕梦　钟嘉仪　刘浩杰　谢瑶瑶

## 成都市工程职业技术学校（9人）

赵永桢　黄羽彤　黄馨瑶　周　洁　文晋宇　郑桂勇　袁正洪　张成良　陈雪玫

## 成都市文化艺术学校（1人）

巫羿廷

## 成都市新津区职业高级中学（3人）

李泽娟　李　靖　李　慧

## 成都市武侯区亚细亚职业学校（1人）
毛雪梅

## 成都市洞子口职业高级中学校（5人）
刁 燕　赖晨阳　李亦慧　夏威夷　彭思怡

## 成都市温江区燎原职业技术学校（2人）
吴雪梅　刘镇宇

## 成都市现代制造职业技术学校（7人）
胡冬琼　代慧鑫　李光伟　石莉梅　周旭梁　张雨佳　罗 佳

## 成都市现代职业技术学校（3人）
袁 婷　刘欣蕾　邓嘉琪

## 成都成医一附院护士学校（2人）
杨小兰　刘馨悦

## 成都指南针职业技术学校（1人）
刘星语

## 成都新运职业学校（1人）
余 婷

## 成都机电工程学校（5人）
杨 丹　胡华怡　蒲云彬　谢 雨　田 彤

## 成都核瑞工程职业技术学校（1人）
易 婷

## 成都棠湖科学技术学校（1人）
起晓曼

附录四　关于2021—2022学年度中等职业教育国家奖学金获奖学生名单的公告

## 成都汽车职业技术学校（13人）

尹小凡　李瑷鹂　邵　康　张　涛　彭君烨　刘　嘉　江子涵　林家聪　罗明皓
文周奇　任雨航　张福天　梁曼莎

## 成都电子信息学校（6人）

徐佳魏　赖　聪　袁宗翔　韩坤林　陈伊尧　李雨静

## 成都石化工业学校（12人）

许璐怡　冯恩梦　刘周成　杨钟涛　焦李林　钟润龙　陈志豪　刘世精　张浩东
文一帆　李泽天　王思源

## 成都经济技术开发区职业技术学校（2人）

陈姝婷　刘苏静

## 成都职业技术学校（5人）

巫佳豪　王　强　陈　建　黄诗琪　钟欧瑞婷

## 成都航空旅游职业学校（4人）

刘航旭　冯　茗　陶欣沂　冯秋舒

## 成都铁路工程学校（1人）

景川江

## 邛崃市职业教育中心（2人）

何雨梅　刘佳瑛

## 都江堰市职业中学（2人）

周　洋　鄢嘉惠

## 四川省自贡市电子信息职业技术学校（2人）

马瑞莲　黄勇胜

## 四川省荣县职业高级中学校（3人）

王华先　何宣佳　虞焱灵

## 富顺职业技术学校（9人）

何　姗　徐国菁　赵让建　冉景宏　袁坜莉　幸华英　代雨珂　李容容　罗晓烽

## 自贡倍乐职业技术学校（1人）

韩学鹏

## 自贡市东方职业技术学校（2人）

殷鹏鑫　陈梓燚

## 自贡市旅游职业高级中学（4人）

曹云东　宋孀凤　陈秋旭　钟清慧

## 自贡职业技术学校（12人）

吴梦琪　蒋官成　倪馨静　曾令莲　陈韩梅　张明鑫　雷仁友　何　宇　易程月　钟　亮　龚沁霖　郑荧荧

## 攀枝花商贸电子职业技术学校（1人）

沙阿英

## 攀枝花市华森职业学校（2人）

罗金龙　冉　乐

## 攀枝花市卫生学校（2人）

刘以恒　夜　婷

## 攀枝花市建筑工程学校（6人）

顾廷辉　林　香　林　娟　黄　瑜　唐体静　聂　鹏

## 攀枝花市经贸旅游学校（9人）

毛昱麒　孔令湘　姚泳存　谢吉国　孙靖雯　余晟铭　朱春霖　曾文涛　严郦金凤

## 合江县少岷职业技术学校（6人）

简国雯　黄　鑫　尹　坤　赵冰冰　邹珊珊　贾枫雨

## 四川省叙永县职业高级中学校（4人）

李　群　刘　超　简　剑　彭俊文

## 四川省古蔺县大村职业中学校（1人）

刘菲菲

## 四川省古蔺县职业高级中学校（7人）

罗梦莎　王应薇　黄　梅　成　双　张　定　钟　灵　江兴舞

## 四川省合江县先市职业高级中学校（4人）

周　沁　何志慧　晏福鑫　李宏飞

## 四川省合江县福宝职业中学校（4人）

万璐萍　王　健　李　婷　白自兰

## 四川省泸县建筑职业中专学校（11人）

熊怀云　朱顺丽　冯　瑶　熊　浩　何　梦　汪梦晨　张安贵　潘　杰　黄　月　王　淇　陈昱阳

## 四川省泸州市江阳职业高级中学校（10人）

钟鑫悦　梁利君　赵春梅　杜垭利　徐翰妮　彭天雨　徐　豪　张小燕　罗　湘　费　焰

## 泸州市天宇中等职业技术学校（2人）

赖世源　陈有春

## 泸州市电子机械学校（4人）

郭小叶　赖蔺平　贾孝敏　雷丕烨

## 泸州市纳溪区江南职业中学（9人）

欧梦霖　王　涛　邓檬柠　罗绍嵘　朱世陵　屈佳琳　田　玲　秦靓荧　于文杰

## 泸州市职业技术学校（12人）

徐　琴　黄静雅　郭　栏　龚袁圆　池　芳　张　琴　汤湘悦　韦正伟　卢思彤
易晓龙　肖　虹　夏煜茹

## 四川省中江县职业中专学校（11人）

邹建豪　唐纪欣　王光慧　文永豪　陆艾熔　谭　晶　郭天辉　刘鹏斌　周盈盈
胡瑞新　陈　楠

## 四川省什邡市职业中专学校（4人）

郑先凤　普友权　邓鑫柯　黄　达

## 四川省孝泉师范学校（1人）

秦瑾贻

## 四川省广汉市职业中专学校（1人）

王明月

## 四川省德阳黄许职业中专学校（2人）

李熙然　于明阳

## 四川省绵竹市职业中专学校（1人）

黄富贵

## 德阳弘正科技职业学校（1人）

张昊昱

## 德阳通用电子科技学校（9人）

秦进菲　吴唐雪　周　茜　童冰堰　何小薇　胡金涛　钟思睿　王　柏　呷呷约布

## 三台县刘营职业高级中学校（6人）

杨　露　李茹平　李荣祥　谢兴桐　胡　雪　潘　蓉

## 北川羌族自治县"七一"职业中学（4人）

刘翰文　唐锐铃　宋鑫源　王湘芸

## 四川幼儿师范高等专科学校（2人）

陈　婧　赵藤屿

## 四川省平武县职业高级中学（1人）

高彦钦　四川省盐亭职业技术学校（2人）　梁朵　任浩兰

## 四川省绵阳农业学校（1人）

张川钰涵

## 四川省绵阳职业技术学校（3人）

银宏坤　刘婷雨　杜佳豪

## 四川省绵阳财经学校（2人）

李　湘　王美琪

## 梓潼县七一高级职业中学校（1人）

魏淑榕

## 江油市职业中学校（4人）

刘　倩　文　姣　熊文羽　伍　涛

## 绵阳市博远艺术职业学校（1人）

陈　玥

## 绵阳市安州区高级职业中学（3人）
严守一　周嘉豪　彭玉锋

## 绵阳市晟弘科技职业技术学校（1人）
谢桥宇

## 绵阳市游仙职业技术学校（7人）
羊铃宁　梁伯胜　季　洁　张志诚　赵亦菲　文诗怡　杨若寒

## 绵阳泛美飞行职业技术学校有限公司（7人）
刘沁媛　潘齐望　陈　烨　周　科　王桂乾　陈星余　许　金

## 绵阳理工学校（2人）
魏馨怡　李思思

## 绵阳航空职业学校（1人）
叶恩绮

## 四川省剑阁职业高级中学校（7人）
杨友鸿　郭毅凡　陈灵坤　刘佳慧　郑子英　舒　麒　侯国富

## 四川省广元市朝天职业中学（1人）
李明海

## 四川省广元市职业高级中学校（8人）
马　慧　龙舞格　侯永彭　刘　乾　王一帆　高俊峰　王　倩　谈　淼

## 四川省旺苍职业中学（3人）
孙翠苹　杨吉豪　刘红良

## 四川省苍溪县职业高级中学（5人）
施清月　马语悦　肖　垚　李小林　代华蛟

## 四川省青川县职业高级中学（2人）
尚江粤　徐小蔓

## 广元市利州中等专业学校（6人）
李　霞　易　宏　张玉华　唐　欢　崔　婷　普小芳

## 广元市昭化区职业高级中学（1人）
刘丛徙

## 苍溪嘉陵中等职业学校（1人）
刘雨碟

## 四川省大英县中等职业技术学校（4人）
邓兰兰　胡其波　陈　辉　雷　强

## 四川省射洪市职业中专学校（6人）
文　泱　罗小雨　田　佳　高鹏程　陈永明　何英杰

## 四川省蓬溪县中等职业技术学校（2人）
次仁卓玛　雷美艳

## 四川省遂宁市安居职业高级中学校（7人）
何　亚　彭贤星　邓　锐　杨　钦　林金松　卢　情　蔡　燕

## 大英县蓝议科技职业技术学校（2人）
郭雪梅　王小慧

## 射洪旅游中等职业技术学校（2人）
谌　蓉　刘济玮

## 遂宁市机电职业技术学校（2人）
洛古日牛　曹晓凤

## 遂宁市职业技术学校（8人）
王 萱　刘沼慧　马奕初　冯疆文　王鑫涛　颜欣怡　甘紫一　吴林芝

## 遂宁市船山职业技术学校（3人）
钟红林　刘欣悦　袁 凡

## 遂宁鸿图电子电路技术职业学校（1人）
袁福军

## 内江市东兴区宏昌职业技术学校（1人）
郑智鹏

## 内江市市中区求是职业技术学校（2人）
李传省　兰雨超

## 内江市市中区科特电脑职业技术学校（1人）
罗 炀

## 内江市思源职业学校（1人）
陈 坤

## 内江市泰来职业学校（2人）
许可熔　杨振宇

## 内江市科技开发学校（3人）
刘 华　刘玉贵　魏 惠

## 内江职业技术学院（中职）
钟碧玉

## 四川省内江医科学校（4人）
罗万彬　张鋆颖　李雪莲　候欣宜

## 四川省内江市第五中学（1人）

林圆圆

## 四川省隆昌市城关职业中学（4人）

郑鑫懿　唐诗伦　陈　晨　魏思婷

## 威远县职业技术学校（1人）

王　珍

## 威远县联想职业技术学校（1人）

张湘粤

## 川南幼儿师范高等专科学校（1人）

周佳瑜

## 资中县电子工程职业技术学校（2人）

谭艳玲　孙俪萍

## 资中县职业技术学校（5人）

刘星阅　兰茂元　谢秀琳　张浙川　魏　嘉

## 乐山市嘉州卫生职业高中有限公司（7人）

晏诗雨　李燕娇　黄俊钟　刘雨佳　祝梦磷　周思语　王萌饴

## 乐山市欣欣艺术职业学校（2人）

宋弘扬　王　春

## 乐山市沙湾职业高级中学（2人）

喻　静　王惠莹

## 乐山市知行旅游职业高中有限公司（2人）

袁思敏　刘阳扬

## 乐山市计算机学校（5人）
张博瀚　刘诗雨　严源满　吴卓霖　杨兴智

## 乐山职业技术学院（中职）（2人）
徐应伶　周文杰

## 四川省乐山市第一职业高级中学（6人）
胡婷婷　何柯欣　李盛杰　徐浩珂　陈祎　李思宇　刘建英

## 四川省井研县高级职业中学（1人）
刘建英

## 四川省峨眉山市职业技术学校（1人）
杨科美

## 四川省犍为职业高级中学（5人）
廖小婷　叶永康　杨京建　魏红　张莉

## 夹江县云吟职业中学校（3人）
玛赫布曲　许馨媛　陈子晗

## 峨眉文旅综合高中学校（2人）
张武吉　郭雪婷

## 峨边彝族自治县职业高级中学校（职教中心）（1人）
介朵军领

## 沐川县中等职业学校（3人）
邹长江　杨旭梅　赵秋月

## 马边彝族自治县碧桂园职业中学（1人）
耍惹叶巫

## 仪陇县翔宇科技职业学校（1人）
郑阳阳

## 南充交通职业学校（1人）
彭正辉

## 南充信息工程职业学校（1人）
刘　芳

## 南充工贸科技职业学校（3人）
罗　帅　李文杰　杨文彬

## 南充市漾溪高级职业中学（1人）
何　佳

## 南充理工学校（1人）
赵玲丽

## 南充电子工业学校（4人）
张佳林　郑皓月　任延江　唐浩宇

## 南充电子技术学校（1人）
吕　爽

## 南充石油化工职业学校（1人）
侯文清

## 南充运输工程职业学校（2人）
周　惠　张　月

## 南部县升钟职业中学（1人）
何　鑫

## 眉山卫生职业学校（4人）

程芷怡　李丽玉　王思鳗　王静怡

## 眉山市信息工程中等职业技术学校（2人）

侯孝龙　宋布凡

## 眉山市华西航空旅游学校（1人）

李　馨

## 眉山市彭山区职业高级中学（1人）

张梓晗

## 眉山机电职业技术学校（1人）

汪宇辰

## 眉山电子职业技术学校（3人）

王译赋　万啟元　刘　松

## 眉山科学技术学校（2人）

李　鑫　何　杰

## 眉山职业技术学院（1人）

李　响

## 四川省兴文县职业技术学校（5人）

廖巧钰　陈祖联　万胜汶　赵庆园　易　欣

## 四川省宜宾卫生学校（6人）

龙彦君　唐　琳　胡　敏　郭兴鑫　刘碗枝　刘金源

## 四川省宜宾市南溪职业技术学校（19人）

李欣科　徐小雨　陈　燕　黄　林　范云坤　徐　莉　李婷婷　范时银　赵国凤

袁官明　何富宁　段焱文　罗　杨　侯　瑞　罗　亮　胡真友　聂吉瑞　邬云凤
刘　芳

### 四川省宜宾市工业职业技术学校（13人）

邓亚楠　刘梦圆　毕明珠　何春叶　涂永强　刘　宽　魏荣财　王巧玲　胡梦琴
王晓兰　郑俊峰　罗富鑫　严雪梅

### 四川省宜宾市职业技术学校（14人）

李英姿　车国炀　熊　浩　母绪秋　高　杰　龙紫菱　蒋　敏　李　灵　陈宥全
李美琳　杨　萍　汪　谣　罗海洋　陈一西贝

### 四川省屏山县职业技术学校（3人）

黄　静　刘艳春　胡志强

### 四川省江安县职业技术学校（7人）

肖云天　胡　东　尹　春　曹雨稞　何兴　周胜强　肖　鹏

### 四川省珙县职业技术学校（3人）

阚文静　罗秋燕　李靖雯

### 四川省筠连县职业技术学校（4人）

黄　欣　吴金洪　杨春梅　何婷婷

### 四川省长宁县职业技术学校（10人）

丁江灵　李代霞　罗健华　宋媛瑕　刘　筱　易　斌　杨玉娇　余雪灵　胡加强
袁培超

### 四川省高县职业技术学校（7人）

袁滟镁　杨兴莲　杜泽江　曹烯烊　李春季　杨尹云　郑美玲

### 宜宾市叙州区天成职业技术学校（1人）

何俊杰

### 宜宾市叙州区柳嘉职业技术学校（3人）
冯杰相　杨蔚怡　廖秀玲

### 宜宾市叙州区高场职业技术学校（3人）
罗世熠　郑阳洋　李林锴

### 宜宾市翠屏区东方职业技术学校（1人）
邓春宏

### 四川省华蓥职业技术学校（4人）
高　洋　蒋严毅　曾红静　刘文青

### 四川省武胜万善职业中学校（4人）
夏　苗　胡　静　王海洋　刘雪梅

### 四川省武胜职业中专学校（3人）
陈苗苗　何　灵　陈宜萌

### 四川省邻水县兴仁职业中学（1人）
洪　苹

### 四川省邻水县职业中学（2人）
吕映洁　魏紫晨

### 广安市世纪职业技术学校（2人）
马忠明　刘益东

### 广安市景山职业高中学校（2人）
邓旭惠　周　超

### 广安市机电工业职业技术学校（1人）
张怡婷

## 广安市第一职业高中学校（2人）
魏福元　陈佳绮

## 广安市英才职业技术学校（1人）
甘聆灵

## 广安理工职业技术学校（1人）
韦经甜

## 广安电力职业技术学校（2人）
文程宇　金天丽

## 广安益民职业技术学校（2人）
唐语苓　刘　炳

## 广安职业技术学院（中职）（2人）
黄　娟　贺镜茸

## 邻水县合流职业技术学校（1人）
李　孟

## 邻水县柑子职业技术学校（1人）
彭思琴

## 万源市职业高级中学（1人）
王莹莹

## 四川省宣汉职业中专学校（11人）
曹信艳　刘珊珊　孔　焰　彭　静　李梦玲　李香逸　冉航君　张　前　饶　倩　谯嘉馨　马　芮

## 四川省开江县职业中学（5人）

彭开苗　胡明星　李文斌　黄民东　肖启超

## 四川省渠县职业中专学校（2人）

单鸿飞　黄秀娟

## 四川省达县职业高级中学（6人）

唐佳琪　张智慧　曾　熙　田　强　李佳佳　蒋佳利

## 四川省达州中医学校（3人）

唐禹洁　樊友琼　周上莉

## 大竹县职业中学（5人）

彭赋君　唐可燕　杜假村　游云芹　代红艳

## 达州全星职业技术学校（3人）

龙子聪　谢富豪　王美琪

## 达州凤凰职业技术学校（3人）

吴欣悦　艾　卓　郭　婷

## 达州升华职业技术学校（2人）

李艾琳　邹　青

## 达州华南理工职业技术学校

左胜利　杨德煌

## 达州市职业高级中学（4人）

韦　超　王荣鑫　杨　康　王佳欣

## 达州渠县崇德艺体职业高中（1人）

余　爽

## 附录四 关于2021—2022学年度中等职业教育国家奖学金获奖学生名单的公告

### 达州百岛湖职业技术学校（1人）
郑华琴

### 达州科技职业技术学校（1人）
王洪水

### 达州职业技术学院（中职）（2人）
李　丹　朱玉堂

### 达州远航职业技术学校（1人）
唐德龙

### 达州风华职业技术学校（1人）
龚民聪

### 四川省天全职业高级中学（1人）
侯明杰

### 四川省汉源县职业高级中学（1人）
陈智杰

### 四川省荥经县职业高级中学（1人）
阿来么友歪

### 雅安市职业高级中学（1人）
罗思雨

### 雅安职业技术学院（1人）
梅　慧

### 南江县小河职业中学（12人）
夏　鑫　张晏梅　周　萌　向光明　杨承龙　向军成　岳欣蓉　李映政　柯惠敏

## 会东县职业技术学校（3人）

陈兴满　龚朝米　海红兰

## 会理市现代职业技术学校（3人）

余兴美　张国印　李佑艳

## 冕宁县职业技术学校（2人）

胡　鑫　马晶晶

## 凉山卫生学校（3人）

吉候古西　吉克石布木　吉则日娘

## 凉山州农业学校（2人）

毛　旖　安小珍

## 凉山州职业技术学校（2人）

严　松　钟　豪

## 四川省德昌县职业高级中学（6人）

钟积磊　刘诗媛　熊小健　刘好鸣　安朝顺　巫婷婷

## 宁南县职业技术学校（职高）（1人）

陈国清

## 甘洛县职业技术学校（1人）

刘虹亭

## 盐源县职业技术中学校（4人）

王泽元　吉更木果　余东结　王杰国

## 西昌民族幼儿师范高等专科学校（1人）

张雨婷

## 西昌现代职业技术学校（1人）

沈 玉

## 越西县职业技术学校（1人）

马 秀